Ronald Holst
TOTGEGLAUBT

Ronald Holst

TOTGEGLAUBT

Die mörderische Reise der
COMET
aus Blankenese
1862–1867

Novelle

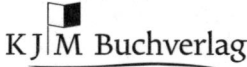
KJM Buchverlag

Die Reihe

HAMBURG⚓PARADIES

wird herausgegeben
von Klaas Jarchow

*Das Coverfoto zeigt das Vollschiff PAMPA der Hamburger
Reederei Laeisz, Fischerhausarchiv Blankenese*

1. Auflage, September 2015
Copyright © 2015 by Klaas Jarchow Media Buchverlag GmbH & Co. KG
Simrockstr. 9a, 22587 Hamburg
www.kjm-buchverlag.de
ISBN 978-3-945465-11-0
Lektorat: Michael Esser
Co-Lektorat: Kay Dohnke
Herstellung und Gestaltung: Eberhard Delius
Druck und Bindung: Beltz Druck, Bad Langensalza
Printed in Germany
Alle Rechte vorbehalten

*Dieses Buch hat einen BUCHPATEN.
Mehr Informationen dazu hier im Buch
auf Seite 191*

Mehr zu unseren Büchern
www.hamburgparadies.de

Inhalt

Prolog 9

Auf hoher See

Sieh das Floß und seine Flagge in Not,
Ein dünner Fetzen bloß;
Niemand auf den Balken zu sehen ist,
Lebend oder tot.

Es schreit die Möwe, die darüber schwebt:
»Die Matrosen, wo sind sie hin?«
Doch die wandernde Woge mit gleichmüt'gem Sinn
Nur aufs Neue darüber fegt.

HERMAN MELVILLLE
(Deutsch von
Ferdinand Schunck)

PROLOG

Blankenese ist ein malerisch am Elbhang gelegenes Dorf, das schon seit langer, langer Zeit Ausgangspunkt einer Fähre ist. Bis heute. Sie verbindet das nördliche mit dem südlichen Elbufer und war bis ins Mittelalter eine einzigartige Verbindung auf dem Weg zwischen Skandinavien und Mitteleuropa.

Als der dänische König Christian IV. 1640 die Grafschaft Pinneberg besetzte, zu der auch Blankenese gehörte, erhielten die Bewohner ein besonderes Privileg, das für sie wie ein Lottogewinn war: den Schutz ihrer Schiffe durch die starke dänische Kriegsflotte.

Von diesem Zeitpunkt an verdiente nur noch der kleinere Teil der Blankeneser den Lebensunterhalt als Fährknecht und Elbfischer. Die meisten fuhren hinaus auf die Nordsee und fischten vom Frühjahr bis zum Herbst vor Holland, wo sie ihre Fänge auch vermarkteten.

In dieser Zeit entstand das Gros der heute noch vorhandenen Blankeneser Fischerhäuser, die als Doppel- oder Dreifachhäuser erbaut wurden. Jeder Hausteil gehörte einer Partei, wurde jedoch von mehreren Familien bewohnt, die jeweils in nur einem Kämmerchen lebten. Da es in den winzigen Räumen kaum Platz gab, schliefen die Kinder des Hauses gemeinsam unter dem nackten Reetdach.

Bis ins 19. Jahrhundert lebte man in Frieden und »klüste un seilte op dat Water un het Fische fungen«, wie damals geschrieben wurde. Mit der französischen Kontinentalsperre zwischen 1806 und 1814 kam dann ein tiefer Einschnitt. Den Hochseefischern war es verboten auszulaufen. 172 Blankeneser Pfahlewer lagen auf, 550 Männer wurden für beinahe ein Jahrzehnt arbeitslos. Nachdem Napoleon ins Exil geschickt worden war, erholte sich die Wirtschaft langsam wieder, doch die holländischen Absatzmärkte waren inzwischen für die Blankeneser verloren. Nicht zuletzt deshalb sattelten viele Hochseefischer um und fuhren Fracht. Das war ertragreich und wurde gleichfalls durch die dänische Kriegsflotte geschützt.

Zunächst fuhr man Ladung zu Zielen in Nord- und Ostsee, schließlich gingen die Reisen bis ins Mittelmeer. Als sich die Kolonialmächte Spanien und Portugal um 1830 aus ihren lateinamerikanischen Kolonien zurückzogen und sich die dortigen Häfen fremden Flaggen öffneten, nutzten die Blankeneser ihre Chance und begannen mit der Küstenschifffahrt in Lateinamerika. Ihre kleinen Schiffe boten ihnen die Möglichkeit, in beinahe jeden der schlecht ausgebauten oder versandeten Häfen des südamerikanischen Kontinents zu gelangen. Es sollte die große Zeit der Blankeneser Handelsflotte werden.

Der Preis für diese Marktstellung war allerdings hoch: 64 Prozent der Schiffe wurden schwer beschädigt oder endeten als Totalverlust – was an den zu kleinen, in der Regel kaum 200 Registertonnen tragenden Seglern lag. Und nicht nur bei den Schiffen war die Verlustrate hoch: 42 Prozent der Blankeneser Seeleute ertranken oder starben während dieser Zeit in der Fremde.

Viele der in Lateinamerika fahrenden Blankeneser Schiffe waren ohne Unterbrechung fünf bis sieben Jahre unterwegs und unterhielten keinen Kontakt zur Heimat. Eine solche lange Reise machte auch der 126 Registertonnen große Schoner LORENZ ab 1862 unter Kapitän Breckwoldt. Das Schiff segelte von Hamburg nach Angostura (heute Ciudad Bolivar in Kolumbien). Weil weder vom Kapitän noch von der Besatzung Nachrichten in Blankenese eintrafen, galt die LORENZ lange als überfällig. In der Nienstedtener Kirche ließen die Angehörigen der Besatzung Trauergottesdienste abhalten und trugen Schwarz. Doch nach vielen, vielen Jahren und unendlichen Abenteuern tauchte das Schiff wieder in seiner Heimat auf.

Männer, die nach so langer Zeit zurück nach Blankenese kamen, waren keineswegs alle gesund. Weder an Leib noch an Seele. Die wenigen, die von der ursprünglichen Besatzung heimkehrten, waren durch Unfälle, Tropenkrankheiten und Mangelerscheinungen gezeichnet; oft auch traumatisiert. Die Fahrt der LORENZ lieferte die Idee zu diesem Buch.

I

DIE LETZTE NACHT

Die Pumpe im Tal war eingefroren. Das Regenwasser ebenfalls, das zum Waschen in Tonnen aufgefangen wurde. Die Nacht war windstill und wolkenlos, am Himmel stand ein kalter Vollmond mit gelbem Hof. Sein Licht tauchte den Schlafboden der Kinder in geisterhaft fahles Licht. Die Kinder schliefen eng aneinandergedrückt, immer Bauch an Rücken, Bauch an Rücken. Wollte sich eines drehen, musste sich die ganze Kinderreihe wenden.

Der Ruf eines Käuzchens ertönte. Viet von Appen, einer der ältesten Jungen auf dem Schlafboden, war voller Unruhe. Erinnerungen an Lütt-Anna, die vor drei Jahren in einer klirrend kalten Winternacht wie dieser erfroren war, kamen in ihm hoch. Käuzchenrufe hätten ihren Tod angekündigt, erzählten die Erwachsenen. Lütt-Annas große Schwester Elsabe hatte damals bemerkt, dass ihre Schwester sich aus der Reihe gestrampelt hatte und nur noch halb zugedeckt war. »Lütt-Anna, wat is mit di? Wach doch op!« hatte Elsabe mehrmals laut gerufen, doch Anna regte sich nicht. Ihr Puls war ganz schwach. Lütt-Annas Mutter sprang auf den Dachboden, gleich nachdem sie das Rufen der älteren Tochter vernommen hatte, riss ihre kleine Anna an sich und hielt sie eng umschlungen um sie zu wärmen. In einer der Küchen wurde eilig ein Herdfeuer entfacht. Mit heißem Kamillentee und Wärmflaschen wollte man die Kleine am Leben halten. Doch es war zu spät. Lütt-Anna starb in den Armen ihrer Mutter.

Immer wieder erfroren Kinder auf den Dachböden. Der Wind zog unter das Reet herein und mit ihm Feuchtigkeit und Kälte. Am Beginn und am Ende jeder Reihe der Kinder schliefen Ältere, die die Kinderschar wie Hütehunde zusammenhalten und schützen sollten. An besonders kalten Winterabenden mahnten die Mütter eindringlich, unbedingt auf die Kleinen aufzupassen und sie wärmend in die Mitte zu nehmen. Oft schliefen hier mehr als 30 Kinder, der gesamte Nachwuchs des Tweehus. Zwischen der Jungen- und der Mädchenreihe stand der Eimer für die Notdurft. Manchmal plätscherte es. Hörte das einer der großen Jungen, gab es lautes Gejohle. Besonders wenn der Verursacher ein Mädchen war: »Oh, wie klötert dat in mien Bodderfat!«

In dieser Nacht aber gefror selbst der Eimerinhalt. Wieder schrie das Käuzchen, ein anderes antwortete in der Nähe. Wenn das nur keinen Toten gibt, sorgte sich Viet. Der Junge lag bereits seit einiger Zeit wach und dachte an das, was ihn ab morgen erwarten würde, denn heute war seine letzte Nacht zu Hause. Pastor Thomsen hatte ihm erst letzten Sonntag zum Ende seiner Konfirmationsfeier gesagt: »Dienstag, Viet von Appen, wird der letzte Tag deiner Kindheit sein!«

Ab morgen würde er bei den Männern der Bark COMET im Logis schlafen. Morgen würde seine erste Reise beginnen und ihn über den Atlantik nach Brasilien führen. Es schreckte ihn nicht. Mit vierzehn, dachte er, sei er schließlich ein ganzer Mann. Ein Seemann, wie Großvater, Vater und alle anderen Männer der Familie. Die Reise nach Südamerika würde der Auftakt seiner Fahrenszeit sein. Vielleicht würde es sogar gelingen, bereits nach der ersten Fahrt die Steuermannsschule zu besuchen, und nach weiteren ein oder zwei Reisen das Kapitänspatent zu machen.

Eine Fahrt ins ferne Südamerika konnte leicht zwei oder drei Jahre dauern – manchmal auch länger. Sein Vater, auf den er sehr stolz war, hatte die Steuermannsprüfung bereits nach kurzer Fahrenszeit abgelegt. Großvater erst recht, er war sein Vorbild. Ein tüchtiger Kerl, der ständig verrückte Ideen gehabt hatte. Zum Beispiel wollte er auf keinen Fall Geld in die Sklavenkasse zahlen. So nannten er und ein paar seiner verwegenen Freunde die Versicherung auf Gegenseitigkeit, die von Seeräubern gefangene Seeleute freikaufte. Aber nicht sein Großvater. Er fuhr in den 1820er-Jahren jeden Herbst ohne diese Versicherung nach Sizilien, um mit seinem Fischewer Apfelsinen und Zitronen zu holen. Fruchtjager hießen ihre Kähne auf diesen Fahrten.

Diese Fahrten waren gefährlich. Zum einen gab es mörderische Herbststürme in der Nordsee und der Biskaya, zum anderen herrschte im Mittelmeer die Piratenseuche. Großvater hatte seine eigene Methode, um die Barbaresken – die Seeräuber an der nordafrikanischen Küste – auf Abstand zu halten: Auf jeder Seite seines Schiffsdecks standen zwei gewichtige Kanonen. Dass es nur Holzattrappen waren, konnte man selbst dann nicht erkennen, wenn man unmittelbar vor ihnen stand.

Einmal war ihm eines dieser vermaledeiten Korsarenschiffe gefährlich nahe gekommen. Gierig lungerte dessen Besatzung hinter der Schanz, Enterhaken, Pistolen und Säbel lagen bereit für den Angriff. Als das Piratenschiff aufschloss und nahe genug war, ließ Großvater die frisch eingebauten ›Geschützpforten‹ öffnen. An jeder Kanone hatte er einen

Mann postiert. Ein besonders großer und breitschultriger Hüne, Klaas aus Rellingen, hielt eine brennende Lunte in Händen, um die vermeintlichen Geschütze zu zünden. Den langen Klaas in seiner stattlichen Größe konnte man schon auf Seemeilen ausmachen. Ihn vor Augen, die geöffneten Geschützpforten, die brennenden Lunten, Großvaters ›feuerbereite‹ Geschütze von schwerem Kaliber hielten die Freibeuter ab. Sie segelten auf und davon, auf der Suche nach weniger wehrbereiten Opfern.

Viets Gedanken wurden durch neue Uhuuhuuhu-Rufe der Käuzchen unterbrochen. Bloß nicht noch einen Toten vor der Abreise, hoffte er sorgenvoll.

Ja, Großvater war ein toller Kerl gewesen. Ein Mann wie ein Bär. Und einer, der Geschichten zu erzählen liebte: Einmal war ihm ein Mann bei Sturm über Bord gegangen. Sofort hatte er sich einen Tampen um den Leib gebunden und war dem Verunglückten in die tosende See nachgesprungen. Großvaters Leute hatten mehrfach gefürchtet, der Alte hinge nicht mehr am Tampen. Denn sehen konnten sie ihren Käpten nicht, weil Wellen und tosende Gischt eine undurchsichtige Wand bildeten. Wieder und wieder zerrten die Männer an der Leine. Jedes Mal erhielten sie als Antwort einen Ruck aus der tobenden See. Schließlich hatte Großvater es geschafft. Der Matrose – Pitter oder Peter aus Groningen, Viet erinnerte seinen Namen nicht mehr genau – klammerte sich in höchster Not so sehr an seinen Retter, dass er Großvater beinahe mit in den Abgrund gezogen hätte. Doch der erfahrene Seebär wusste, was in solch einer Situation zu tun war. Er drückte seine Finger in die Nasenlöcher des Ertrinkenden. Das machte ihn gefügig. Großvater konnte ihn an seiner Leine befestigen und mit letzter Kraft am Tau rucken; das Signal für die Mannschaft, die Leine einzuholen und die beiden aus der brodelnden See zu ziehen. Als ihre erschöpften Körper schließlich an Deck lagen, pumpten die Männer Wasser aus ihren Lungen und waren heilfroh, dass sie wieder zu sich kamen. »Opa, tünst du ok nich?«, hieß es manchmal, wenn Großvater diese Geschichte zum Besten gegeben hatte.

Viet kannte seinen Großvater weit besser als seinen Vater, der im Grunde genommen nie zu Hause gewesen war. Kaum kehrte er von einer jahrelangen Reise zurück, drängte es ihn schon wieder hinaus. Ein Großteil vom Gewinn jeder Reise ging nämlich jedes Mal an die Schiffsversicherung auf Gegenseitigkeit, weil deren Mitglieder für die zahlreichen Schäden bei Schiffsuntergängen und Havarien aufkommen mussten. Beinahe zwei Drittel der Blankeneser Schiffe blieb verschollen oder havarierte so schwer, dass sie abgewrackt werden mussten. Zudem musste das eigene Schiff abbezahlt und die Familie ernährt werden. So blieb nach keiner Reise viel übrig.

Großvater war bereits seit ein paar Jahren nicht mehr hinaus gefahren, sondern blieb zu Hause. Als dann jedoch sein jüngster Sohn Hermann einen schweren Unfall hatte, entschied Großvater sich, dessen Schiff an seiner statt nach Rio zu segeln. Noch einmal wollte er fahren, seinem Sohn zuliebe. Alles ging gut. Doch kurz vor Ende der Rückreise passierte das Unbegreifliche. Großvaters Schiff war bereits in der Elbmündung, als er von Deck gewaschen wurde und ertrank – und es half dem Seemann nicht, dass er gut schwimmen konnte. Steuermann Spiesen hatte das kapitänslose Schiff dann nach Hamburg geführt und an der Backbordseite einen meterlangen schwarzen Wimpel gesetzt, der den Blankenesern anzeigte, dass an Bord ein Drama geschehen war.

Damit fehlte schon der zweite Mann der Familie. Viets Vater, Kapitän der CATHARINA VON BLANKENESE, war seit mehreren Jahren nicht mehr nach Hause gekommen. So lange war es schon her, seit er Richtung Südamerika ausgelaufen war, um in der brasilianischen Küstenschifffahrt von Hafen zu Hafen zu segeln. Seine Frau, die dem Schiff den Namen geliehen hatte, hatte in diesen vier langen Jahren kaum Nachricht und keinen Pfennig an Unterhaltszahlung von ihm erhalten. Caroline, Viets jüngste Schwester, war inzwischen schon vier Jahre alt, und sein Vater hatte sie noch nicht gesehen … Mutter hatte Viet den bisher letzten Brief des Vaters immer wieder vorgelesen. Er schrieb, er habe sich entschlossen, in einem Monat von Salvador de Bahia Richtung Heimat zu segeln. Danach hatte es keine Nachricht mehr von ihm gegeben. Viet erinnerte sich genau an diesen letzten Brief vom März 1861.

Bereits kurz nachdem er überfällig war, hatten einige gemunkelt: »De kummt nich wedder! Is wohl affsupen!« Vaters jüngerer Bruder, Onkel Hannes, den Viet überhaupt nicht leiden konnte, hatte seine Mutter bereits kurze Zeit später aufgefordert, ihren Mann für tot erklären zu lassen und seine CATHARINA VON BLANKENESE bei der Schiffsversicherung als gesunken zu melden. Der eigene Bruder glaubte als Erster nicht mehr an seine Rückkehr … Viet konnte das nicht verstehen.

Vor vierzehn Tagen hatte dann Viets Patenonkel Paul Pieper vorbeigeschaut; frisch von einem Südamerika-Trip zurück und braungebrannt. Er war Steuermann. »Ok mol wedder in Blanknes?«, hatte Mutter ihn herzlich begrüßt, an den Kapitänstisch gebeten und Eichelkaffee mit Plätzchen serviert, die sie Weihnachten gebacken hatte und die bis

Ostern reichen sollten. Viet und seine Geschwister standen in der offenen Zimmertür, hörten Onkel Pauls Erzählungen zu und warfen gleichzeitig begierige Blicke auf das Gebäck. »Mutter, dürfen wir? Nur einen!«, bettelten sie. Nein, sie durften nicht. »Ihr wisst doch ganz genau; die sind nur für Besucher!«

Während Patenonkel Paul den frisch gebrühten Kaffee schlürfte und die steinhart gewordenen Plätzchen regelmäßig hineintunkte, damit sie weich wurden, berichtete er von einem kunterbunten Papagei, den er in Rio gekauft und dem er das Sprechen beigebracht hatte. Er konnte »Himmel, Arsch und Zwirn!« oder »Alter Stinker!« sagen. Das ging Viets Mutter ein bisschen zu weit. Solche Worte wollte sie in ihrer Wohnstube eigentlich nicht hören. Also wechselte der Onkel das Thema: »Vor etwa einem Jahr dümpelten wir auf der Höhe von Venezuela bei absoluter Flaute. Die Bullenhitze dauerte mehr als zwei Wochen. Kein Lufthauch – und die See glatt wie ein Spiegel. Mit uns auf gleicher Position lag eine norwegische Brigg, die HARALD OSLAND. Die besuchten wir täglich. Wir hielten es auf unserem Schiff nämlich nicht mehr aus – und wisst ihr auch wieso?«

Die Kinder hatten keine Ahnung. »Wir hatten Anthrazit-Kohle für Bahia geladen«, fuhr Onkel Paul fort. »Anthrazit ist sehr schwer. Der Laderaum war daher nur zur halben Höhe gefüllt. Soweit war alles in Ordnung. Über der Kohle lagen Bohlen, und auf denen führten wir ein paar hundert Schafe mit. Damit die Tiere im dunklen Laderaum ruhig blieben, hatten wir einen Schäfer an Bord, der die blökenden Viecher mit Flötenmusik beruhigen sollte. Eigentlich nimmt man bei Schaftransporten Geiger, aber wir fanden niemanden, der dieses Instrument beherrschte und Lust hatte, seine Künste stinkenden Schafen darzubieten. Also wurde eine Flöte engagiert. Nun stellt euch vor, den ganzen Tag das helle Flöten-Gepiepe in den Ohren und dazu den unerträglichen Schafs-Gestank in der Nase. Noch heute wird mir speiübel bei dem Gedanken.«

Die Kinder lachten und wollten noch mehr Geschichten hören. Doch Onkel Paul war dann ernst geworden. Er schickte die Kleinen hinaus und befahl, die Türe zu schließen. Viet ahnte Schlimmes, war leise auf den Dachboden gestiegen und hatte sich auf die Dielen gelegt. Durch die Ritzen konnte er Onkel Pauls Bericht hören: »Als wir wieder mal auf der HARALD OSLAND zu Gast waren und fürchterlich becherten«, sagte er, »zeigte uns der norwegische Kapitän ein Holzstück, das er erst kürzlich zwischen den Trümmern eines untergegangenen Schiffs hatte auffischen lassen. Auf dem Bruchstück stand der Teil eines Schiffsnamens, dessen erhaltene Buchstaben rot ausgelegt waren. Man konnte »… RINA V. BLA …« lesen. Viet hörte, wie die Mutter zu weinen begann. Onkel Paul sprach jetzt langsam und vorsichtig: »Dein Mann und seine Mannschaft sind sehr wahrscheinlich Opfer der See geworden.«

Viet lag reglos auf dem Boden, und Tränen liefen über seine Wangen. Sollte es wirklich wahr sein? Vater tot? Vielleicht waren es Trümmer eines ganz anderen Seglers? Vielleicht bedeutete die Buchstabenkombination etwas völlig anderes? Viet grübelte, seine Gedanken irrten hin und her. Und wenn Vater wirklich Schiffbruch erlitten hatte? Viet hätte nie geglaubt, dass Vater ertrinken könnte. Er war doch ein so guter Schwimmer. Vater, das Kraftpaket, der ausgezeichnete Seemann. War er wirklich von der See geholt worden? Vielleicht hatten er und seine Männer sich im Beiboot auf eine einsame Insel gerettet und warteten dort auf ein Schiff, das sie aufnehmen und nach Blankenese zurückbringen würde? Manchmal geschahen doch Zeichen und Wunder. Warum nicht auch jetzt?

Nicht lange nach dem Besuch von Paul Pieper war die Mutter schweren Herzens zum Kirchspielvogt gegangen, um ihren Mann für tot erklären zu lassen. Sie hatte ihre Gründe. Die Versicherung würde die Versicherungssumme für das Schiff erst auszahlen, wenn die Sterbeurkunde vorlag. Dann konnte Mutter dem immer schärfer mahnenden Geldgeber der Schiffshypothek endlich die offene Restschuld begleichen. Der Herr aus Haseldorf war erst neulich wieder angereist und hatte auf der Diele laut getönt: »Ich will mein Geld zurück, Frau von Appen! Restlos, haben sie mich verstanden! Und wenn das nicht innerhalb der nächsten vier Wochen passiert, lasse ich Ihnen das letzte Hemd unterm Hintern wegpfänden! Dann ist es mir auch egal, ob Ihre Kinder hungern oder nicht!«

Viet hatte sich furchtbar geschämt, weil dieses Geschrei im ganzen Haus zu hören gewesen war und nun jede Familie wusste, wie es wirtschaftlich um sie stand.

Mit der Nachricht von Vaters Tod gab es jetzt also eine Lösung für die drängenden finanziellen Sorgen. Aber zu welchem Preis! Mutter musste jede Hoffnung auf Vaters Rückkehr aufgeben, denn die beantragte Urkunde hatte etwas Endgültiges. Sie war der Schlussstrich unter Vaters Existenz.

Und dann gab es für Mutter noch ein weiteres Problem: Nach altem Blankeneser Brauch hätte Schwager Hannes jetzt sogar die Pflicht, die Witwe seines verstorbenen Bruders zu ehelichen. Die Sache war schwierig. Catharina konnte ihrem Schwager nämlich nichts abgewinnen. Er wurde schnell jähzornig, war ein ziemlicher Aufschneider, außerdem geizig – und er hatte starken Mundgeruch. Sie würde ihn erst einmal hinhalten und weder Ja noch Nein sagen.

Auch Viet machte sich Gedanken über die Zukunft. Wenn Mutter den Antrag ihres Schwagers ablehnte, würde sie damit gleichzeitig den dringend benötigten Unterhalt für sich und die Kinder ausschlagen. Doch ein anderer Ehe-Kandidat war nicht in Sicht. Weil fast jeder zweite Seemann nicht zurückkehrte, gab es in Blankenese mehr als genügend junge Witwen, die auf eine Versorgung durch eine neue Heirat warteten. Mutter müsste eigentlich froh und dankbar sein, dass Onkel Hannes sie zur Frau nehmen wollte. Schließlich war sie nicht mehr die Jüngste. Und war die Zukunft ohne Mann überhaupt zu meistern?

In den letzten vier Jahren hatte Mutter die Familie allein über Wasser halten müssen, dabei jeden Spargroschen zusammengekratzt und ihre Tracht Stück für Stück verkauft. Dann hatte ihre Trauerkleidung eine neue Besitzerin gefunden. Am Ende musste sie sogar die silbernen Schuhschnallen und Knöpfe veräußern, dazu Vaters guten Anzug und die Wanduhr, die er ihr zur Hochzeit aus Amsterdam mitgebracht hatte. So war im Laufe der Zeit fast alles versilbert worden, das im Haushalt Wert besaß, zur Aufbesserung des kargen Lohnes, den sie von Fischer Breckwoldt für Spinn- und Webarbeiten oder diverse Hilfsarbeiten von Nachbarn erhielt.

Oma und Opa, Mutters Schwiegereltern, hatten in der schweren Zeit nie geholfen. Das war bereits bei der Hochzeit von ihnen klargestellt worden: »Catharina«, hatte man ihr zu verstehen gegeben, »für uns bist und bleibst du 'ne Zugezogene aus einem Bauerndorf. … Ihr kennt doch nur die Fürze eurer Pferde und Kühe! Komm bloß nicht auf die Idee, dass wir dir helfen, wenn mal Not am Mann ist!« Dockenhuden, Catharinas Heimatdorf, lag zwar nur einen Kilometer entfernt, befand sich für Blankeneser aber auf einem anderen Stern. Was Vaters Familie allerdings noch weniger als ihre Herkunft in den Kram passte, war die Tatsache, dass Catharina die Dorfschule besucht hatte – im Gegensatz zu ihnen: »Was muss eine Frau lesen und schreiben können? Für Ehe, Haushalt und Kinder braucht man solchen Tütelkram jedenfalls nicht!«, hatte ihre Schwiegermutter sich mehrfach mokiert. Viet hatte das Gerede der Großeltern wohl mitbekommen!

Er würde jetzt erst mal nicht mehr da sein, Mutter nicht mehr helfen können. Wie würde es wohl weitergehen? Musste Mutter den ungeliebten

Onkel Hannes wirklich heiraten? Viet klammerte sich an eine allerletzte Hoffnung: Vielleicht kam Vater ja doch noch zurück? Es hatte schon Fälle gegeben, wo jemand, der bereits für tot erklärt worden war, eines Tages tatsächlich wieder vor der Haustüre stand; quicklebendig und fidel.

LEB WOHL

Wieder vernahm Viet den Ruf eines Käuzchens und wurde einmal mehr aus seinen Gedanken gerissen. Weil er am Ende der Reihe lag, kroch die Eiseskälte an der linken, ungeschützten Körperseite in ihn hinein. Er zog den Strohsack hoch und stopfte umherliegendes, loses Stroh darunter. Das half ein bisschen, doch in den Schlaf zurück fand er nicht.

Seine Gedanken kreisten weiter. Ihm fiel ein, dass weder getrocknete Kamille noch Efeu oder Fliederbeerblüten im Haus waren. Alles längst aufgebraucht; gerade jetzt, wo seine kleine Schwester Caroline mit hohem Fieber in Mutters Alkoven lag. Was genau fehlte ihr? War es eine schwere Erkältung? Womöglich Diphtherie oder gar eine Lungenentzündung? War sie lebensbedrohlich erkrankt? Wenn es schlimm um sie stand, würde er morgen nicht auf Reisen gehen können. Der kleine Lockenkopf war seine Lieblingsschwester. Ihr durfte nichts geschehen. Außerdem musste er Mutter in solch einem Fall unterstützen. Er würde morgen den notwendigen Kamillentee von Nachbarn leihen. Danach würde es Caroline bestimmt wieder besser gehen. Ganz gewiss.

Dann schweiften seine Gedanken zurück in die Zukunft: Drüben in Südamerika würde er nach Onkel Claus suchen. Mutters Bruder war als Junge vom Hof in Dockenhuden ausgerissen und hatte auf einem Frachtsegler angeheuert. Vor England soll er Schiffbruch erlitten haben, wurde gottlob aber gerettet. In Falmouth hatte er dann eine Heuer nach Chile bekommen; so erzählten es jedenfalls seine Eltern. Auch dieses Schiff, die HAMMONIA, geriet in Seenot. Er soll dann ein weiteres Mal gerettet worden sein, doch seitdem fehlte jede weitere Spur von ihm. Die Familie wusste noch nicht einmal, in welchem Hafen er an Land gegangen war. Aber irgendwo musste der Onkel schließlich stecken – daran glaubte Viet, und auch Mutter war sicher, dass ihr Bruder noch am Leben war.

»Claus war eigentlich nie wirklich an Seefahrt interessiert«, hatte sie erzählt. »Seine Welt waren die Tiere. Du hättest ihn mal erleben müssen, wenn auf unserem Hof ein Pferd krank wurde. Dann hieß es: Claus, komm her. Schau dir den Gaul mal an. Mit dem stimmt was nicht. Und Claus wusste immer, was zu tun war; ob ein Pferd nun Koliken hatte oder ein verschobenes Rückgrat. Und mindestens ebenso gut verstand er sich auf Hunde. Er wusste, sie abzurichten und zu heilen, wenn ein Gebrechen sie plagte. Er hätte viel besser auf einen Hof gepasst als auf einen Windjammer. Was ihn dennoch vom Hof getrieben hatte, war, dass er unter dem Kommando unseres älteren Bruders hatte arbeiten müssen. Den konnte er überhaupt nicht vertragen. Der hatte nämlich keine Ahnung von Ackerbau und Viehzucht und machte Claus das Leben nur schwer.«

Irgendwann, mitten in diesen Gedanken und Erinnerungen, schlief der Junge schließlich doch noch ein.

Wach wurde er, als aus der Küche Geräusche zu ihm auf den Schlafboden drangen. Durch die Dielen konnte er hören, dass Feuer auf dem Herd angepustet wurde. Er stand leise auf, zog sich an und ging hinunter in die Küche. Dort knisterte das Feuer inzwischen auf dem offenen dütschen Herd unter dem dreibeinigen Kessel, dem Grapen. Über dem Herd sammelte der Rauchfang den Rauch.

Mutter hatte sich seit langem – eigentlich schon immer – einen engelschen Herd gewünscht, bei dem das Feuer im Inneren eines eisernen Kastens brannte. So einen konnte man durch eine Klappe vorn oder durch eiserne Ringe von oben mit Brennholz füttern, und der Rauch wurde durch ein Ofenrohr in den Schornstein geleitet. Da gab es kein Husten mehr, wenn feuchte Witterung den Rauch in den Schornstein drückte. Außerdem kochte auf dem Engelschen alles schneller, und die Schamottsteine in seinem Inneren speicherten die Hitze weit länger und wärmten besser.

»Wenn ich heim komm, kriegst du so ein Ding!«, hatte Vater beim letzten Abschied versprochen. »Auf meiner Rückfahrt kauf ich dir einen in Queenstown!« Es war ein Versprechen, das er nicht mehr hatte einlösen können.

»Morgen!«, sagte Catharina zur Begrüßung, es klang karg, wie sie es sagte. Sie reichte Viet eine Schüssel Mehlbütel vom Vortag. Mehlbütel wurden aus Mehl, Salz und darunter gehobenen Eiern gemacht. Im Hause von Appen beschränkte man sich aus Kostengründen meist auf nur ein Ei. Dazu kam Zitronenmelisse als Würze.

»Wie geht's Caroline? Ist das Fieber runter?«, wollte Viet wissen.

»Sie schläft gerade. Geh man nicht zu ihr rein!«

Die Mutter hatte tiefe Schatten unter den Augen und machte einen verweinten Eindruck. Mochte das am Rauch des Herdfeuers liegen? Oder war sie wegen seiner Abreise so traurig und in Sorge? Ihre Hände zitterten, er wollte aber nicht nachfragen, warum. Um ihn brauchte sie sich wirklich keine Sorgen zu machen. Er würde doch ganz bestimmt wiederkommen. »Wir müssen uns beeilen. Eben hat Spiesens Uhr fünf geschlagen. In einer halben Stunde sollen wir unten am Bulln sein!«, mahnte sie.

Wenig später gingen sie schweigend durch den kalten, dunklen Märzmorgen zur Elbe. Der Vollmond beleuchtete die Unebenheiten des ausgewaschenen Weges und half ihnen, nicht zu stolpern.

Am Bulln, dem Anleger, wartete Schwager Karl Quast mit Sohn Heinrich auf seinem Ewer, einem der typischen Äppelkähne. Karl war von Borstel herübergekommen und wollte seinen Heinrich zusammen mit Catharinas Viet zur Bark COMET im Hamburger Hafen bringen. Die Jungen sollten ihren ersten Törn gemeinsam machen.

Der Plan war auf einer Familienfeier entstanden. Onkel Karl hoffte, sein Heinrich werde auf See seinen Kinderspeck verlieren, dazu auch gleich seine weinerliche Art und sich zu einem gestandenen Mannsbild mausern. Ein bisschen setzte er dabei auf die Mithilfe seines Neffen Viet. Der schien ihm ziemlich selbstständig und viel reifer als Heini zu sein. Es mochte daran liegen, dass Viet während der letzten Jahre die Aufgabe des Hausvaters übernommen hatte. Viet war klein und ausdauernd. Sein dicker Heinrich dagegen schwitzte leicht und wurde schnell müde.

Heinrichs Vater Karl war der zweite Sohn eines Altländer Obstbauern und hatte als Erbteil einen Kahn erhalten. Es war zwar nur ein Äppelkahn, doch er war gut genug, um damit jeden Herbst nach Norwegen zu schippern, sich den Winter über ans Hafenpier von Christiana / Oslo zu legen und Äpfel für fünf Öre das Stück zu verkaufen. Meist war die Ladung Kläräpfel, Cox Orange, Goldparmänen, Boskop und Gravensteiner schon im März an norwegische Hausfrauen verhökert. Seine Frau unterstützte ihn dabei, während die Quast-Kinder von den Großeltern auf dem Altländer Obsthof versorgt wurden. Zu Ostern waren die Eltern dann mit prall gefüllter Geldkatze zurück in Borstel. Der Gewinn aus diesem Apfelgeschäft war jedes Mal so groß, dass sie davon den Sommer über leben konnten. In der warmen Jahreszeit war Vater Karl dennoch nicht müßig, sondern transportierte die Weichfruchternte seines Bruders mit seinem Kahn nach Hamburg, wo er sie an Kökschen und Hausfrauen verscherbelte.

NU GEIT LOS

Catharina hatte ihrem Sohn ein kurzes, leises »Tschüs denn ... un kumm mi trüch!« zugeflüstert, sich dann schnell umgedreht und eiligen Schrittes auf den Weg zurück nach Hause begeben. Bis zum Moment des Abschieds hatte sie sich beherrschen können, dann aber verlor sie die Fassung. Zwei Todesfälle in so kurzer Zeit. Erst die Nachricht vom Tod ihres Mannes. Und dann Caroline!

Warum musste ausgerechnet sie diese Schicksalsschläge erleiden? Warum nicht andere? Sah so Gottes Gerechtigkeit aus? Catharina riss die Schürze vors Gesicht und weinte und jammerte verzweifelt, während sie den Berg hinauf lief. »Viet, komm wenigstens du zurück!«, schluchzte sie zwischen ihren Weinkrämpfen.

Die letzte Nacht hatte ihr die letzten Kräfte geraubt. Solche Stunden würde sie nicht noch einmal durchstehen können. Seit gestern hatte sie dem furchtbaren Geschehen hilflos entgegen geblickt und gewusst, was passieren würde, ohne etwas dagegen tun zu können. Die Hausmittel schlugen nicht mehr an, weder Wickel, noch Kräutertees. Einen Arzt konnte sie nicht holen, Arznei aus der Apotheke ebenso wenig. Woher das Geld nehmen? Schließlich war ihre kleine Caroline gestorben. Sie wusste nicht einmal, woran genau.

Bis zu Viets Abschied hatte sie sich zusammenreißen müssen. Hatte es nicht übers Herz gebracht, ihm vor seiner Abreise von der neuerlichen Tragödie zu berichten. Er sollte in dem Glauben hinausfahren, zu Hause sei alles in Ordnung.

Während sie ihren Weg nach Hause weinend fortsetzte, wusste sie, was jetzt in welcher Reihenfolge zu tun war, zu oft hatte sie es schon getan: Den Körper der kleinen Caroline auf der Diele aufbahren. Die Kinder würden ihr dabei helfen müssen. Dann die Totenkerzen aus der Truhe holen. Frühstück für die Kinder. Sie bekämen die letzten Scharben, die sie noch hatten. Mehr würde es bis zum Abend nicht geben.

Danach müssten die Jungs die Nachricht von Carolines Tod den Verwandten, Freunden und Nachbarn überbringen. Sargtischler Klindtworth musste informiert werden ... Wie sollte sie das bloß alles schaffen?

Schließlich tupfte sie sich die Nase mit der Schürze ab, wischte ihre Augen trocken und fand ein klein wenig Trost in dem Gedanken, dass jetzt Geld von der Versicherung kommen würde, womit sie die Beerdigung bezahlen konnte. Diese und die von Klein-Jochim, die sie noch immer schuldete.

Ihr nächster Gedanke galt dem Trauergottesdienst. Sie musste zu Pastor Thomsen in Nienstedten – und wusste, was er in seiner pastoralen Art sagen würde: »Gott hat Ihre Caroline zu sich geholt, weil er sie liebt. Sie ist jetzt glücklich da oben im Himmel bei ihrem Brüderchen. Und denken Sie dran: Sie und Klein-Jochim sind mit ihrem Vater zusammen. Ja, liebe Frau von Appen, hinter Carolines Tod steckt ein tieferer Sinn. Gottes Sinn, den wir Menschen nicht zu ergründen vermögen. Mit Gottes Hilfe wird alles wieder gut, liebe Frau von Appen. Sie müssen nur fest daran glauben.«

Solche Worte waren allerdings kaum in der Lage, Trost zu spenden, fand sie. Dennoch waren die sonntäglichen Gottesdienste immer gut besucht – und auch sie ging regelmäßig dorthin.

Nachdem alle Aufgaben ausgeführt waren – der Körper der kleinen Caroline lag aufgebahrt in der Diele, und die Totenkerzen brannten –, saß sie bei ihrem verstorbenen Kind und hing weiteren Gedanken nach. Sie musste jetzt, komme was da wolle, das Heft des Handelns in der Hand behalten.

Wahrscheinlich würde ihr nichts anderes übrig bleiben, als den ungeliebten Schwager Hannes zu heiraten. Eine andere Lösung gab es leider nicht. Eine Galgenfrist blieb ihr allerdings: Hannes war mit seinem Schiff nach Königsberg in Ostpreußen unterwegs und würde nicht vor Mai zurück sein. Erst dann würde sie ihm Antwort auf seinen Antrag geben müssen.

AN BORD DER COMET

Nach dem Ablegen in Blankenese hatte Onkel Karl Viet die Frage gestellt: »Na, freist di all?«

Und der Junge hatte nicht ohne Stolz geantwortet: »Ich bin ein echter von Appen. Für mich gibt's nichts Schöneres als die Seefahrt!« »Wollen's hoffen!«, knurrte Onkel Karl und schipperte die beiden Jungs zum Baumwall im Hamburger Hafen, wo er sie an Land setzte.

»Macht's gut, Jungs! Und kommt mir heil und gesund zurück.« Dann wandte er sich an seinen Sohn Heinrich: »Hör gut zu, mein Jung: Du tust immer genau, was dein Bootsmann dir sagt, hast du verstanden? Egal, ob es dir gefällt oder nicht. Und du, Viet, pass mir auf Heinrich auf, damit er keinen Unsinn macht.«

Dann nahm er seinen Jungen, dem Tränen über die Wangen kullerten, ein letztes Mal in den Arm und gab Viet einen freundschaftlichen Schlag auf die Schulter.

Kurz darauf wurden sie am Kai von zwei Männern abgeholt, die sich als die Matrosen Maschmann und Ernst vorstellten. Ernst wurde bereits zu dieser frühen Morgenstunde von einer tüchtigen Alkoholfahne umweht. Auf dem Weg zum Beiboot erklärte Maschmann, ihr Schiff, die dreimastige Bark COMET, würde in den Abendstunden auslaufen. Er hoffe, sie seien bereit für die große Fahrt nach Südamerika.

An Bord des Beibootes, das sie zur COMET brachte, hatten die Jungen zunächst den Eindruck, der alkoholumwehte Ernst sei ein Spaßvogel, der mit seiner Schaukelei schon im Hafen ihre Seetauglichkeit prüfen wollte. Nach einiger Zeit wurde ihnen jedoch klar, dass er das Boot absichtlich immer so in die Wellen steuerte, dass nicht nur sie, sondern auch ihre Strohsäcke nass wurden.

»Lass den Scheiß!«, versuchte Maschmann seinen Kollegen Ernst zu bremsen.

»Na ihr Landratten, ihr Wassersäufer!«, hickste der. »Seid wohl noch nie auf See gewesen? Werdet das Leben an Bord schon noch schätzen lernen. Und wenn ihr mal Sorgen habt, ist der gute Onkel Ernst immer für euch da.« Dabei tatschte er den Jungen die Knie. Sie sahen ihn verständnislos an. Er ließ sie wieder los und setzte seine Spritztour fort. Als sie an der COMET festmachten, troffen ihre Strohsäcke nur so vor Nässe.

Zuerst ging es zum Kapitän. Viet kannte ihn als Onkel Peter. Kapitän Peter Breckwoldt musterte seine neuen Schiffsjungen von Kopf bis Fuß, um dann unmissverständlich klar zu stellen, dass Viet ihn an Bord mit »Herr Kapitän« anzusprechen habe und wegen der Blankeneser Beziehung keinerlei Vorteile erwarten dürfe.

Leichtmatrose Walter Teegen, ebenfalls aus Blankenese, wurde angewiesen, den beiden Neuen die Back und danach das Mannschaftslogis mit den Kojen zu zeigen. Dazu mussten sie den Niedergang auf dem Vorschiff hinunter. Kaum hatte Teegen die Tür aufgestoßen, strömte ihnen entsetzlicher Mief entgegen. Sie hielten für Augenblicke die Luft an. Nachdem ihre Augen sich an das schummerige Licht des Logis gewöhnt hatten, brach für sie endgültig eine Welt zusammen: Sollte dieses stinkende Chaos ihr neues Zuhause sein? Unerträglich schien den Jungen der Mief aus Blähungen, Schweiß, Feuchtigkeit, Urin, Alkohol und Tabak.

Dazu die Unordnung. Herumliegendes Schuhwerk, verschwitzte Zudecken, schmutzstarre Klamotten und spakiges Ölzeug. Wie konnte man hier je ein Auge zutun?

Der angetrunkene Ernst war die ganze Zeit bei ihnen geblieben und hatte sich immer wieder als der gute Onkel angeboten, der jederzeit helfen könne.

»Macht um den bloß einen Bogen! Der steht auf Jungen!«, flüsterte Walter. Was sollte das heißen? Weder Heinrich noch Viet hatten eine Ahnung, wovor Walter sie warnen wollte.

»Nachher wollen wir«, bot Ernst an, »eure Strohsäcke inspizieren. Nicht dass ihr Wanzen einschleppt! Das mögen wir nämlich gar nicht! … Die sind ja quatschnass! Wie ist das denn passiert?«

Als die Strohsäcke nachmittags halbwegs getrocknet waren, inspizierte er sie tatsächlich: »Nur ein paar Flöhe. Die schaden nicht!« Als nächstes zeigte Walter Teegen ihnen den Abtritt: »Ihr seid heute für die schönste Arbeit eingeteilt, die es auf diesem Kahn gibt! Na, ahnt ihr schon, was euch bevorsteht? Das hier muss gereinigt werden.«

Mit den langen Gesichtern, die es daraufhin gab, hatte er gerechnet. Ungerührt wies er die beiden ein, zeigte ihnen, wo Gerätschaften zum Säubern zu finden waren, und befahl, dass in drei Stunden alles blitzen und blinken und nach Kölnisch Wasser riechen müsse.

»Mist!«, murmelte Heinrich, der solche Arbeit zu Hause nie hatte erledigen müssen. Ganz im Gegensatz zu Viet, der wöchentlich den Abtritt reinigte und den Goldeimer leerte. Viet machte sich also ohne Umschweife an die Arbeit und musste bald feststellen, dass das Abflussrohr verstopft war. Die außenbords gegen einlaufendes Wasser angebrachte Klappe klemmte. Gangbar zu machen war sie nur, wenn man sie von außen reparierte. Das wiederum wollte Walter Teegen nicht entscheiden, weil dabei das Beiboot verschmutzen konnte – falls sich die Klappe plötzlich öffnete und der gestaute Schiet mit Schwung aus dem Rohr schoss.

Teegen suchte nach Bootsmann Bantin, um von ihm die Erlaubnis für die Benutzung des Beibootes zu erhalten, doch der war nirgends zu finden. Es dauerte eine ganze Weile, bis er herausgefunden hatte, dass der Bootsmann an Land war, um Bierquellen zu begutachten. Und weil auch Kapitän Breckwoldt und der Steuermann von Bord gegangen waren, konnte Teegen niemanden finden, der das Beiboot für diese Aufgabe freigab.

Das Klo selbst hatten die beiden Jungen mittlerweile zufriedenstellend gereinigt, wenn auch der Kölnisch-Wasser-Duft noch fehlte. Kaum hatten sie die letzten Handgriffe erledigt, erhielten sie bereits die nächste Aufgabe: »Du kommst doch vom Land und kennst dich mit Tieren aus«, sagte Teegen zu Heinrich. »Dann bist du genau der Richtige für unseren Bord-Zoo.«

Damit oblag Heinrich ab sofort die Versorgung für die beiden Schweine, die Hühner und Gänse. Die Stallung lag auf dem Achterschiff. Zweimal täglich musste er sich von nun an um seine neuen Schützlinge kümmern.

Als der Kapitän wieder an Bord war, gab er Befehl, ihm den Bootsmann zu schicken. Er wollte Order geben, alles vorzubereiten, um am frühen Abend bei einsetzender Ebbe auszulaufen. Der Vollmond und ein leichter Ostwind würden es der COMET ermöglichen, den Elbstrom schnell hinter sich zu bringen. Doch so sehr man an Bord auch wartete, der Bootsmann ließ sich nicht blicken.

»Was heißt: nicht da? Teegen, schicken Sie einen Jungen los!«, maulte der Käpten. »Er soll ihn auf schnellstem Weg an Bord bringen.«

Teegen erklärte Heinrich, wonach er Ausschau halten musste: »Wenn du einen Riesenkerl siehst, mit wildem schwarzen Haarwuchs und nur einem Auge, der wie ein Gorilla geht, nach vorn gebeugt und mit hängenden Armen daher kommt, dann ist es Gorilla-Schorsch, unser Bootsmann. Nimm dich vor ihm in Acht, der Mann wird leicht jähzornig. Besonders wenn er was getrunken hat. Halte dich also möglichst fern von ihm. Und zwar immer! Auch hier an Bord.«

Viet, der die Beschreibung ebenfalls gehört hatte, erbleichte. Gorilla-Schorsch? Hatte er richtig gehört? Auf den war die Sprache erst letzten Sonntag bei der Konfirmation seines Freundes gekommen. Haarsträubende Geschichten wurden von diesem furchtbaren Kerl berichtet.

Ein unglaublicher Schinder sei Bootsmann Bantin. Ein Riese mit Samson-Kräften, der in jedem Hafen Streit suche. Leider würde er bei Raufereien nie verlieren, selbst dann nicht, wenn er gegen mehrere Kraftprotze gleichzeitig kämpfen müsse. Er sei ein Herkules mit wirren schwarzen Zotteln und schlechten Zähnen. Seine Arme und Hände seien über und über behaart, so dass man seine Tätowierungen kaum sehen könne. Er arbeite dafür wie sechs ausgewachsene Männer, sei seinem Kapitän und dem Steuermann hündisch ergeben, gegenüber der Mannschaft aber ein furchtbarer Menschenquäler. Ob jemand krank sei, interessiere ihn nicht. Selbst bei einem Beinbruch jage er Matrosen in die Wanten. Einmal habe er einen Janmaaten aus dem Logis den Niedergang hoch geprügelt, der sowohl das rechte Bein gebrochen wie auch die rechte Hand verstaucht hatte. Er solle sich nicht so haben wegen solcher Lappalien; in die Wanten müsse er trotzdem, um vor dem aufkommenden Sturm die Segel zu bergen. Doch der arme Mann konnte sich weder auf den Beinen, noch mit der rechten Hand halten. Prompt sei er außenbords gegangen und ertrunken. Solch ein Todesfall würde Gorilla-Schorsch wenig berühren. Für ihn sei das nur Schwund.

Als Heinrich an Land gegangen war, um nach Bantin zu suchen, hatte Viet einen Einfall. Er könnte in der Zwischenzeit versuchen, die Abfluss-klappe des Klos von einer Stellage aus zu reparieren, einem Brett, das an Seilen außenbords von Deck hing. So würde er das Beiboot schonen und das Problem dennoch beheben.

Man ließ also eine Stellage an der Bordwand hinab, und Viet machte sich bereit, die Klappe gangbar zu machen. »Und nun? Wie soll's weitergehen?«, rief Teegen spöttisch von oben, weil er dachte, Viet sitze dort ohne Werkzeug. Doch der Junge hatte vorgesorgt und zeigte auf die Werkzeuge in seiner Tasche. Teegen zollte ihm daraufhin mit leicht nickender Kopfbewegung Respekt.

Viet betrachtete den Schaden. Das über die Bordwand hinausragende Rohr-Ende musste eine Kaimauer, einen Dalben oder ein anderes Schiff gestreift haben. Anders war nicht zu erklären, weshalb die Klappe klemmte: »Vielleicht hätte man Fender ausbringen sollen, dann wäre das nicht passiert!«, meinte er vorlaut, doch gottlob hatte ihn niemand gehört.

Eine Stunde später erschien Heinrich wieder. Er kam angelaufen. Und nicht viel später erschien auch Bootsmann Bantin an Bord. Offenbar hatte Heinrich ihn irgendwo gefunden und sich dann schnell wieder Richtung COMET davon gemacht. Der Bootsmannriese meldete sich umgehend beim Kapitän und erhielt eine dicke Rüge. Nach diesem Anschiss scheuchte er die Mannschaft auf ihre Posten, um das Schiff klar zum Auslaufen zu machen. Die Luken waren noch nicht geschalkt, letzte Spieren mussten befestigt werden.

»Und was machst du da unten? Willst du wohl sofort raufkommen!«, brüllte er Viet wütend an, als er ihn beim Blick über die Reling an der Bordwand entdeckte. Matrose Teegen erklärte, Schiffsjunge von Appen sei gerade auf dem bestem Weg, den Kloabfluss gangbar zu machen, was bedeutet, dass man dann nicht mehr auf den Eimer gehen müsse.

Bantin schaute noch einmal über die Reling nach unten, brummte dann: »Weitermachen!«

Der Lotse kam an Bord. Viet hörte seine Kommandos. Die Segel wurden gesetzt. Die Bark kam langsam von den Dalben frei, trieb sachte in die Strommitte und nahm Fahrt auf – flussabwärts Richtung Altona.

Als sie wenig später Hamburgs Nachbarstadt passierten, hatte Viet es geschafft. Der verkantete Rohrdeckel war aus dem Stutzen gelöst. Eine Ladung übel riechender Fäkalien schoss heraus, ergoss sich über das Brett gleich neben ihm, klatschte dann ins Wasser. Die Menge entsprach jedoch längst nicht dem zu erwartenden Rohrinhalt. Da musste noch ein weiteres Problem sein. Er rief nach einem Bootshaken, doch niemand antwortete. Auch nach einigen weiteren Versuchen kam von oben keine Reaktion.

Unschlüssig schaute Viet auf die sich im Wasser spiegelnden Lichter von Altona. »Ob wir in der Nordsee wohl Meeresleuchten sehen?«, überlegte er. Dieses Naturschauspiel hatte er erlebt, als er vor fünf Jahren mit Vater nach Stavanger gesegelt war. Da war das Meerwasser die ganze Nacht über erfüllt von blauem bis grünem Leuchten, als sei es nicht von dieser Welt. Selbst Wasserspritzer zeigten diese Leuchtkraft. Anfangs hatte ihn das erschreckt, doch Vater beruhigte ihn: Man wisse zwar nicht genau, woher dieses Leuchten käme, doch es sei vollkommen ungefährlich. Man könne es auch nur im Sommer sehen. Jetzt im März, wurde Viet klar, war dieses Naturschauspiel wohl nicht zu erwarten.

In die Wirklichkeit zurückgeholt wurde er, als Heinrich ihn mit einem Bootshaken anstieß. »Willst du den Haken nun haben oder nicht?«

Viet nahm ihn in Empfang und begann, in der fauligen Masse zu stochern, die das Rohr noch immer blockierte. Jedes Mal, wenn er dazu die Klappe öffnete, strömte ihm bestialischer Gestank entgegen. Und jedes Mal zog er mit dem Haken matschige Fäkalklumpen heraus, die auf das Brett klatschten. Der Grund für die Verklumpung waren Putzlumpen, die die Mannschaft als Arschwisch benutzt hatte. Diese Lumpen waren nicht immer klein gerissen, sondern teilweise als große Stücke benutzt worden. Zu groß für das Rohr. Viet fasste daher den Entschluss, das auf dem Abtritt ausliegende Material künftig so klein zu schneiden, dass eine Verstopfung nicht mehr möglich war.

Ein Nachtvogel flog über das Schiff zum Strand. Die Kirchturmuhr von Nienstedten läutete zur zehnten Stunde. Als er endlich mit dieser schmutzigen und übel riechenden Arbeit fertig war, glitt die COMET an Blankenese vorbei. Beinahe gleichzeitig erlosch die Sturmlaterne, die man ihm bei Einbruch der Dunkelheit heruntergereicht hatte. Das Petroleum war aufgebraucht.

Viet sah sehnsüchtig hinüber zum Ufer, wo er sein Elternhaus auf dem

Blickberg entdeckte. Alle Fenster waren dunkel. Das ist das Zeichen, dass es Caroline besser geht, dachte er. Sonst würde Mutter bei Kerzenschein an ihrem Lager wachen.

Tränen liefen über seine Wangen, weil er seine Familie nur einen Steinwurf entfernt wusste. Wie hatten Mutter und die Geschwister wohl den ersten Tag ohne ihn verbracht?

Er ging seine bisherigen Pflichten durch, die er jetzt seinen Geschwistern übertragen hatte.

Ob sie wohl genauso gewissenhaft an alles dachten? Da war zunächst das Treibholz, das vom Elbstrand gesammelt oder aus der Elbe gefischt werden musste. Seine beiden Brüder wussten, wie man mit Opas Ruderboot zum Böhaken wriggte. Auf der Südseite des Eilandes war viel Schwemmholz zu holen, weil dort nur selten andere Holzsammler hinfuhren. Auf dem Sand tauchten manchmal allerdings Finkenwerder auf, die das gleiche vorhatten und vor denen man sich in Acht nehmen musste. Seine Brüder hatten gelernt, das Holz immer gut abzulagern, bevor es in den Ofen kam. Zum Anmachen des Feuers eigneten sich Kienäppel, die leicht entzündbar waren und die Flamme schnell weitergaben. Tannen waren in Blankenese rar, doch Viet hatte seinen Brüdern eine Stelle gezeigt, an der einige standen.

Als nächstes die Küche. Sie musste täglich mit frischem Wasser aus der Gemeinschafts-Pumpe im Tal versorgt werden. Die beiden Jungen waren mittlerweile groß genug, um den schwer gängigen Pumpenschwengel zu bedienen und die beiden hölzernen Wassereimer mit der Dracht von der Elbstraße in die Küche zu schleppen.

Der Klo-Eimer war einmal wöchentlich zu leeren. Bei Regenwetter im Garten. Anschließend musste die Erde gehackt oder umgegraben werden. Schien hingegen die Sonne, entleerte man den Eimer in die Elbe – allerdings nur bei Ebbe. Bei Flut wurde in den Sommermonaten nämlich gebadet.

All das und noch einiges mehr hatte er an seine Brüder weitergegeben. Da sollte eigentlich nichts schief gehen.

Seine Schwestern halfen Mutter im Haushalt, bei der Wäsche und in der Küche. Das lief bestens. Ihre Hilfe beim Spinnen, Weben, Netze stricken und flicken war eingespielt. Im Sommer mussten die Mädchen Kräuter sammeln: Kamille gegen Schleimhautentzündungen, Efeu gegen Husten, Fliederbeerblüten gegen Fieber, Brennnesseln gegen Akne und zur Entschlackung – und manchmal auch zum Muntermachen.

Ob sie ihn vermissten?

Es waren traurige Momente, während er darauf wartete, dass man ihn wieder nach oben ziehen würde. Er nutzte die Gelegenheit für ein leises Gebet, so wie es Pastor Thomsen ihn gelehrt hatte, und betete für seine kranke Schwester, für die Mutter, für die Geschwister. Schließlich schickte er noch die Bitte hinterher: Der Herr möge ihn vor Gorilla-Schorsch schützen.

Das Schiff trieb und segelte weiter, vorbei an Plumsmühlen. Für Augenblicke schlug sein Herz höher: Hier wohnte Anna. Sie war zusammen mit ihm konfirmiert worden und hatte sein Herz entflammt. Gemeinsam waren sie zum Konfirmandenunterricht nach Nienstedten und wieder zurück gelaufen. Diese Wege waren einsame Höhepunkte für Viet gewesen. Sie hörten sich die Lieder und Psalmen ab, die sie auswendig lernen mussten, oder sprachen über ihre Familien und über Pläne und ... Ob Anna ahnte, wie sehr er sie mochte? Er glaubte, schon! Während er darüber rätselte, fasste er einen Entschluss: Wenn ich zurückkomme, verloben wir uns! Wie alt mochte er dann wohl sein? Ob das dann überhaupt schon möglich war?

Als er schließlich hochgezogen worden war, wieder an Bord gestanden und sich gründlich gewaschen hatte, hörte er, wie der heilige Fiete mit Matrose Maschmann über das wieder funktionierende Klo sprach: »Nicht schlecht. Wenn der Junge so weiter macht, wird noch was aus ihm!«

Als Viet das Mannschaftslogis betrat, gab es ein böses Erwachen. Man warf ihn umgehend wieder hinaus: »Hau ab, du elender Stinker! Hier drinnen schläfst du nicht.« Dann flog ein Seestiefel in seine Richtung. »Mach die Tür gefälligst von außen zu!«

Viet biss sich auf die Lippen. Anstatt ihn zu loben, weil das Klo endlich wieder funktionierte, ließen sie ihn nicht in seine Koje, obwohl er hundemüde war. Er wusch sich ein weiteres Mal. Diesmal noch gründlicher. Er war erschöpft, wütend, enttäuscht und fühlte sich so allein, wie er sich noch nie allein gefühlt hatte. Während er sich wusch, wurde ihm so übel, dass er Galle kotzte.

Müde, hungrig und traurig machte er sich schließlich an die schwierige Aufgabe, seine Klamotten so gründlich zu reinigen, dass sie keinerlei Kloakengeruch mehr verströmten. Als das halbwegs gelungen war, suchte er einen geeigneten Ort, um die Kleider zu trocknen, und unternahm einen neuen Anlauf, in seine Koje zu gelangen. Vorsichtig schlich er den Niedergang hinunter und schlüpfte durch die Logistür. Er hatte Glück: Alle Freiwachen schliefen tief und schnarchten laut.

Viet konnte im Logis-Mief allerdings kaum atmen. Das war auf dem häuslichen Dachboden ganz anders gewesen. Da pfiff stets frischer Wind durch Ritzen und Spalten, vertrieb jeden Hauch schlechter Luft. Schließlich aber – trotz eingebildeter Atemnot – schlief er erschöpft ein.

Keine vier Stunden später riss man ihn aus tiefstem Schlaf: »Reise, Reise!« – und der zwielichtige Ernst, der ihn gestern hinausgeworfen hatte, brüllte: »Solltest du nicht draußen pennen? Wie kommst du dazu...«

Er brachte den Satz und alles, was noch folgen sollte, nicht zu Ende, weil Gorilla-Schorsch sich lautstark einschaltete: »Hier wird nicht das Maul aufgerissen. Hier wird gearbeitet! Verstanden? Und zwar augenblicklich! Solche Bummelanten wie euch gibt's kein zweites Mal!«

Alle Matrosen und Schiffsjungen hatten kapiert – und machten sich unverzüglich an die Arbeit.

ERSTE STURMFAHRT

Der Wind hatte auf Ost gedreht. Die Bark steuerte das Südufer des Elbe-Fahrwassers an, um eine Halse zu fahren. Danach flog sie förmlich über die schaumigen Wogen Richtung Nordwest. Viet bewunderte die Segeleigenschaften der COMET und freute sich auf die bevorstehende Reise. Den schrecklichen Bootsmann musste er dabei wohl oder übel in Kauf nehmen und seine immer neuen Kommandos klaglos ausführen: »Segel setzen, Segel reffen, Segel setzen!«

Die Elbmündung lag vor ihnen, wenige Stunden später lag schon Helgoland an Steuerbord in Sichtweite. Drei Tage später sahen sie North und South Foreland. Am Ende der Woche kam die Isle of Wight in Sicht.

Bantin jagte die Mannschaft bis zur völligen Erschöpfung, und weil Viet und Heinrich für die meisten Arbeiten an Bord noch untrainiert waren, litten sie ganz besonders. Ihre Muskeln schmerzten mehr und mehr. Seit Tagen blutete Viet unter abgebrochenen Fingernägeln, weil seine Hände nicht an die schwere Arbeit des Segelbergens gewöhnt waren. Einen Nagel hatte er sich sogar vollständig ausgerissen. Jedes Mal, wenn er mit dem nagellosen Finger irgendwo anstieß, hätte er aufschreien mögen. Leider passierte das immer wieder. Durch Feuchtigkeit und Nässe waren seine Hände aufgesprungen und rau. In die blutenden Wunden drang Salzwasser und verursachte weitere Schmerzen. »Ihr müsst darüberpinkeln, dann heilen sie!«, hatte Heinrich von seiner Mutter als Tipp mit auf die Reise bekommen. Es widerstrebte den Jungen, doch als sie ihre Scham überwunden hatten und dem mütterlichen Rat gefolgt waren, heilten die Wunden tatsächlich besser ab.

Alles in allem aber – trotz Schmerzen, Schinderei, weiteren Erniedrigungen und immer wieder Heimweh – fühlte Viet sich doch in seinem Element. Ihn fesselte der schwefelig-gelbe Abendhimmel, der sich dunkelrot verfärbte, durchsetzt von Wolkenfetzen. Mit immer wieder neu heranstürmenden Regenschauern, Sturmwolken und schweren Böen, die über das Schiff herfielen, es auf die Seite drückten, ihm nur selten ein kurzes Aufrichten erlaubten. War Viet dann in den Rahen, sah er unter sich kein Schiff, kein Deck mehr; nur schäumende, gurgelnde Wassermassen. Die Bark lag mitunter so schräg, dass er befürchtete, ihre Rahspitzen könnten ganz in das aufgewühlte Element eintauchen. Musste er bei solchem Wetter übers Deck, war höchste Vorsicht geboten, um nicht vom nächstbesten Kavenzmann über Bord gerissen zu werden.

Viet mochte das; er hatte es sich genau so gewünscht, und er war sicher, dass es für junge, gesunde Menschen kein schöneres Leben geben konnte. Hunderterlei neue Griffe und Kniffe hatte er in kürzester Zeit gelernt, und immer wieder ging sein Blick weit, weit hinaus über die aufgewühlte Unendlichkeit der blaugrauen See. Für ihn waren es Festtage.

Könnte ihn Anna nur sehen; ihn als ganzen Mann. Einen, der vielleicht schon nach der ersten Reise Leichtmatrose sein würde. Und später Kapitän. Gerade jetzt, in diesem Augenblick, inmitten der Regenschauer, Sturmwolken und Böen fühlte er sich mit seiner Liebsten daheim verbunden.

»Nehmt meiner lieben Anna einen Gruß mit!«, rief er in die über ihn hinstürmenden Regenböen, und sah ihnen verklärt hinterher – allerdings nicht lange, denn schon wenige Augenblicke später riss ihn Gorilla-Schorsch knallhart in die Gegenwart zurück: »Dübel noch mol, warst du wohl in de Seils?!« Gleichzeitig setzte es schmerzhafte Schläge mit einem Tampenende. Der Bootsmann war in seinem Element. Den Vollmatrosen Maschmann, der unter hohem Fieber und Schüttelfrost litt, hatte er erst kurz zuvor aus der Koje gerissen, den Niedergang hinaufgetrieben, ihn dabei mit einem bronzenen Belegnagel traktiert und mit Gebrüll in die Wanten gejagt: »Di war ick wat! Wenn du nich wullt as ick, denn kunnst du wat erlewen!«

GESEGNETES MEER

Als sich der Sturm bei Cornwall beruhigte und der Himmel aufriss, meldete der Ausguck: »Bootstrümmer voraus! Drei Strich Backbord. Kisten, Fässer und jede Menge Bretter, ein zerschlagenes Rettungsboot, ein totes Schwein!«

Kapitän Breckwoldt gab Anweisung, alle Segel dicht zu holen, das Schiff nah an den Wind zu legen und das Beiboot klarzumachen.

Viet betrachtete das Trümmerfeld. Es war der Beleg für einen Untergang. Er wurde in das Beiboot kommandiert, das die Hölzer bergen sollte.

Vor dem Sprung ins schwankende und hüpfende Boot zögerte Viet einen Moment, was Matrose Walter Gelegenheit zum Kommentar gab: »Es gibt sechs Möglichkeiten, wohin ein Boot sich bewegen kann. Hin und her, rauf und runter, von rechts nach links. Wenn du noch lange wartest, fällt dem Boot noch mehr ein ...« Dann gab er ihm einen Schubs.

Das Einsammeln von Treibholz war eine lukrative Sache; jedenfalls für den Kapitän. Alles, was sie aus dem Meer holten, gehörte ihm, und er konnte es im nächsten Hafen als Bau-, Schiffs- oder Brennmaterial verkaufen. Das brachte eine schöne Stange Geld ein. Manchmal fanden sich bei einer Bergung obendrein wertvolle Güter, und die gehörten dann ebenfalls dem Käpten alleine.

Viets Aufgabe bestand darin, Krampen in treibende Bretter und Balken zu schlagen, damit sie – an Seilen befestigt – vom Beiboot zur COMET geschleppt werden konnten. Bei einem dieser Transporte bemerkten sie eine schwarze Katze, die auf einem treibenden Balken saß. Behutsam bargen sie das verängstigte Tier, nahmen es mit zur COMET und setzten es an Bord. Noch während sie zur nächsten Bergungsfahrt ablegten, sahen sie, wie der Bootsmann sich die gerade erst gerettete Katze schnappte und ihr den Hals umdrehte. Das verängstigte Tier hatte sich dabei wild gewehrt, Gorilla blutig gekratzt, doch retten konnte es sich damit nicht. Im nächsten Augenblick hing ihr Körper schlaff in seinen riesigen Pranken und wurde in hohem Bogen ins Meer geschleudert.

»Satan!«, fluchte der Sonderburger Sörensen, der hinter Viet saß. »Umbring' sollt ich dich!« Doch der heilige Fiete gab zu bedenken, die Bordkatze der COMET hätte sich ganz sicher nicht mit der Neuen vertragen: »Mord und Totschlag hätte das gegeben!«

Bevor die brutale Tötung der Katze eingehender diskutiert werden konnte, bemerkten die Männer einen menschlichen Körper, der im Wasser trieb. »Was machen wir mit der Leiche?«, fragte Sören und schlug vor: »Wir sollten sie mitnehmen, damit sie in gesegneter Erde begraben wird!«

Einige der Männer im Boot schauten Sörensen verständnislos an und tippten sich an die Stirn: »Glaub ja nicht, dass Bantin das erlaubt!«

»Fischfutter!«, fügte einer hinzu und spuckte der Wasserleiche hinterher, während die anderen betreten schwiegen. Immerhin konnte auch sie schon morgen das gleiche Schicksal ereilt haben. Um nicht auf weitere trübe Gedanken zu kommen, ließen sie den Toten im Wasser und setzten ihre Arbeit fort. Nach dem Treibholz galt es jetzt, die Fässer zu bergen. Das war mühsam, denn sie waren schwer und lagen tief im Wasser. Sie ins Beiboot zu hieven, war fast unmöglich.

Als sie mit aller gebotenen Vorsicht versuchten, das erste Fass ins Beiboot zu holen, stellte sich Heinrich so dumm an, dass das Boot beinahe umgeschlagen wäre. Postwendend erhielt er links und rechts und noch einmal links und rechts Backpfeifen mit solcher Wucht, dass Heinrich von seiner Ruderbank gegen einen Spant am Bootsboden geschleudert wurde und aufjaulte wie ein getretener Hund. Obendrein musste er eine Schimpfkanonade der Windstärke zwölf über sich ergehen lassen: »Ja, heul nur! Wenn das noch mal passiert, wirst du gekielholt, du elender Wassersäufer. Beinahe wären wir deinetwegen abgesoffen!«, brüllte Ernst ihn an.

Vor Schmerz und Scham schossen dem Jungen Tränen in die Augen.

Um bei der Bergung der Fässer umsichtig vorzugehen, schlug Sören vor, sie auf die gleiche Weise zu bergen wie das Treibholz: mit Krampen zu versehen und im Schlepp zur COMET zu rudern. Er hatte Recht, so funktionierte es. Bis zum Einbruch der Dunkelheit waren die geborgenen Hölzer an Deck angelascht und zwölf Fässer unter Deck verstaut.

Nach dem Abendessen erhielt Sören für die Bergung der Fässer ein dickes Lob vom Käpten. »Wär 'n plietsche Idee!« Zu dieser einsamen Würdigung mochte es gekommen sein, weil die Fässer hochwertige Textilballen enthielten, die Breckwoldt zusätzliches gutes Geld einbringen würden. Denn ansonsten war ein Lob an Bord so selten wie Wale in der Wüste.

Die Bergungsarbeiten konnten am nächsten Morgen nicht weiter fortgesetzt werden. Es hatte geregnet und stark aufgebriest. Der Wind trennte die COMET über Nacht vom Trümmerteppich.

Am Ende ihrer Wache kamen Sören und Walter todmüde und mit triefender Ölkleidung ins Logis. Wasserpfützen sammelten sich unter ihnen, während sie sich erst einmal ein Pfeifchen genehmigten. Dann pellten sie sich aus den Schichten ihrer nassen Ober- und Unterkleidung, die sie wegen der überkommenden Seen und der Kälte hatten tragen müssen. Alles wurde auf Haken um den kleinen Ofen gehängt, in dem allerdings nie ein Feuer brannte. Bootsmann Bantin gefiel es nämlich nicht, wenn seine Männer Brennholz vergeudeten, nur um sich den Luxus eines beheizten Logis zu gönnen. Daher wurden Pullover, Hosen, Unterwäsche und Schuhe nie richtig trocken und mussten zur nächsten Wache klamm und kalt wieder angezogen werden. Blieben die Sachen ausnahmsweise länger hängen, wurden sie auch noch spakig.

»So ein Mist. Nicht mal unsere Strohsäcke und Decken sind trocken. Die fühlen sich immer wie nasse Fahrtücher an! Und darin soll man nun schlafen!«, schimpfte Walter. »Wenn einer von uns Rheuma kriegt, weiß ich warum!«

Als Heinrich zur nächsten Wache sein feuchtes Ölzeug anziehen wollte, entdeckte er, dass seine neue Jacke einen großen Riss auf dem Rücken hatte. Der Junge war sprachlos. Wie war der denn in seine Jacke gekommen? Das hätte er doch merken müssen. Wer hatte seine Jacke kaputt gemacht? Wie sollte er die lange Seereise damit überstehen? Verdattert wandte er sich an den dicken Wilken, der gerade hereinkam. Da sah er, dass Wilken Heinrichs schönen neuen Troyer trug. Das gab ihm den Rest. Ihm kamen die Tränen.

»Was hast du denn?«, fragte Wilken und versuchte harmlos zu klingen. »Wir sind doch eine große Familie. Jedem gehört alles. Was mein ist, ist auch dein! Wenn du meinen Pullover tragen willst, bitte. Dein Pullover lag vorhin gerade auf deiner Koje, als ich dringend an Deck gebraucht wurde. Da hab ich ihn kurz mal ausgeliehen! Da ist doch nichts dabei.«

Heinrich wusste, dass Wilken ausschließlich löcherige Kleidung besaß. Die wollte er auf keinen Fall anziehen.

»Hast du meine Jacke kaputt gemacht?«, fragte er schluchzend, erhielt aber keine Antwort, denn der heilige Fiete kam den Niedergang herunter und kollerte: »Hein, der Bootsmann sucht dich. Mach, dass du an Deck kommst!«

Heinrich wischte sich die Tränen ab und zeigte auf den Riss in der Jacke.

»Wer war das?«, fragte Fiete und sah den dicken Wilken scharf an.

»Ich nicht. Ich glaube, es war Ernst. Er musste vorhin schnell an Deck und hat sich wohl vergriffen.«

»Bevor du wieder an Deck gehst, ziehst du den Pullover des Jungen aus, verstanden?«

Wilken nickte, zog sich eilig um und verschwand wieder. Fiete wandte sich an Heinrich: »Du musst jetzt an Deck, Junge. Nachher zeig ich dir, wie man Öljacken repariert. Und dann nehm' ich mir Ernst vor. Denn so geht das nicht.«

Warum lästerten die Männer so oft über Fiete, fragte sich Heinrich? Er half doch jedem, wenn mal Not am Mann war. Sie aber nannten ihn den heiligen Fiete? Nur weil er immer wieder fromme Sprüche brachte? Heinrich wollte mehr über diesen hageren etwa 50-Jährigen wissen. Es hieß, seine Frau wohne mit seinen neun Kindern in Altona. Mehr war nicht herauszubekommen.

Nach der Wache zeigte Fiete Heinrich tatsächlich, wie man Ölzeug näht. Mit einer einzelnen Stunde war das allerdings nicht getan, denn der Umgang mit Nadel und Faden erfordert Übung und Geschicklichkeit. In den folgenden Freiwachen erhielt Heinrich daher immer wieder Unterricht. Kaputte Klamotten gab es an Bord ja jede Menge. Es dauerte nicht lange, da hatte er den Bogen heraus. Der Reparatur seiner eigenen Jacke widmete er sich mit besonderer Hingabe. Am Ende war sie wieder fast wie neu. Und er konnte sicher sein, dass Ernst sie nicht noch einmal nehmen würde. Fiete hatte ihm das mit deutlichen Worten zu verstehen gegeben.

Wenn Heinrich sich nicht mit der Reparatur seiner Kleidung beschäftigte, verbrachte er die Freiwachen meist in der Stallung bei den Tieren. Hier war er vor den anderen, ganz besonders aber vor Bantin, sicher. Den Tieren – er hatten ihnen Namen gegeben – schüttete er dann, nicht selten in langen Monologen, sein Herz aus; manchmal mit und manchmal ohne Tränenströme. Mitunter schwor er Gorilla-Schorsch sogar Rache.

Eines Nachmittags, während er seinen Schützlingen wieder einmal von seinem Kummer berichtete, riss Bantin plötzlich die Tür auf, zerrte ihn heraus und brüllte: »Di war ick wat!« Gleichzeitig versetzte er ihm einen so kräftigen Tritt in den Hintern, dass der Junge polternd auf Deck landete: »Mach, dass du an deine Arbeit kommst, aber dalli!«

Heinrich hatte die Zeit vergessen. Er war zu lange bei den Tieren gewesen und hatte darüber seine nächste Aufgabe vernachlässigt: die Kleidung von Kapitän, Steuer- und Bootsmann zu waschen – und weil er inzwischen ja auch Stopfen und Nähen konnte, musste er Kleidung und Wäsche der drei ebenfalls reparieren. Das war zwar eigentlich Weiberarbeit, doch weil er sich dabei zurückziehen konnte, schätzte er sie fast genau so wie die Tierpflege. Er machte sich also unverzüglich an die Arbeit und stopfte und flickte, bis es dunkel geworden war. Dann rief Walter ihn an Deck. Es gab etwas Besonderes zu sehen: Polarlicht. Viet und er bestaunten lange den sich schnell bewegenden und fortlaufend verändernden Farbenzauber am nachtdunklen Himmel. Es war überwältigend. Was mochte es wohl bedeuten? Und wie kam es zustande?

Niemand an Bord wusste darauf eine Antwort.

ANKUNFT IN QUEENSTOWN

Das erste Reiseziel der COMET war Queenstown, der weltweit größte Naturhafen, erst ein paar Jahre zuvor von Cove of Cork umbenannt. Der näherkommende Hafen lenkte das Interesse der Männer mehr und mehr auf das Thema Frauen. Für Viet war das ziemlich unangenehm, denn so drastische Reden, wie sie einige der Männer jetzt führten, war er nicht gewohnt – und wollte von diesem Schweinkram auch nichts hören, geschweige denn irgendetwas damit zu tun haben. Viet liebte Anna, und keine andere. Fertig! Für sie wollte er rein bleiben, wie es er von Pastor Thomsen vermittelt bekommen hatte.

Als er Queenstown sichtete, erinnerte ihn die Hanglage der Stadt mit ihren kleinen, hier allerdings grellbunt gestrichenen Häusern an Blankenese. Ein schönes Bild war das – doch er schien der Einzige zu sein, der sich dafür interessierte.

Kapitän Breckwoldt nutzte den Aufenthalt, um die vom Wrack geborgenen Güter zu verkaufen. Dabei erfuhr er, dass sie von der INDUS stammten, einer britischen Bark, die auf dem Weg von Barcelona nach Kingston upon Hull vor Kurzem in Queenstown Zwischenstation gemacht hatte.

An Bord gab es nur wenig zu tun. Sobald die Männer Freigang hatten, stürzten sie in einschlägige Pubs – und zu den leichten Mädchen. Für diejenigen, die an Bord bleiben mussten, hatte der Kapitän striktes Alkoholverbot verhängt. Für Bantin galt das sogar in verschärfter Form. Wieso – dazu hatte Maschmann eine Geschichte auf Lager: »Freund Alkohol macht unseren Bootsmann hemmungslos. Bei Landgängen hat der Kapitän ihm allerdings nichts zu befehlen. Da ist jeder sein eigener Herr. Das nutzt Schorsch immer wieder bis zum Exzess aus und gerät dabei regelmäßig in heftige Händel.« Maschmann machte eine Pause, sah in die Runde und fuhr, nachdem er sich vergewissert hatte, dass Bantin nicht in der Nähe war, fort:

»Eine dieser Geschichten ist auf der letzten Reise passiert. Bantin wollte mal wieder eine Zeche nicht zahlen und fing an, das Mobiliar der Bar zu zerschlagen. Der Wirt rief vier muskelbepackte Hünen herbei, die Gorilla zur Räson bringen sollten. Die Muskelmänner merkten allerdings ziemlich schnell, dass sie diesen Herkules auch zu viert nicht so ohne weiteres unter Kontrolle bringen würden. Deshalb zogen sie ihre Messer. Doch Schorsch schnappte sich den ersten, schlug ihm die Klinge aus der Hand und zertrümmerte mit einem gezielten Haken seine Kinnlade. Als ein zweiter Angreifer auf ihn zustürmte, riss Gorilla einem wie gelähmt dastehenden Kellner das Tablett aus den Händen und schleuderte es dem Angreifer ins Gesicht. Dann griff er eine Flasche, zerschlug sie und drückte dem großen Kerl die zackigen Spitzen in die Visage. Anschließend verließ er seelenruhig die zertrümmerte Bar, denn die beiden anderen Muskelmänner hatten längst das Weite gesucht. Da die COMET bald danach auslief, hatte Bantin keine Folgen zu befürchten. Allerdings hat er sich vorgenommen, in diesem Hafen nicht mehr an Deck zu kommen, sofern wir ihn noch einmal anlaufen. Ja, Leute, unser Bootsmann lässt sich eben nichts gefallen!«, schloss Maschmann – und es klang, als sei er sogar ein wenig stolz auf den brachialen Vorgesetzten.

Während des Aufenthalts in Queenstown wurde Viet von einigen Besatzungsmitgliedern gebeten, für sie Briefe an ihre Lieben daheim zu schreiben. Sie selbst konnten es nicht, hatten nie lesen und schreiben gelernt. Viet tat ihnen den Gefallen – und erhielt Einblick in manch Privates und allerlei Pikantes. Briefe an Eltern oder Geschwister hatten meist harmlose Inhalte, mitunter aber erfuhr er von Streitigkeiten und Konflikten, die es in sich hatten – selbstverständlich unter dem Siegel der Verschwiegenheit. Ein Beispiel sollte ihm besonders lange im Gedächtnis bleiben: Maschmanns ebenfalls zur See fahrender Onkel hatte mitgeteilt, nach Rückkehr von einer längeren Reise ein hübsches Häuschen erwerben zu wollen. Der Preis war sehr günstig. Maschmann ließ Viet nun einen Brief aufsetzen, in dem er einen Freund beauftragte, das preiswerte Haus in seinem – Maschmanns – Namen zu kaufen; so schnell wie möglich und auf jeden Fall vor Rückkehr des Onkels. Damit kam Maschmann in den Genuss des Schnäppchens, und der Onkel machte eine lange Nase.

Ganz anders war es, wenn Viet Briefe an Freundinnen oder Verlobte schrieb. Dann blieb ihm manchmal die Spucke weg, oder Schweiß trat auf seine Stirn und dunkle Röte stieg ihm ins Gesicht: »Geliebte Trine, wie war es schön mit dir, so gemeinsam durch die Heide zu gehen. Ich träume immer wieder davon, wie aufregend du ohne Kleid aussahst und wie herrlich wir uns vergnügt haben, was hoffentlich ohne Folgen geblieben ist. Wenn ich zurückkomme, möchte ich wieder so einen schönen Spaziergang mit dir unternehmen. Am liebsten jeden Tag. Bleib mir bis dahin schön treu. Dein dich ewig liebender Kalle.«

Verglich Viet solche Briefe mit dem Leben seiner Auftraggeber an Bord, gab es – gelinde gesagt – gravierende Unterschiede. Einerseits die schmachtenden Liebesbeteuerungen auf dem Papier, und andererseits ganz reale Besuche in jedem noch so schäbigen Freudenhaus. Es fiel ihm daher nicht leicht, die Heucheleien niederzuschreiben. Andererseits hob seine Schreibkunst sein Ansehen unter den Männern, und das konnte keinesfalls von Nachteil sein.

AUGENZEUGEN

Schließlich kam der Tag, an dem die Reise weitergehen sollte. Kurz vor dem Auslaufen der COMET erhielten Viet und Heinrich den Auftrag, Bantin zurück an Bord zu holen. Die Zahl der einschlägigen Kneipen, in denen sie suchen sollten, war überschaubar, und so machten sie sich auf den Weg.

In einer stillen, dunklen Seitengasse stießen sie auf zwei ungleich große Männer, die eine lautstarke Auseinandersetzung führten. Der Schmächtige mochte ein Malaie aus Niederländisch-Ostindien sein, jedenfalls sah er asiatisch aus und schimpfte auf Holländisch. Der andere war ein Riese mit hängenden Schultern und überlangen Armen – Gorilla-Schorsch in Aktion.

Die Jungen duckten sich hinter eine große Regentonne, um abzuwarten, bis der Streit zu Ende war. Mitten hinein wollten sie sich jedenfalls nicht begeben. Sie wussten, wie unberechenbar Gorilla-Schorsch war, wenn man ihm in solch einer Situation in die Quere kam. Und sie hatten Recht damit. Nach kurzem, heftigem Wortwechsel stürmte er mit wild rudernden Armen auf den Asiaten zu und holte zu einem gewaltigen Schlag aus. Der Malaie fing den sausenden Arm auf, benutzte ihn als Hebel, drehte sich blitzschnell, ließ Schorsch über seine Schulter rollen und hart auf die Erde knallen. Die Jungen hinter der Tonne hätten um ein Haar begeistert aufgeschrien.

Einen Augenblick blieb der Gorilla wie tot liegen, stand dann aber wieder auf, schüttelte sich und ging erneut auf den Kleinen los. Diesmal drehte der Malaie sich unerwartet auf dem rechten Fuß um die eigene Achse, traf den Riesen mit dem linken Fuß am Kinn und fällte ihn abermals. Jeder andere wäre nach diesem zweiten Treffer kampfunfähig gewesen. Nicht aber Georg Bantin. Es dauerte jetzt zwar deutlich länger, bis er erneut auf die Beine kam, doch schließlich stand er wieder und startete seine dritte Attacke. Der Malaie ergriff die Gorilla-Pranke, drehte sie und ließ den Riesen wie eine leichte Puppe in der Luft Purzelbaum schlagen, dann knallte Schorsch auf seine Schulterblätter und regte sich nicht mehr.

Heinrich und Viet hatten schon manche Wirtshausschlägerei gesehen. Die Kampftechnik dieses Asiaten aber war reinste Zauberei. Hein hätte beinahe Beifall geklatscht, so beeindruckt war er, doch Viet hielt ihn geistesgegenwärtig davon ab. Denn wären die Jungen von Schorsch bei seiner Niederlage entdeckt worden, hätten sie es für alle Zeiten mit ihm verdorben. Eines jedoch war jetzt sicher: Bantin war auf seinen Meister getroffen. Auf einen, dem er nicht das Wasser reichen konnte.

Der Asiate schien den Kampf als beendet zu betrachten und wandte sich zum Gehen. Da kam wieder Leben in den Gorilla. Er richtete sich auf, griff in seinen Nacken, zog ein Wurfmesser aus dem Hemdkragen und ließ die silberne Klinge durch die Luft zischen. Sie traf den Gegner in den Rücken. Er fuhr herum und ging, ohne mit der Wimper zu zucken oder sein Tempo zu verlangsamen, auf Schorsch zu, zog dabei das Messer aus seinem Rücken und warf es hinter sich. Er machte noch ein paar Schritte auf Gorilla-Schorsch zu.

Einen kurzen Augenblick standen sich beide Kontrahenten wortlos gegenüber, dann ergriff der zweieinhalb Zentner schwere Schorsch in wilder Hast die Flucht. Einen Augenblick später brach der Malaie zusammen. Er war tot.

Viet und Heinrich waren vor Angst erstarrt. Was war da gerade passiert? Sie waren Zeugen eines Mordes geworden! Das Verbrechen verschlug ihnen die Sprache. Heinrich wusste sich überhaupt nicht mehr zu beruhigen. Er hielt eine Hand vor den Mund, hatte die Augen weit aufgerissen und zitterte. Viet zog ihn fort. Jetzt nichts wie weg hier. Fast wären sie über Bantins Wurfmesser gestolpert. Ohne zu überlegen griff Viet nach dem Messer und dem daneben liegenden blutigen Tuch des

Malaien und schob beides im Laufen unter sein Hemd. Jetzt bloß nicht Bantin begegnen. Schnell in relative Sicherheit. Schnell zurück zum Schiff. Sollten sie das eben Gesehene nicht melden? Aber wo war die nächste Polizeiwache? Und wie sollten sie sich verständlich machen? Viet zitterte jetzt auch. Ihre Angst vor Bantin war groß, riesig! Sie mussten unbedingt vor dem Bootsmann auf der COMET eintreffen. Bantin sollte nicht wissen, dass sie überhaupt an Land gewesen waren.

WOHIN MIT DEM CORPUS DELICTI?

Außer ihnen schien niemand die Tat bemerkt zu haben. In den Straßen der Stadt waren kaum Menschen unterwegs, weil die Colman's Cathedral mit ihren 46 Glocken – dem größten Geläut der britischen Inseln – zum Gottesdienst für Seeleute aller Nationen gerufen hatte. Offenbar waren viele dieser laut hallenden Aufforderung gefolgt.

Zurück an Bord verschwand Viet in Windeseile im Mannschaftslogis, um das Messer über seiner Koje zu verstecken, fand dort aber keinen geeigneten Platz. Wenn überhaupt, würde Bantin das Messer ganz gewiss bei ihnen suchen. Vielleicht um sicher zu gehen, wenn er erfuhr, dass Heinrich und er losgeschickt worden waren, um ihn zurück an Bord zu holen. Die Tatwaffe musste daher in ein ungewöhnliches Versteck, wo sie niemand vermutete. Während er hektisch darüber nachdachte, strich Gorilla-Schorschs dunkler Schatten am Skylight über ihm vorüber, und er hörte seine polternde Stimme: »Wenn hier nicht augenblicklich alle mit zupacken, vergesse ich mich!«

Zur Polizei gehen konnte Viet jetzt nicht mehr. Der Bootsmann würde ihm nie und nimmer erlauben, noch einmal von Bord zu gehen. Viet bekam es mit der Angst. Was hatte es zu bedeuten, wenn Bantin davon sprach, »sich zu vergessen«? Wollte er noch mehr Leute umbringen? Der Junge zitterte vor Angst. Dann wurde ihm allerdings klar, dass er genau jetzt noch eine Chance hatte, das Messer zu verstecken. Nur jetzt.

Der Bootsmann würde für eine Weile damit beschäftigt sein, alle Männer für das Ablegemanöver einzuweisen. Doch wo um alles in der Welt konnte er das Messer, das er noch immer unter seinem Hemd trug, sicher unterbringen?

In Gedanken irrte er durchs Schiff. Das Mannschafts-Logis kam nicht in Frage. Die Back ebenfalls nicht. Die Ladeluken waren geschlossen und mit Segeltuch abgedeckt. Dann kam der rettende Gedanke: der Abort. Dort konnte er unter dem Sitzbrett Messer und Lappen festnageln, ohne dass jemand darauf stoßen würde. Der Abtritt würde während der gesamten Reise nur von Heinrich und ihm gesäubert. Niemand würde sich dort länger als nötig aufhalten oder gar herumstöbern. Also los – zum Abort.

Auf dem Gang entdeckte er zwei lose in der Wand steckende Nägel. Er zog sie heraus. Fehlte noch ein Hammer. Ein paar Schritte entfernt lag die Kombüse. Der Smutje war nicht zu sehen. Viet nahm einen Fleischklopfer von der Wand, lief zurück zum Klo, wickelte das Messer in den Lappen und schlug die beiden Nägel so ein, dass das Päckchen flach unter dem Sitzbrett befestigt war.

Dann brachte er den Fleischhammer zurück und eilte an Deck.

Gorilla-Schorsch war gerade dabei, Heinrich anzubrüllen: »Was hältst du hier Maulaffen feil? Hast du nichts zu tun?« Dann ließ er seinen Worten ein paar Ohrfeigen folgen, die den armen Jungen gegen ein Luk schleuderten. Es war die Wirkung des Alkohols, gepaart mit der vorangegangenen Erregung, die Viet und die Mannschaft gerade zu spüren bekamen. Steuermann Oestmann ging dazwischen und stellte Schorsch zur Rede: »Bantin, das geht zu weit. Erst musste ich ihnen mal wieder Heinrich hinterher schicken, um sie aus irgendeiner verruchten Kneipe zu holen, und jetzt schlagen sie so auf den armen Kerl ein, dass er Zähne spuckt! Das möchte ich nicht noch einmal erleben, haben sie mich verstanden?«

Bantin nickte und schien erstaunt. Heinrich hatte ihn holen sollen? Bantin sah zu Heinrich hinüber. Sein Blick war forschend. Viet war entsetzt. Bantin würde sich jetzt todsicher fragen, ob der Schiffsjunge den Kampf mit dem Malaien wohl beobachtet hatte? Und dann konnte er zu allen möglichen Schlussfolgerungen kommen, möglicherweise sogar dazu, Heinrich bei nächster Gelegenheit zum Schweigen zu bringen. Viet lief zu Heinrich, der gekrümmt gegen die Luke lehnte. Nach dem kräftigen Schlag taten ihm alle Knochen weh, und er blutete aus dem Mund. Gorilla hatte ihm tatsächlich einen Zahn ausgeschlagen.

»Halt dich vom Bootsmann so weit wie möglich fern, mehr kann ich dir auch nicht raten!«, sagte Oestmann und ging dann zum Ruder, um das Ablegemanöver vorzubereiten. Bereits kurz darauf segelte die COMET aus der großen Bucht von Cork in die Unendlichkeit des Atlantiks hinaus.

In den folgenden Tagen herrschte ideales Segelwetter. An Deck war nicht viel zu tun. Heinrich und Viet wurden daher zu Spleiß-, Reinigungs- und Malerarbeiten abkommandiert. Dabei hatten sie ausreichend Gelegenheit, miteinander zu reden. Sie waren in großer Sorge, sprachen fast nur im Flüsterton und wechselten schnell das Thema, sobald andere oder gar Gorilla-Schorsch in ihre Nähe kamen. Was würde Gorilla tun? Gab es bereits Anzeichen, dass er sie auf dem Kieker hatte? Sie waren überzeugt, sehr gut aufpassen und sich gegenseitig informieren zu müssen, wenn ihnen etwas auffallen sollte.

Die Tage waren allerdings nicht ausschließlich angefüllt mit Ängsten und Nöten. Es gab auch beschauliche Momente und interessante Begebenheiten. Mit dem Leichtmatrosen Teegen beobachteten sie Möwen, die das Schiff begleiteten. Teegen erwies sich als wahres Tierlexikon. Er kannte nicht nur den Unterschied zwischen Silber-, Herings- und Mantelmöwen, sondern wusste auch viel über spezielle Eigenheiten dieser Vögel.

»Die Silbermöwe«, erzählte er den Jungen, »ist die häufigste Großmöwe in Nord- und Westeuropa. Sie wird ausgewachsen bis zu 70 Zentimeter groß. Das ist in etwa das Maß eines Mäusebussards« – und wusste weiter zu berichten, dass sie der Feind aller Schiffbrüchigen sei, weil sie ihnen bei lebendigem Leib die Augen aushackte. Der Sonderburger Matrose Sören Sörensen, der sich zu ihnen gesellt hatte, bestätigte das: »Die picken den armen Seeleuten nicht nur die Augen aus. Die hacken ihnen bei lebendigem Leib Lippen, Nase und Ohren mit ihren scharfen Schnäbeln ab!«

Obwohl Sörensen einen sehr dänisch klingenden Namen trug, gehörte er, wie drei Viertel der Bürger seiner Heimatstadt, zur deutschen Volksgruppe. Sein liebstes Wort war »Sünde«, das wegen seines dänischen Akzents wie »Zünde« klang. Und es gab um ihn herum jede Menge »Zünde«. Ziemlich weit vorn lagen die Bordverpflegung und Bantins Benehmen. An erster Stelle aber kam die Schleswig-Holstein-Frage. Die aktuelle Kopenhagener Politik machte ihn fuchsteufelswild. Die Provinz Schleswig ganz in den dänischen Staatsverband eingliedern? »Zünde«. Dänisch sollte Amtssprache werden? »Zünde«. Womöglich alleinige Kirchensprache sein? »Zünde«. Er konnte lange und ausdauernd darüber schimpfen, ganz gleich, ob es jemand hören wollte oder verstand, um was es ihm dabei überhaupt ging.

II

BLANKENESE UND DIE DÄNEN

Ein steifer Nordwest, von Regenschauern durchsetzt, schüttelte die Buchen im Godeffroyschen Park. Von hier konnte man – besonders bei gutem Wetter – den Blick über die Elbe schweifen lassen, hinüber zum Alten Land, zur Süderelb-Mündung und zum wild zerfransten Land vor Finkenwerder. Es war ein wundervoller Panoramablick, den Viets Mutter Catharina besonders liebte.

»Morgen, Frau von Appen!«, grüßte Schulmeister Krakau und lüftete umständlich seine Kopfbedeckung, weil die Pelerine seines Mantels über den Zylinderhut geweht worden war. »Begleiten Ihre Kinder Sie nicht zur Kirche?«

»Sie kommen nach«, antwortete Catharina und deutete mit dem Daumen Richtung Blankenese.

»Ich habe gehört, dass Sie abermals geheiratet haben, Frau von Appen. In aller Verbundenheit möchte ich gratulieren und Ihrem Gatten und Ihnen alles Gute wünschen. Ihr Familienname ist Ihnen ja erhalten geblieben.«

Ja, das war er. Sie hatte ja den Bruder ihres verstorbenen Mannes geheiratet. Besser gesagt: heiraten müssen. Die Not hatte ihr keine andere Wahl gelassen. Es war doch sehr schnell gegangen. Die Hochzeit wurde in aller Stille vollzogen; eine schlichte Trauungszeremonie in der Kirche, dann war jeder wieder seiner Wege gegangen. Hannes auf sein Schiff, Catharina zurück an die Hausarbeit. Keine Feier.

»Ihr Mann ist jetzt sicher wieder auf See, wie ich ihn kenne?«, fuhr Krakau fort.

Catharina bestätigte das, und der gute Mann stellte gleich die nächste Frage: »Wie geht es eigentlich Ihrem Viet. Er ist doch jetzt schon fast zwei Monate fort, oder? Haben Sie von ihm gehört?«

Catharina verneinte das und dachte an ihren Jungen. Sie wünschte sich, dass er möglichst bald zurückkommen möge. Dann wären die Zeiten leichter zu ertragen, in denen ihr neuer Mann Hannes zu Hause war. Doch es war wohl eher ein frommer Wunsch, denn in so kurzer Zeit nach Chile und zurück zu segeln? Das war ja wohl kaum möglich. Viet war bestimmt erst von Irland weggesegelt.

»Und Ihre beiden anderen Jungen?«, fuhr der Lehrer fort, »Wollen sie die nicht wieder zu mir in die Schule schicken? Jetzt, wo Sie abermals verheiratet sind? Ihre Bengel sind doch nicht auf den Kopf gefallen. Die sollten zumindest die Volksschule abschließen, damit sie später Kapitän werden können – wie ihr Vater.«

Damit hatte Lehrer Krakau ganz ohne Absicht einen wunden Punkt getroffen: Nur zu gern würde sie ihre wissbegierigen Jungen wieder zur Schule schicken, doch Hannes hatte das verboten: »Ich selbst hab die Schulbank nur drei Jahre gedrückt und bin was geworden. Drei Jahre Schule reichen. Auch bei deinen Jungen. Damit können sie Schiffer werden.«

Weil Catharina über dieses Thema nicht sprechen wollte, bat sie den Lehrer um Verständnis; sie wollte eine kleine Pause machen, um auf ihre Kinder zu warten. Den zweiten Grund für ihren Wunsch nach einer Unterbrechung behielt sie ebenfalls für sich: Sie spürte, dass sie nasse Füße bekam. Ihre Schuhe hätten längst neu besohlt werden müssen. Beide Sohlen waren löcherig, doch Hannes war mit dem Haushaltsgeld zu und zu knauserig. Es reichte meist nicht für solch dringend anstehende Reparaturen, obwohl sie ihre Schuhe immer selbst reparierte und nur das Leder hätte kaufen müssen. Nein, ihr Mann blieb unnachgiebig. Es musste an allem gespart werden, denn er wollte ein zweites Schiff kaufen.

Als ihre Kinder sie eingeholt hatten, ging es weiter. Lehrer Krakau hatte inzwischen ein paar seiner Schüler getroffen und sprach mit ihnen. Catharina tat es leid, dass sie ihm gegenüber so wortkarg gewesen war. Viet hatte immer gut vom ollen Krakau gesprochen, und auch sie fand, er sei ein umgänglicher Mensch.

Weil der Weg zur Kirche noch weit war, erzählte sie ihren Kindern, was sie über ihn wusste: »Stellt euch vor, die Brüder seiner Frau, Carl und Adolph Fehrs, sind in der Schlacht bei Idstedt schwer verwundet worden und lagen zunächst im Lazarett an der Schlei. Lehrer Krakau hat sie im Herbst 1850 zu sich hier nach Blankenese geholt, um sie zu pflegen. Ganz Blankenese hat damals vom Ehepaar Krakau und ihrer selbstlosen Verwundetenpflege gesprochen. Es sei eine höchst patriotische Tat, lobte Pastor Thomsen sie von der Kanzel. Die Krakaus würden wie vorbildliche Christen handeln. Man möge sich an ihnen ein Beispiel nehmen.«

So genau wollten die Kinder allerdings gar nicht wissen, was der Pastor zu sagen gehabt hatte. Sie interessierte viel mehr, was damals vorgefallen war.

Da war Catharina überfragt. Sie hatte zwar dieses und jenes über die verwundeten Brüder gehört, doch so richtig Bescheid wusste nur Lehrer Krakau selbst. Sie winkte zu ihm herüber, er blieb stehen, und sie fragte, ob er ihren Kindern von seinen verletzten Schwägern erzählen könne, was er gerne tat: Im Juli 1850 sei ein 36 000 Mann starkes dänisches Heer in der Nähe von Schleswig auf 26 000 schleswig-holsteinische Soldaten getroffen. Die Dänen hätten gesiegt und damit das ganze Land wieder unter ihre Kontrolle gebracht. Die beiden schwer Verwundeten seien per Eisenbahn nach Altona gebracht worden. Seine Frau und er hätten sie aufgenommen und gepflegt, ihnen den Alkoven überlassen und selbst fast ein ganzes Jahr lang auf dem Dachboden geschlafen. Leider habe das alles am Ende doch nicht geholfen. Beide Schwäger seien im April 1851 kurz nacheinander verstorben. Das alles sei vor 13 Jahren geschehen.

Als sie die Kirche erreichten, zündete Catharina im windgeschützten Eingang ihre Kieke an. Diesen kleinen hölzernen Fußwärmer hatte ihr Mann noch für sie gebaut. Er diente dazu, im ungeheizten Gotteshaus warme Füße zu bekommen. Dazu wurde in einer Keramikschale ein Holzkohlestück entzündet und die Schale anschließend in die Kieke geschoben.

An diesem Tag tat die Wärme besonders gut, weil sie Catharinas nasse Füße langsam trocknete.

Als das erste Lied angestimmt wurde, war Catharina erstaunt. Obwohl die Kirche nicht stark besetzt war, füllte der Gesang das ganze Kirchenschiff. Es lag wohl am deutsch-nationalen Text des Liedes. Es zu singen war recht riskant. Immerhin bestand Gefahr, dass sich unter den Kirchenbesuchern Dänen-Spitzel befanden. Denn das Singen von Liedern wie dem gerade geschmetterten Schleswig-Holstein-Lied von Carl Bellmann war bei Strafe verboten:

> *Schleswig-Holstein, meerumschlungen,*
> *deutscher Sitte, hohe Wacht!*
> *Wahre treu, was schwer errungen,*
> *bis ein schön'rer Morgen tagt!*
> *Schleswig-Holstein, stammverwandt,*
> *wanke nicht, mein Vaterland!*

Doch niemand griff ein. Das Lied verklang, die Liturgie begann, dann schritt Pastor Thomsen zur Predigt auf die Kanzel. Ungewöhnlich laut und fest klang seine Stimme heute. Ungewöhnlich weltlich, ja politisch war der Inhalt seiner Sätze:

Dänemark wolle das Herzogtum Schleswig einmal mehr dem dänischen Staat einverleiben, obwohl das Londoner Protokoll dagegen spreche. Das brächte die Bevölkerung beider Herzogtümer erneut auf die Barrikaden. Hinzu käme, dass die Dänen viele kluge Leute – wie den hochverehrten Theodor Storm – aus Husum ausgewiesen hätten, weil er als deutschsprachiger Dichter für die schleswig-holsteinische Sache eintrete. Außerdem sei die immerwährende Verbindung von Schleswig und Holstein durch den Vertrag von Ripen schon seit urlanger Zeit – genau genommen seit 1460 – geregelt. Den könne man nicht einfach brechen. Nicht einmal der dänische König habe das Recht dazu. OP EWIG UNGEDEELT heiße es nicht von ungefähr, und mit diesen Worten wolle auch er, der Pastor, seine Predigt beenden.

Zum Ausklang des Gottesdienstes trug er Liliencrons Pidder-Lüng-Gedicht vor.

Lüng war Sylter Freiheitsheld, der dem brutalen dänischen Amtmann von Tondern trotzte.

»Ja. Wir Schleswig-Holsteiner müssen wieder einmal fest zusammenhalten!

Und heldenhaft kämpfen, wie es Pidder Lüng gegen den Amtmann von Tondern getan hat. Vielleicht hilft dann auch Preußen – oder Österreich. Oder beide zusammen.«

Besonders berührt, vor allem aber stimuliert war die Gemeinde von folgendem Vers, den Thomsen mit besonderer Verve vortrug:

> *Einen einzigen Sprung hat Pidder getan,*
> *Er schleppt an den Napf den Amtmann heran*
> *Und taucht ihm den Kopf ein und lässt ihn nicht frei,*
> *Bis der Ritter erstickt ist im glühendheißen Brei.*
> *Die Fäuste dann lassen vom furchtbaren Ritter,*
> *brüllt er, die Türen und Wände zittern,*
> *Das stolzeste Wort:*
> *Lewwer duad as Slaav!*

Richtig. So wollten sie sein: Lieber tot, als weiterhin dänische Sklaven.

Seinen Gottesdienst schloss Thomsen mit der Aufforderung an alle wehrfähigen Männer, sich freiwillig zu melden, sollte der Konflikt neu entflammen.

Danach sammelte sich die Gemeinde vor der Kirche. Alle waren noch aufgeregt, ja aufgewühlt, und es kam zu hitzigen Streitgesprächen, denn nicht jeder war für die Loslösung von Dänemark. Viele der Blankeneser Schiffer argumentierten sogar strikt dagegen. Sie wollten – nach Altväter Sitte – auch zukünftig mit dem Danebrog am Mast fahren. Das war ein alter Streit, der mittlerweile seit mindestens 16 Jahren die Gemüter erhitzte. Jan Voss, ein Blankeneser, der sich besonders für die dänische Sache einsetzte, ergriff das Wort:

»Leute, nun bleibt mal alle schön ruhig. Wir haben es doch gut unter den Dänen. Was wollt ihr eigentlich? Lasst euch doch nicht von ein paar schwärmerischen Patrioten aufstacheln. Denkt an den Kampf um den Süllberg und wie er ausgegangen ist. So wird es jedem ergehen, der sich gegen das Königreich auflehnt!«

»Hol du din Mul, Jan Voss, du weerst domols nich dorbi!«, rief einer.

»Dat is all fofftein Johr her!«, schrie ein anderer.

Catharina erinnerte sich noch genau an das schlimme Ereignis. Es hatte sich 1848 zugetragen, als Dänemark auch die Eingliederung des Herzogtums Schleswig in den dänischen Staat probte. Die Dockenhudener waren bereits damals für ein deutsches Schleswig und ein deutsches Holstein gewesen. Ihr Streit mit dänisch gesinnten Blankenesern war dann eskaliert, als zehn Blankeneser Schiffer das Süllberg-Lokal kurz und klein schlugen. Denn der Süllberg war Treffpunkt der deutschtümelnden Pajotten aus Dockenhuden, und das hatte den rauflustigen Fahrensleuten nicht gefallen. Sie setzten dem Süllberg-Wirt Hansen ziemlich heftig zu. Dem zur Hilfe eilenden Nachbarn Broder Jansen schlugen sie ein Auge aus und zogen ihm die Kopfhaut samt Haaren vom Schädel, ganz wie man es sich von den Indianern drüben in Amerika erzählte. Einem anderen Helfer brachen sie den Arm. Und der um Erbarmen flehenden Tochter des Wirtes riefen sie warnend zu: »De Hund mutt dootslagen warn.«

Als die Blankeneser wieder abgezogen waren, hatten sie ein Trümmerfeld hinterlassen: Fenster und Türen waren zu Bruch gegangen, und im Chaos aus kaputten Stühlen und zerbrochenem Geschirr lagen stöhnend die Verletzten. Die resolute Frau des Süllberg-Wirts war daraufhin umgehend mit dem nächsten Zug nach Rendsburg gefahren, um eine Companie holsteinische Soldaten zu Hilfe zu holen. Die hatten sich sofort auf den Weg gemacht und die Ruhe im Dorf wiederhergestellt.

»Kinder, Kinder, das ist doch alles Schnee von gestern! Müsst ihr denn die alten Kamellen immer wieder aufwärmen?«, meldete sich einer der Behrmann-Söhne aus Dockenhuden zu Wort. Doch Jan Voss hielt dagegen: »Sowat vergeet wi nich! Mark di dat! Nie, nie, nie!!«

GUTE FREUNDE

Viet hatte sich mehr und mehr an das raue Seefahrerleben an Bord gewöhnt und verbrachte seine freie Zeit vor allem mit Walter Teegen und Sören Sörensen. Mit beiden gab es interessante Gespräche und viel Neues zu lernen. Zu Walter fühlte er sich zudem wegen dessen Blankenese-Herkunft hingezogen, wegen der Erinnerungen an vertraute Bräuche und gemeinsame Bekannte. Verwundert war er allerdings darüber, dass er mit 20 Jahren immer noch Leichtmatrose war. Also fragte er ihn eines Tages danach, während sie an Deck saßen und spleißten.

»Ganz einfach!«, antwortete Walter. »Ich bin spät dran. Ich hab eigentlich Tierpräparator gelernt und war schon ein Jahr Geselle. Aber richtig zufrieden war ich damit nicht. Ich wollte zur See. Das liegt mir wahrscheinlich im Blut, weil viele meiner Verwandten auch Seeleute sind. Also hab auch ich angeheuert und bin auf diesem Kahn gelandet.«

»Das ist für mich zu enkelt, zu einfach. Nun nenn mal die eigentlichen Gründe!«, bohrte Sören Sörensen, der mitgehört hatte.

»Naja«, gestand Walter, »ich will die Welt kennenlernen und mein Leben nicht in einer verstaubten Präparator-Bude verbringen. Das Handwerk bietet nämlich nur wenige weitere Möglichkeiten. In der Seefahrt ist das anders. Das hab ich bei meinen Blankeneser Freunden gesehen. Zwei, die gleich nach der Schule zur See gingen, waren mit 20 schon Kapitän!

Woran das liegt, ist mir natürlich auch klar: Es sterben viele, sehr viele. Viele der Blankeneser kehren nicht zurück, weil sie durch Krankheiten, Unfälle oder bei Schiffsuntergängen sterben. Diese Verluste müssen einfach ersetzt werden.«

Viet wusste nur zu gut, wovon Walter sprach. »Es ist gefährlich und riskant. Aber du kannst als Seemann auch einen Haufen Geld verdienen, wenn du es richtig anfängst!« stellte Sören fest. »Überlegt mal, was unser Alter so nebenbei kassiert, wenn er Wrackholz auffischen lässt und auf eigene Rechnung verkauft. Keine Arbeit für ihn – aber viel Zaster für seinen Geldbeutel!« Viet stellte sich vor, wie es wohl wäre, wenn er so viel Geld verdienen und seine Familie damit unterstützen könnte.

Walter entdeckte, dass sich am Bug ihrer Bark eine Schule Delphine tummelte. Das wollten sie sich genauer ansehen und gingen aufs Vorschiff, wo sie Heinrich trafen. Spleißen konnten sie auch hier vorn. Kaum hatten sie ihn erreicht, flüsterte Viet: »Gorilla kommt!« Augenblicklich erstarb ihr Gespräch. Doch Bantin beachtete sie nicht. Ging vorüber und verschwand im Schiffsbauch. Sie konnten hören, wie er mit den dort lagernden Fässern hantierte. Das alleine zu machen war ziemlich unvernünftig, und Viet kam der Verdacht, dass etwas dahinter stecken musste: »Sieht aus, als würde er etwas suchen!«, flüsterte er Heinrich zu. Viet zuckte mit den Schultern: »Keine Ahnung, in den Kopp von Bantin kann ich nicht gucken«. Dass Bantin etwas von seinem Messerbesitz wusste, schloss er aus. Allerdings hatte er erst gestern bemerkt, dass sich jemand an seiner Koje und seinem Seesack zu schaffen gemacht hatte. Aber das konnte auch ganz andere Gründe haben.

»Bei mir hat einer was gesucht«, sagte Heinrich, ohne dass Viet ihm etwas angedeutet hatte. Auch das konnte andere Gründe haben. Aber vielleicht auch nicht.

Als sie mit dem Spleißen fertig waren, konnten sie endlich zu Abend essen, denn sie hatten mittlerweile gewaltigen Kohldampf. Das Essen an Bord fand selbst Viet miserabel, obwohl er in den letzten Jahren höchst bescheidene Mahlzeiten gewohnt war. »Dein Fraß ist Dreck!«, ranzte der unsympathische Ernst den Smut an, während er schwarze Maden aus einer trüben Suppe auf den Tellerrand schob. Der zuckte gleichgültig mit den Schultern: »Das musst du unserm Bootsmann erzählen. Vielleicht gibt's dann jeden Tag Beefsteak für die Herrschaften.«

»Auch dieses Mahl kommt von Gott«, schaltete der heilige Fiete sich ein, faltete die Hände und sandte einen dankbaren Blick zur Decke. »Herr, wir danken dir.« Schlechtes oder gutes Essen, Flauten oder Stürme, Freudenfeste oder Tod, nichts konnte diesen frommen Mann aus der Bahn werfen. Er war der festen Überzeugung, dass Gott unser aller Lebenslauf bis ins Kleinste regelte. Alles würde von Gott bestimmt. In jeder Freiwache schaute er in die Bibel. Viele Passagen kannte er auswendig. Woher – das wusste niemand so genau. Fiete konnte nämlich weder lesen noch schreiben. Morgens und abends rieb er sich die Gelenke mit Olivenöl ein. »Das ist gut gegen Gelenkentzündungen und lässt Ellenbogen, Knie, Hand- und Fußgelenke schmerzfrei bleiben. Das hab ich auf Sizilien gelernt, als ich mit Hein Breckwoldts Fruchtjager Zitronen und Orangen fuhr.«

Alles in allem war Fiete ein friedlicher Vertreter, der seine Arbeit schnell und gewissenhaft erledigte, der anderen half und keiner Fliege etwas zuleide tat. Besonders Heinrich war froh, dass Fiete mit an Bord war. Mehrfach hatte er sich für ihn eingesetzt, wie damals, als jemand seine Öljacke beschädigt hatte.

Nach dem Essen wandte sich Ernst an Heinrich und Viet und fragte mit süßlicher Stimme, ob die beiden wohl eine Apfelsine mit ihm teilen wollten. Er habe noch eine aus Queenstown: »Die schmeckt zuckersüß und ist gut gegen Skorbut!« »Ernst, zieh Leine!«, mischte Walter Teegen sich ein und gab den Jungen mit auf den Weg: »Passt auf, dass ihr nicht mit ihm allein seid! Der will euch an die Wäsche!«

Aus Protest spuckte Ernst einen schwarzen Kautabak-Qualster aufs Deck und verzog sich. Er kaute diesen Schwarzen Krausen von morgens bis abends und schob ihn von einer in die andere Kuse. Die dunklen Flecken, die er regelmäßig auf dem hölzernen Deck hinterließ, waren Viet und Heinrich ein Graus, denn in getrocknetem Zustand waren sie nur unter großen Mühen wegzuschmirgeln. »Kann er das Zeug nicht über Bord spucken?«, lamentierte Heinrich. »Aber nein! Immer muss er aufs Deck rotzen.«

Die nächsten Tage waren von günstigem Wind und schönem Wetter bestimmt; Tage, an denen man sich während der Arbeit ungestraft unterhalten durfte. Ein Thema war der Verkaufserfolg des INDIA-Bergungsguts. Was machen die Käufer mit dem teuer erworbenen Treibholz? Zu Hause in Blankenese, das wusste Viet, waren viele Dachstühle aus solchen Wrackteilen gebaut – häufig sogar, ohne dass der Strandvogt etwas davon wusste. Strandräuberei war in Blankenese nämlich eine beliebte Erwerbsquelle. Vor Tau und Tag oder in abendlicher Dämmerung suchte man die Strände und Küstengewässer heimlich ab. Das Gesetz schrieb zwar vor, dass alles angetriebene Gut beim Strandvogt abzuliefern sei. Doch nicht jeder hielt sich daran, denn der Lohn war gering. Der Vogt ließ die bei ihm abgelieferten Güter versteigern, zahlte dem Finder dann aber nur die Hälfte des Erlöses aus. Die andere Hälfte ging an den König in Kopenhagen. Da lag es nahe, dass manch einer versuchte, die Königsabgabe zu umgehen. In Blankenese war das ein besonders beliebter Sport.

BORDLEBEN

Auf die schönen Tage folgte schweres Wetter. Kapitän Breckwoldt hatte Befehl gegeben, das Unwetter in westlicher Richtung zu umfahren. Doch es gelang nicht. Die See wurde stürmischer, die Böen heimtückisch. In dichter Folge überschütteten Hagelstürme mit manchmal faustgroßen Eisbällen die Bark. Ein Reff nach dem anderen wurde notwendig, und die Gesichter von Kapitän und Steuermann zeigten tiefer werdende Sorgenfalten. Wohin sollte das noch führen? Als dann zwei fast neue Segel mit peitschendem Knall davongerissen wurden, reichte es Kapitän Breckwoldt. Sein Wutausbruch stand dem Tosen des Meeres um nichts nach. Segel kosteten eine Menge Geld. Auch wenn die neuerdings maschinengewebten Segel deutlich billiger waren als traditionell handgewebtes Blankeneser Tuch, waren sie längst nicht so stabil.

Bootsmann Bantin wollte offenbar seinem Kapitän in Sachen schlechter Laune auf keinen Fall nachstehen: »Ich werd euch was! Nur Vögeln und nackte Weiber im Kopf. Und Saufen. Wenn's aber um unser Schiff geht, ist nichts als Strandhafer in euren Birnen.« Mit solchen Ausfällen, die plötzlich – wie aus dem Nichts – auf die Leute niedergingen, jagte er die Mannschaft übers Schiff und in die Wanten. Da der Wind eiskalt geworden war, trugen alle Sweater, Ölzeug und schwere Seestiefel; zusätzliche Kilos, die in die Masten hochgeschleppt werden mussten.

Kaum besser erging es den Männern an den Pumpen. Bis zur Erschöpfung mussten sie lenzen, weil die vielen schweren Brecher immer wieder große Mengen Seewasser in den Schiffsbauch spülten.

Viet, »de Rotvoss«, wie er wegen seiner roten Locken inzwischen von jedem an Bord genannt wurde, erhielt jetzt häufiger den Posten des Rudergängers. Das war ein Vertrauensbeweis – und obwohl die Aufgabe, das Steuer zu führen, für ihn eine große körperliche Herausforderung war, zog er sie der viel gefährlicheren Arbeit in den Masten eindeutig vor.

Heinrich hingegen litt immer mehr unter Bantins Drangsalierungen. Seit Queenstown schikanierte der Bootsmann ihn von morgens bis abends. Der Junge war mittlerweile am Ende seiner Kräfte. Der ehemals dicke Heinrich war zum Schatten seiner selbst geworden.

Für Heini war klar: Bantin wollte ihn fertig machen. Wie er ihn ansah, ihn belauerte, ihm besonders gefährliche Arbeiten auftrug. Ganz besonders schlimm wurde es, wenn er mit ihm allein war.

Nach jeder Wache schlief Heinrich total erschöpft ein. Oft schaffte er es nicht einmal mehr, sich auszuziehen. Doch kaum war er eingeschlafen, plagten ihn Albträume. Bantin riss ihm mit ellenlangen Fingernägeln sein Fleisch von den Knochen. Angstgeplagt schreckte er dann hoch, war in Schweiß gebadet und fand nicht zurück in den Schlaf.

»Ich pass auf dich auf!«, bot Ernst mit schiefer Backe und starker Alkoholfahne an, nachdem er mitbekommen hatte, welche Ängste Heinrich
durchlitt. Wegen Zahnschmerzen durfte Ernst – nachdem Efeusud nicht
geholfen hatte – den Mund mit hochprozentigem Rum spülen, um eine
Zahnwurzel-Entzündung zu bekämpfen. Es war eine der verrückten
Heilmethoden des Smut, der behauptete, es handle sich dabei um ein er-
probtes Rezept.

Den eigentlichen Spülvorgang nahm Matrose Ernst allerdings nicht
sonderlich ernst. Kaum hatte er den Cain-Schnaps in seinem Mund,
schluckte er ihn unter wohligem Stöhnen herunter. Kein Wunder also,
dass er in dieser Zeit ständig duhn war. Am nächsten Tag wurde die
Sache dann aber selbst dem Smut zu bunt, und er zog Ernst den kranken
Zahn mit einer Flachzange. Leider erwischte er zunächst den Falschen.
Der weinselige Matrose verlor auf diesem Weg gleich zwei Zähne, weil
der Smut die Zange erst beiseite legte, nachdem auch der entzündete
Zahn gezogen war.

Als Beschützer kam Ernst für Heinrich auf keinen Fall in Frage. Wie
sollte der ihm auch gegen die immer quälenderen Schikanen des Bootsmanns helfen können? Beim letzten Sturm hatte Bantin ihn mit in den
Laderaum genommen, um Fässer zu fixieren, die sich aus ihrer Befesti-
gung gelöst hatten. Das war eigentlich keine Arbeit für Heinrich; schon
gar nicht bei schwerer See. Er war deutlich zu schwach dafür. Bantin
selbst verfügte zwar über unglaubliche Kräfte, doch würde er damit nicht
viel ausrichten können, wenn mehrere Fässer gleichzeitig in Bewegung
gerieten.

Im Laderaum angekommen löste der Bootsmann in schneller Folge
mehrere Fässer, um sie mit Tauwerk neu zu sichern. In der kurzen Zeit,
in der die Tonnen losgebunden waren, begannen sie im stark schaukeln-
den Laderaum hin und her zu rollen. Heinrich stemmte sich mit seinem
ganzen Gewicht gegen eine der Tonnen, um sie zu fixieren, doch er
konnte so gut wie nichts ausrichten. Das Fass machte, was es wollte. Es
begann durch den Raum zu schlingern. Er konnte nur zusehen, wie es
gegen die Bordwand knallte. Das passierte mehrere Male. Als Heinrich
sah, dass der Bootsmann einem bereits rollenden Fass zusätzlichen
Schwung gab, damit es schneller auf ihn zuraste, suchte er sich eine enge
Nische, um sich in Sicherheit zu bringen.

In der Back würgte die Freiwache graugrünes Fleisch mit fauligen Kartoffeln hinunter. Um ein wenig Würze in diese triste Mahlzeit zu bringen,
sprachen sie über Frauen.

»Ich hab mal eine in Buenos Aires gekannt«, fing der dicke Wilken mit der langen Mähne an, »die war scharf wie Pantherpisse ...«

Weiter kam er nicht. Walter Teegen stand plötzlich mit hochrotem Kopf im Raum und schrie: »Wer hat meine Orangen geklaut?«

Einen Moment lang herrschte Schweigen, dann sagte jemand: »Sag mal Ernst, was war das eigentlich, was du vorgestern auf dem Achterdeck vernascht hast, als du meintest, dich sähe keiner?«

Ernst bekam einen roten Kopf und begann zu stottern: »Das waren, äh, also, die lagen, äh, da lagen Orangen auf meiner Koje. Jawoll. Und was auf meiner Koje liegt, gehört mir.«

»Lüge!«, schrie Walter. »Die Orangen waren zuunterst in meinem Seesack, darüber meine Klamotten. Und der Seesack hing an meiner KojenRückwand.« Dann traf Ernst eine gerade Rechte in die Magengrube und gleich darauf eine Linke an seinem Kinn. Der fromme Fiete sprang auf, stellte sich zwischen die Streithähne und gebot Einhalt: »Seid ihr verrückt? Was passiert wohl, wenn Gorilla-Schorsch euch erwischt?«

»Er hat meine Orangen geklaut. Wenn er sie mir nicht wenigstens bezahlt, bekommt er eine Tracht Prügel!«, schrie Walter, drehte sich um und verließ wutschnaubend die Back.

Als nur Augenblicke später auch Ernst verschwunden war, setzte Aufschneider Wilken seine Prahlerei fort: »Also wie gesagt, ich hatte mal eine in Buenos Aires, die war ...«

»... scharf wie Pantherpisse«, fiel ihm ein anderer ins Wort. »Wissen wir doch. Du hast ja angeblich in jedem Hafen eine. Und alle sind sie unglaublich geil. Und jede findet nur dich gut. Jedenfalls wenn man dich reden hört.«

»Ein paar von seinen Geschichten stimmen«, schaltete der fromme Fiete sich ein, »aber es sind keine echten Bräute, sondern Nutten. Er gibt dafür mehr als die Hälfte seiner Heuer aus.«

»Und die zweite Hälfte rinnt ihm durch die Kehle!«, ergänzte ein anderer. »Ihr müsst mal darauf achten, wie er das mit seinen vielen Bräuten macht: Um Geld zu sparen, lacht er sich immer öfter Oma-Nutten an, weil die billig sind.« Dann richtete er eine Frage direkt an Wilken: »Sag mal, hast du dir bei diesen Gelegenheiten noch nie die Gießkanne verbogen?«

Während die anderen grienten, schwieg der Aufschneider, machte eine wegwerfende Handbewegung und verzog sich.

Als er gerade zur Tür hinaus war, sagte der Smut: »Der sollte sein Geld lieber für seine Frau und seine Kinder sparen, statt es mit liederlichen

Weibern durchzubringen. Seine Alte hat mich vor unserer Abreise angefleht, doch auf ihn aufzupassen. Weil er von seiner Heuer immer so wenig nach Hause bringt, nagen seine Gören am Hungertuch. Eigentlich wär er kein schlechter Kerl, hat sie gemeint. Aber wenn er Geld in den Fingern hat und Weiber sieht, drehe er durch. Sie musste ihre fünf Kinder oft auf die Nachbarschaft, auf Freunde und Verwandte verteilen, damit sie von Blankenese nach Ottensen tippeln konnte, um dort ihrer Arbeit als Weißnäherin nachzugehen. Von irgendwas müssten die ja schließlich leben. Und abends hieß es dann wieder zurück nach Blankenese zu rennen. Überlegt mal, was das allein an Schuhsohlen kostet!«

Die Männer legten eine kurze Gedankenpause ein, setzten das Thema dann aber fort: »Wilken steht auf Frauen mit breiten Hüften und mächtigem Hinterteil. Und vorn muss selbstverständlich auch alles dran sein. Wenn er mal zu Hause ist, kannst du ihn auf dem Blankenese Anleger treffen, wo er Altländerinnen angafft, wenn sie aus den Cranzer Fährbooten steigen. Dabei ist seine Olle auch ganz gut gebaut. Die dänischen Zöllner auf dem Bulln suchen übrigens ebenfalls nach diesem Frauentyp, allerdings rein dienstlich. Altländerinnen sind nämlich dafür bekannt, dass sie aus dem Alten Land Schlagwürste ins dänische Blankenese schmuggeln, um sie dort zu verkaufen. Das Alte Land gehört ja zum Königreich Hannover. Die Schmugglerinnen binden sich die Würste um die Hüfte, was nicht immer nützt. Manch eine wird erwischt und wandert ins Gefängnis am Strandweg, wo ihr Mann sie gegen teures Geld wieder auslösen muss.«

Heinrich begann, die angeschlagenen Steingutschalen und Löffel fürs Spülen einzusammeln. Viet half ihm dabei.

»Kiek den Rotvoss, will wohl ok Smut warn!«, spottete einer der Männer. Mit seinem Spitznamen hatte Viet sich abgefunden. »Voss« klang nach schlauem Füchslein, und das verstand er als Kompliment.

Auch Heinrichs Situation hatte sich verbessert; ein klein wenig jedenfalls. Seit er viel in der Kombüse half, fühlte er sich deutlich wohler, als bei der harten Arbeit in den Rahen oder an Deck. Vor allem war er hier vor Gorilla-Schorsch halbwegs sicher. Trotzdem dachte er manchmal daran, im nächstbesten Hafen Reißaus zu nehmen und sein Glück an Land zu versuchen. Doch er konnte ja nur Platt sprechen. Wie sollte er da wohl in einem fremden Land sein Geld verdienen? Eine andere Möglichkeit wäre, im nächsten Hafen auf einem Schiff Richtung Heimat anzumustern. Doch auch diesen Gedanken verwarf er. Er bekäme gewaltigen Ärger mit dem Vater, wenn er plötzlich wieder vor dem weißen

Borsteler Hoftor stünde und sagte: »Vadder, op See gefallt mi dat nich.« Vater Quast würde fürchterlich toben und ihn nach Strich und Faden vermöbeln. Karl Quast war nämlich ein Mann, der einmal Begonnenes stets zu Ende führte, und das verlangte er auch von seinem Sohn; bedingungslos.

Also tröstete Heinrich sich so gut es ging mit der Hoffnung, dass sich im Laufe der Zeit an Bord das eine oder andere zum Besseren wenden möge. Seine Oma Möhlmann hatte oft einen Satz zitiert, der ihm in seiner Not schon mehrmals eingefallen war: »Und wenn du denkst, es geht nicht mehr, kommt von irgendwo ein Lichtlein her!« Er hoffte inständig, dass es so kommen möge, wenn er leise weinend in seiner Koje lag.

»Kiek mol, de Grapen!«, holte Viet seinen Vetter in die Wirklichkeit der Kombüse zurück. »Unser Smut hat einen Deckel auf dem Kessel, damit das Essen länger warm bleibt!«

Der heilige Fiete, der das gehört hatte, schüttelte den Kopf und sagte: »Schaut mal genau hin, Jungs! Seht ihr was? Die Lasche am Deckel und die Lasche am Kesselrand liegen wie Zwillinge beieinander, wenn man den Deckel zuklappt. Na, fällt der Groschen? Immer noch nicht? Den Deckel kann man am Grapenrand abschließen, ihr Dösbaddel! Dann kann sich niemand klammheimlich am Essen bedienen. Unser Smut ist angewiesen den Grapen jedes Mal abzuschließen, wenn er die Kombüse verlässt. Ist eine Idee von Gorilla-Schorsch.«

Der Smut, der gerade wieder die Kombüse betreten hatte, demonstrierte den Jungen, wie man den Kesseldeckel zuklappt und mit einem Schloss abschließt. Viet und Heinrich waren sprachlos. Auf die Idee, sich Essen aus der Kombüse zu klauen, waren sie überhaupt noch nicht gekommen.

Als Viet, Heinrich und Fiete später an Deck traten und niemand sie hören konnte, erfuhren die Jungen vom frommen Matrosen, dass der Smut den gesamten Proviant für die Fahrt bis Bahia in Hamburg hatte kaufen müssen – was auf Kosten der Partenreeder gegangen war. Die eingekauften Waren wären allerdings nie vollständig an Bord gelangt. Der Käpten, der Steuermann und der Bootsmann hätten Teile davon heimlich abgezweigt und entweder zu ihren Familien geschafft oder verkauft.

Das sei der Grund, warum es an Bord so jämmerlich wenig zu essen gäbe – und in so mieser Qualität.

Viet war empört. Fiete winkte ab: »Das machen alle Kapitäne, wenn sie nicht gleichzeitig Reeder eines Schiffes sind. Aber das wisst ihr nicht von mir, verstanden? Und außerdem bleibt es unter uns.«

Die Jungen nickten und wussten nicht recht, ob sie stolz sein konnten, in solch ein Geheimnis eingeweiht worden zu sein, oder wütend, weil sie seit Beginn der Reise um bessere und reichhaltigere Mahlzeiten betrogen wurden.

So lernte Viet viel, verstand viel und kam hinter so manches, was ihm bisher unverständlich geblieben war. Nach seinen Wachen fiel er in seine Koje und schlief augenblicklich ein – nicht selten sogar, ohne noch die Kraft zu haben, wenigstens ein kurzes Gebet zu sprechen. Manchmal holte er dieses Versäumnis hoch oben in den Segeln nach. Es gab eine Sache, die ihn nicht losließ. Eine Frage, die immer wieder seine Gedanken beherrschte, zu der ihm allerdings keine überzeugende Antwort einfiel: Musste er den Mord Kapitän Breckwoldt melden? Er hoffte, in seinen Gebeten Antwort zu finden, doch die Sache schien ziemlich riskant zu sein.

Es gab da nämlich eine Geschichte, über die im Mannschaftslogis immer wieder gemunkelt wurde: Ein Vollmatrose namens Wilhelm Wagner hatte sich bei Kapitän und Steuermann über Bantin beschwert. Die Geschichte lag schon Jahre zurück. Zur Rede gestellt, lieferte Bantin der Schiffsführung eine ganz andere Version und sprach unumwunden von Meuterei. Und prompt kam der Matrose Wagner in verschärftes Verhör. Wenig später war er tot. Von dieser Begebenheit wurde immer mal wieder – und stets nur hinter vorgehaltener Hand – geflüstert.

Was war damals passiert? Genau wusste das niemand, denn keiner, der diesmal an Bord war, ist dabei gewesen. Es gab also nur Gerüchte. Doch für Viet war das Grund genug, mehr als vorsichtig zu sein.

Wieso war ein Mensch gestorben, nachdem er von Kapitän und Steuermann verhört worden war? Waren sie ebenfalls Mörder? Und was wusste Bantin darüber? Gab es einen Zusammenhang, weil seine Schindereien von der Schiffsführung ja ziemlich großzügig geduldet wurden?

»Die haben bestimmt 'ne gemeinsame Leiche im Keller!«, mutmaßten manche an Bord.

GEFAHREN

Irland lag jetzt schon 21 Tage hinter ihnen. Der Sturm trieb die COMET unerbittlich nach Westen und brachte sie hoffnungslos vom Südsüdwest-Kurs ab. Kapitän Breckwoldt hatte vorgehabt, die breite Wetterfront zu umfahren, doch der Sturm schob sie nach seinem Willen, wurde zum brüllenden Orkan und blies die COMET wie einen Watteball Richtung Karibik.

»Herr Gott, führe uns aus dieser furchtbaren Wasserwüste heraus, so wie du den Kindern Israels den Weg in das Gelobte Land gewiesen hast!«, betete der heilige Fiete laut und flehentlich, bevor er zu seiner Wache an Deck ging.

Anfangs war dieser wütende Orkan nur ein ferner Keil am Himmel gewesen; ganz unten auf der Skala eines Tropentiefs, das von der Küste Afrikas heranzog und heiße Wolken für den nachfolgenden Totentanz vor sich hertrug. Schritt für Schritt war der Sturm dann zum Inferno angewachsen, das seine Spitze auf die Karibischen Inseln richtete. Obwohl kaum noch Segel gesetzt waren, kämpfte die COMET sich schwer durch haustiefe Wellentäler, überkippende Wogen und kochende Gischtwälle. Ein schwerer Brecher nach dem anderen wusch übers Deck, zerschlug das Beiboot und die Ersatzwassertonne. Unablässig mussten die Männer eindringende Wassermengen aus dem Schiffsbauch pumpen. In diesem extremen Wetter war ihr Schiff nicht mehr als eine hilflose Nussschale.

»Damals, '48, bin ich mit Hein Kröger und seiner Schonerbrigg MARIA ums Kap Horn gefahren«, erzählte Matrose Maschmann, in einem schützenden Niedergang hockend, während er sein Pfeifchen rauchte. »Kinder, das hättet ihr erleben müssen. Dagegen ist dieser Sturm ein Weiberfurz. Ständig stand über ein Meter Wasser im Logis. Und auch die Laderäume waren abgesoffen – obwohl wir pumpten, bis uns die Lungen zum Hals heraus hingen. Unsere Hände waren wegen der blutigen Schwielen kaum noch als Hände zu erkennen. Manch einer ist über seiner Pumpe einfach zusammengebrochen. Das einbrechende Wasser stieg immer weiter. Uns blieb keine andere Wahl; wir mussten das Leck von außen mit Segeltuch abdichten. Dazu mussten zwei Männer mit Tauen unter dem Kiel hindurch auf die andere Schiffsseite tauchen – bei dem verrückten Kuhsturm und den eisigen Wassertemperaturen. War 'ne Scheißaufgabe. An den Tauenden hing das Segeltuch, das wir vor den offenen Riss zogen. Leider haben wir dabei einen der Männer verloren.

Aber wir konnten auf diese Weise die undichte Stelle von innen mit Werg zustopfen und den Wassereinbruch stoppen.«

Die Männer der Freiwache hörten aufmerksam zu. Sie wollten natürlich wissen, wie dieses Abenteuer ausgegangen war, und drängten Maschmann, er solle weitererzählen:

»Nach Tagen der Sturmfahrt erreichten wir schließlich wieder ruhiges Wasser. Es war, als hätte ein Zauberer die sturmgepeitschte See in einen eisglatten Spiegel verwandelt. Da wusste jeder an Bord, dass wir Kap Horn umrundet hatten. Als erstes Blankeneser Schiff überhaupt.«

»Wenn du damals mit Hein Kröger gefahren bist, kennst du ja auch Daniel Stehr. Der war doch euer Steuermann«, meinte der heilige Fiete.

Natürlich kannte Maschmann ihn und wusste, dass er nach jenem denkwürdigen Törn auf die Altonaer Seefahrtschule gegangen war, sein Schifferpatent gemacht und unmittelbar vor seiner ersten Reise als Kapitän die schöne Anna Catharina Schnudt geheiratet hatte.

»Ich war zu ihrer Hochzeit eingeladen«, erzählte der dicke Wilken und geriet gleich ins Plaudern, obwohl die See noch immer Weltuntergang feierte. »Hab mit ein paar Kumpels am Polterabend einen Kinderwagen aufs Dach der Braufeltern gehievt und am Schornstein festgetüdelt. War das ein Riesenspaß, über den ganz Blankenese gelacht hat – nur Stehr nicht.

Der war sauer. Zuerst hat das keiner verstanden. Dann kam heraus, dass seine Braut bereits im vierten Monat schwanger war; und da hat er den kleinen Scherz als Anspielung aufgefasst und konnte überhaupt nicht drüber lachen. Er war nämlich ein ziemlicher Draufgänger. Ihm ging der Ruf voraus, dem Teufel nicht nur ein Ohr abzusegeln, sondern gleich alle beide. Unter den Hochzeitsgeschenken war deshalb gleich eine Trauertracht für die Braut dabei – und schon ein halbes Jahr später hat sie sie tragen müssen. Daniel war nämlich mit Schiff und Mannschaft auf der Nordsee verschollen. Sein Kind hat er nie gesehen. Nicht mal erfahren, dass es ein Junge ist.«

Als Viet Rotvoss eine Nachricht zum Kapitän bringen musste und sich mühsam über das schwankende Deck hangelte, entdeckte er oben in den Wanten Bootsmann Bantin, der dort mit seinem Takelmesser hantierte. Das war mehr als ungewöhnlich, denn bei so einem Orkan ging eigentlich nie jemand allein in die Wanten. Wozu also? Wollte er Tauwerk und Leinen prüfen?

Zurück im Logis teilte Viet seine Beobachtung Heinrich mit. Der sah ihn ängstlich an und sagte: »Ik gläuv, he will mi afmurksen!«

»Red keinen Quatsch, Hein. Wie kommst du auf sowas?«

Weiter kamen sie nicht, denn der Bootsmann gab Signal, die Segel dichtzuholen. Die Mannschaft stürzte in ihrer schweren Kleidung in die Masten, jeder auf seinen Platz. Bantin und Heinrich standen nebeneinander auf gleichem Fußpeerd. Wieso hopste der Bootsmann »as en Aap«, wie ein Affe, darauf herum? fragte sich Viet, der am Besan arbeitete. Solch ein Gehabe hatte er vorher nie bei ihm beobachtet.

Ein paar Stunden später – das Wetter hatte sich langsam beruhigt – musste er seine Beobachtung noch einmal ganz neu überdenken. Bei einem Segelmanöver entdeckte er, dass jemand das Fußpeerd der oberen Rah des Großmasts an-, aber nicht durchschnitten hatte – genau das Seil, auf dem Bantin und Heinrich arbeiteten. Lag Heinrich mit seiner Vermutung vielleicht doch richtig? Brachte der Bootsmann ihn absichtlich in Lebensgefahr? Wirklich logisch war es nicht. Bantin und Heinrich standen schließlich auf dem gleichen Fußpeerd. Wäre es gerissen, wären beide abgestürzt.

Viet konnte mit seinen Gedanken und seiner Sorge um Heinrich nicht alleine bleiben. Nach reiflicher Überlegung vertraute er sich – unter strengster Verschwiegenheit – Walter Teegen an und berichtete ihm vom angeschnittenen Seil. Walter überlegte und stellte schließlich fest: »Wenn Bantin etwas so Abscheuliches im Schilde führe, wäre es sehr clever ausgedacht. Bantin selbst wüsste ja, dass das Peerd jeden Augenblick reißen könnte. Er wäre also darauf vorbereitet und würde sich mit seinen Gorilla-Kräften festhalten, während Heinrich – von einem plötzlichen Riss des Seils überrascht – abstürzen würde.«

Viet war heilfroh, dass das Peerd gehalten hatte, war allerdings noch immer nicht sicher, ob sein Verdacht realistisch war. Zu grauenhaft war der Gedanke, der Bootsmann könne etwas so Grausames im Schilde führen. Andererseits – gänzlich ausschließen wollte er es nicht.

»Wale!«, rief Ernst. Walter und Viet liefen sofort zur Reling. Kurz darauf schauten auch die anderen an Deck arbeitenden Männer interessiert auf den Blas eines Wals. Und dort drüben war ein weiterer. Als wolle er sie grüßen, schlug er mit seiner vernarbten Fluke, der Schwanzflosse, klatschend aufs Wasser und verschwand dann in der Tiefe.

»Fangen wir jetzt Wale?«, fragte Heinrich mit zittriger Stimme.

»Wie stellst du dir das vor?«, ließ sich Sören vernehmen. »Wir sind doch kein Walfänger, haben keine Fangboote und können das Walfleisch auch nicht zu Tran kochen.«

Das leuchtete Heinrich ein und schien ihn zu beruhigen. Er bekam allerdings erneut einen Schrecken, als nicht weit vom Schiff ein Wal aus dem Wasser sprang und mit prächtigem Platscher wieder zurück ins nasse Element fiel.

Walter nahm Heinrich beiseite und erklärte ihm das Treiben der gewaltig großen Tiere: »Die männlichen umwerben die Walkühe mit solchen Sprüngen – und mit ihrem Gesang. Der ist im Wasser Hunderte Kilometer weit zu hören.« Plötzlich schrie Walter mit schmerzverzerrtem Gesicht auf. Ein Belegnagel hatte ihn mit voller Wucht an der Schulter getroffen. Alle Mann auf dem Deck stoben blitzartig auseinander, weil gleichzeitig das Geschrei des Bootsmanns ertönte: »Reden halten und faulenzen, das könnt ihr! Soweit ist es auf meinem Schiff schon gekommen!« Walter hielt seine schmerzende Schulter und versuchte ebenfalls, sich in Sicherheit zu bringen.

Heinrich war bei seiner Flucht gestürzt und ganz kurz davor, seinerseits Bekanntschaft mit dem Belegnagel zu machen, als ihn das Erscheinen Kapitän Breckwoldts rettete. »Kommen sie mal einen Augenblick zu mir rein«, sagte er, und Bantin folgte ihm. Den Nagel ließ er dabei geschickt im Hosenbund verschwinden.

Als Walter Teegen an der Kombüse vorbeikam, schaute der Smut heraus und meinte mitfühlend: »Komm her, ich mach dir einen kalten Umschlag, damit die Schwellung nicht zu stark wird. Dann geht es deiner Schulter bald wieder besser.«

»Der Bootsmann ist verrückt, mit so einem Mordinstrument auf Menschen loszugehen. Damit kannst du jemanden töten!«, stöhnte der Verletzte, spürte aber gleichzeitig, wie angenehm der Umschlag seine Blessur kühlte, den der Smut ihm gerade anlegte.

»Sei man vorsichtig!«, brummte Maschmann, der mit zwei weiteren Männern in einer dunklen Ecke der Kombüse saß und wie gewohnt über einem Kartenblatt hing: »Bantin hat überall Ohren. An deiner Stelle würde ich besser die Klappe halten.«

»Du kannst mich mal!«, gab Walter stöhnend zurück, während der Smut ihn weiter verarztete.

Kartenspieler Maschmann ging nicht auf diese Äußerung ein, sondern wandte sich wieder seinen Kollegen zu: »Wer gibt?«

Die Männer spielten um Geld. Der Einsatz konnte kaum hoch genug sein. Wenn die Heuer dabei draufging, spielten die Verlierer – wenn möglich – mit geliehenem Geld weiter. Dann lagen ihre Nerven blank. Genau das war gerade in diesem Augenblick der Fall, als Ernst erneut ein Spiel mit geborgtem Geld verlor.

»Ich hab doch gleich gemerkt, dass du da was im Ärmel hast!«, schrie er einen Mitspieler an: »Du dumme Sau hast heimlich ein zusätzliches Pik-Ass ins Spiel gebracht. Ich will, dass alle Karten augenblicklich auf den Tisch kommen, damit wir sie zählen und kontrollieren können. Dann sehen wir ja, ob ich recht hab' oder nicht.«

Gesagt, getan. Die Zahl der Karten stimmte, doch das Pik-Ass war doppelt. Beim Blick unter den Tisch entdeckte Ernst die Pik-Sieben, die im Spiel fehlte. »Wie die wohl dahin gekommen ist, Maschmann? Willst also wieder mal bescheißen? Aber das läuft nicht! Nicht bei mir!«

Damit sprang er wütend auf und ging auf den Falschspieler los, hatte die Hände bereits an dessen Gurgel. In diesem Augenblick erschien Gorilla-Schorsch im Türrahmen.

»Is was?«, fauchte er und schaute den wild gewordenen Ernst durchdringend an. Mehr musste er nicht tun. Der Streit war zu Ende. Maschmann nahm stillschweigend sein Kartenspiel und jeder seinen Einsatz, um wortlos aus der Kombüse zu verschwinden.

VERDACHT

Am nächsten Morgen winkte Walter Viet zu sich, kurz nachdem sie ihre Wache begonnen hatten: »Rotvoss, pst, komm her! Ich musste gerade in den Großmast und hab beim Bramsegel festgestellt, dass das angeschnittene Fußseil ausgetauscht wurde. Jetzt ist es wieder einwandfrei. Sag es Heinrich, damit er Bescheid weiß.«

»War das Bantin?« »Er hatte die Wache vor uns. Kann also gut sein.« Viet schauderte und bekam noch mehr Furcht vor Gorilla-Schorsch, der sich offenbar alles erlauben konnte. Schutzlos waren sie ihm ausgeliefert. Niemand wies den Bootsmann in seine Grenzen. Nicht mal der Kapitän. War dem denn nicht klar, was Bantin an Bord trieb? Oder wollte er es nicht wissen?

Viet musste jetzt tatsächlich für möglich halten, was Heinrich ihn voller Todesangst gefragt hatte: »Gläuvst du, he will mi afmurksen?« Bantin wollte Heinrich als Zeugen seiner Mordtat beseitigen. Das stand für Viet ziemlich sicher fest. Bantin hatte ja erfahren, dass Heinrich ihn wieder mal an Land suchen sollte. Das reichte ihm vielleicht schon, um ein grausames Spiel zu beginnen. Ein Bantin brauchte für so etwas noch nicht einmal einen Beweis.

Heinrich wurde von Tag zu Tag nervöser. Was immer er ausführte – er machte es zittrig, fahrig, und ihm unterlief eine Fehlleistung nach der anderen. Im Grunde konnte man ihn zu fast nichts mehr gebrauchen, was Kapitän und Steuermann fuchsteufelswild werden ließ. Wie konnte sich ein Junge nur so dumm anstellen? Sie verstanden es nicht. Sie wussten es nicht oder wollten es nicht wissen, dass Bantin schlimmste Ängste in dem armen Jungen ausgelöst hatte, so dass er täglich um sein Leben zitterte.

Die Bark kreuzte weiter auf Südkurs. Fiete bedankte sich mit Gebeten und Gesängen bei seinem Schöpfer für den glücklichen Ausgang der schweren Sturmfahrt. Nicht lange jedoch, dann litten Schiff und Mannschaft unter totaler Windstille. Die Segel hingen schlaff an den Masten. Die COMET lag reglos in der unendlichen Weite des Meeres.

In seinen Freiwachen hätte Walter Teegen gern an seinem Buddelschiff weitergebastelt. Doch er konnte, wie alle anderen auch, nur noch im Schatten des aufgespannten Sonnensegels herumhängen und war zu nichts mehr fähig. Sörensen spielte gerne mal Schifferklavier. Seemannslieder, Walzer oder Galopp. Doch die brütende Hitze hatte auch ihn so gelähmt, dass er noch nicht einmal sein Instrument aus dem Logis holen mochte. Den Männern klebte die wenige Kleidung, die sie trugen, quatschnass am Körper.

Seit dem letzten Sturm war das faulige Trinkwasser streng rationiert. Das Ersatzfass hatte ein Leck bekommen und war ausgelaufen. Und die am Anfang der Reise als »Fraß« bezeichnete Verpflegung wurde inzwischen als Köstlichkeit erinnert – verglichen mit dem, was zur Zeit auf dem Speiseplan stand. Durchfall und heftige Blähungen waren die harmloseste Folge der Mangelernährung. Bei manchen fingen die Zähne bedenklich an zu wackeln.

»Du«, fing Ernst an, »schau dir mal mein Zahnfleisch an. Ist doch zurückgegangen, oder?«

Und Maschmann klagte, seine Gelenkschmerzen würden ihm das letzte bisschen Schlaf rauben. Waren das Anzeichen von Skorbut?

Ein paar Tage später begannen die Zähne bei allen zu wackeln, nicht nur bei Ernst. Das war der Moment, in dem der Smut sein Allheilmittel ins Spiel brachte: Rum.

»Jungs, das hilft!«

Wie alle anderen träumte auch Viet von leckeren Speisen: »Wenn ich nur an unsere Scharben denke …«

»Scharben? Nie gehört«, murmelte der Sonderburger Sörensen.

»Plattfische. Die fangen wir vor den Elbsänden. Du musst sie mit den Füßen ertasten und dann blitzschnell zugreifen. Das heißt bei uns Buttpedden. Wir haben die Biester gefangen, und Mutter hat sie ausgenommen, gesalzen und auf der Wäscheleine zum Dörren aufgehängt. Nach ein paar Tagen sind sie knochentrocken. Dann kannst du sie essen. Eine Delikatesse, sage ich euch. Wird deshalb auch Blankeneser Speck genannt.«

»Wir haben mal Stockfisch von Norwegen nach Portugal gefahren. Das ist doch wohl das gleiche in Groß!«, ergänzte Sörensen und fügte sehnsüchtig hinzu: »Bei der Gelegenheit durften wir so viel von dem Zeug essen, wie wir wollten, aber niemand hatte Appetit auf den salzigen Schiet. Nee, ich glaub, deine Scharben würden mir auch nicht schmecken. Da lob ich mir Butt. Frisch gefangen, mit guter Butter oder Speck in der Pfanne gebraten. Dazu Alsener Kartoffeln. Das ist eine Köstlichkeit.«

Heinrich blieb während der Flaute viel Zeit, sich um seine Tiere zu kümmern. Sie waren im Laufe der Reise deutlich weniger geworden. Doch wo waren sie geblieben? Keiner erinnerte sich, jemals Schweinebraten, Hühnchen oder Ente gegessen zu haben. Wer also hatte diese Leckerbissen bekommen? Diese Frage musste man sich allerdings nicht ernsthaft stellen; sie beantwortete sich von allein: Kapitän, Steuermann und Bootsmann aßen nicht mit dem Rest der Mannschaft, sondern bekamen ihr eigenes Essen in der Kapitänskajüte serviert …

IMMER DIESE WEIBER

Paul Roosen, ein aus Wedel stammender Vollmatrose, fühlte sich schon länger unwohl. Zunächst vermutete er, das scharf begrenzte und nässende Geschwür an seinem Mannesstolz sei eine vorübergehende Erscheinung. Doch dann bekam er Fieber, Kopf- und Gelenkschmerzen und jeder einzelne Muskel tat ihm weh. Schließlich plagten ihn Hautausschlag an den Handinnenflächen und Fußsohlen sowie kreisrunder Haarausfall.

Der Smut ahnte schon länger, dass Roosen an Hartem Schanker litt, auch Syphilis genannt. Unheilbar – es sei denn, man versuchte es mit einer geheimnisvollen Therapie, die er vor ein paar Jahren von einem Santero-Priester auf Kuba erfahren hatte. Er war damals bei einer rituellen Versammlung gewesen. Viele Kubaner glaubten nämlich, dass es zahllose hilfreiche Götter gab. Jeder Mensch würde von mindestens einem höheren Wesen behütet – da konnte beinahe nie etwas schief laufen: Ochin war die Göttin der Eitelkeit. Die gefährliche Göttin der Rache hieß Oya. Der Gott der Berge war Orgun, ein Frauenheld und Krieger.

Wenn überhaupt, war es Orgun, der Paul von der Lustseuche befreien konnte. Die in seinem Namen verabreichte Kur bestand aus Bädern des befallenen Organs in 90-prozentigem Rum.

Da sie lediglich 45-prozentigen Rum an Bord hatten, sollte Roosen seinen ›kleinen Paul‹ nicht drei, sondern sechs Mal täglich für mindestens zehn Minuten in Rum einlegen und dabei Orgun um Hilfe anrufen. Dadurch würde er geheilt werden.

»Paul, den Rum würde ich lieber saufen, statt deinen verschimmelten Pimmel darin zu baden. Ist doch jammerschade drum«, frotzelten einige.

Der heilige Fiete kommentierte Roosens Krankheit mit den Worten: »Roosen, du bist ein armer, irregeleiteter Sünder: Erst lässt du dich mit Freudenmädchen ein und erhältst deine gerechte Strafe. Und anstatt zu beten, wie es ordentliche Christenmenschen tun, versuchst du jetzt, die Strafe Gottes mit heidnischem Getue abzuwenden. Pfui Deibel.«

Gorilla-Schorsch wollte sich über all das schlapp lachen, denn Roosen war schon in Hamburg mit kleinen, schrecklich juckenden schwarzen Biestern an Bord gekommen, die unter Seeleuten ›Sack-Ratten‹ oder ›Männer vor dem Mast‹ genannt werden. Und nun auch das noch. Ob die Rum-Bäder helfen würden? Das angeblich sichere Rezept des Santero-Priesters kam ihm reichlich spanisch vor.

Doch das Leid des armen Roosen lockerte seine sonst permanent schlechte Laune auf, und er begann, eine Geschichte zu erzählen: »Vor drei Jahren saßen wir mit ein paar anderen Seeleuten und den uns wie Fliegen umschwärmenden Señoritas in einer Spelunke und tranken, was das Zeug hielt. Obwohl eine Unterhaltung wegen mangelnder Sprachkenntnisse unmöglich war, verstanden wir uns prächtig. Die Männer wollten die Weiber, und die wollten unser Geld. So einfach war das. Doch die Preise waren zu hoch. Keiner von uns ließ sich ins Hinterzimmer schleppen. Da schlugen die Frauen ein aufregendes Spiel vor. Wahrscheinlich haben sie es gemacht, um uns Männer doch noch dahin zu bekommen, wo sie uns hinhaben wollten. Eine der Damen jedenfalls ermunterte uns Lords, Münzgeld über den Tisch rollen zu lassen. Sie würde es mit geöffneten Schenkeln fangen. Ein rothaariges Vollweib setzte sich an den Tisch, schob ihre Röcke übers Knie und schon rollte der erste Real. Er hatte allerdings zu wenig Schwung, taumelte und legte sich flach, bevor das Ziel erreicht war. Sofort grabschte eines der Mädchen danach und ließ ihn verschwinden. Die zweite Münze kam schon besser, nahm jedoch eine falsche Richtung und wurde von einer anderen Señorita vor der Tischkante aufgefangen, um sie mit unglaublicher Geschwindigkeit in ihrem Ausschnitt versinken zu lassen. Proteste halfen nicht. Der Real war weg. Als der Münzwerfer versuchte, den Real aus der Tiefe ihres Dekolletés zu angeln, erhielt er von einem stämmigen Kellner eine Lektion. Das Rollen der nächsten Münze verfolgten wir umso genauer. So etwas sollte nicht noch einmal passieren. Alle waren gespannt und konzentriert. Das nächste Geldstück rollte schnurstracks in Richtung der sich öffnenden Schenkel, doch wir Sailors schauten plötzlich nur noch auf das wuschelige schwarze Dreieck, das unter Rosas hastig gelüftetem Kleid zum Vorschein kam. Der Anblick raubte uns beinahe den Verstand – und dieser Sekundenblick genügte, um die Stimmung auf den Siedepunkt zu bringen. Das Wirtshaus bestand augenblicklich aus Frauen-Gekreische und dröhnendem Männergelächter. Blitzschnell hatte Rosa das Geldstück eingefangen, und schon bedeckte das Kleid wieder artig das, worauf wir Männer scharf sind. Dann kam mir eine heiße Idee.«

Bantin machte eine kurze Pause, fuhr dann mit hochrotem Kopf fort: »Ich kramte eine zehn Real-Münze aus meiner Tasche, ratschte ein Streichholz an und machte das Geldstück unterm Tisch heiß. Als ich die große Münze kaum noch mit meinem Nas-Tuch halten konnte, trudelte ich sie mit Schwung los. Rosa sah gleich, dass es sich diesmal nicht um Kleingeld handelte und fing sie mit sicherem Instinkt auf. Dann stieß sie einen gellenden Schrei aus, gefolgt von wüsten Beschimpfungen.«

Was Bantin nicht erwähnte war, dass er und seine Männer danach ziemlich schnell aus der Spelunke geworfen wurden. Nur einige waren – aufgeheizt durch die Stimmung – bereits mit Damen in diversen Zimmern verschwunden. Ein paar Tage später bekamen diese Seeleute ein böses Brennen im Penis, verbunden mit Ausfluss, der immer schlimmer wurde. Es war, wie ein Doktor im nächsten Hafen feststellte, ein handfester Tripper.

STRAFE

Wasservorräte und Proviant wurden langsam knapp. Die Schiffsführung beschloss daher, Barbados anzulaufen. Bei anhaltend günstigem Wind wäre das in drei bis vier Tagen zu schaffen. Doch dann drehte der Wind auf Westsüdwest, brieste merklich auf und ließ die Dünung auf sechs bis sieben Meter anwachsen. Am Nachmittag stürmte es bereits mit Windstärke sieben bis acht, in Böen zehn.

Steuermann Oestmann hatte Heinrich befohlen, den ausgewehten Danebrog, der den Großmast bis gestern verunzierte, durch einen brandneuen zu ersetzen. Als Bantin das sah, bekam der arme Junge links und dann rechts was an die Backen: »Weißt du eigentlich, was eine handgemalte Flagge kostet? Holm in Altona nimmt so viel, dass sich dein Alter davon einen neuen Äppelkahn kaufen kann! Und du greifst dir einfach irgendeine Flagge, ohne nachzudenken. Gerade so, wie es dir gefällt?«

»Aber wenn der Steuermann es doch gesagt hat!«, stammelte Hein entschuldigend.

»Der Steuermann! Wenn hier einer sagt, es wird eine neue Flagge gesetzt, bin ich es, verstanden?«

Der Wind nahm weiter zu. Der Bug der Bark schnitt tief in die Wellenberge. Mitunter sah es aus, als ob der Klüver bugüber in die Brecher tauche und das Schiff ihm bis auf den Meeresgrund folgen wollte. Augenblicke später aber erhob er sich wieder aus den Wogen, nickte kurz, um vorn übernommenes Wasser schäumend und mit großer Geschwindigkeit über Aufbauten und Hindernisse hinweg bis zum Heck laufen zu lassen.

Erneut kam der Befehl, die Segel zu reffen. Bantin stand mit Heinrich auf der gemeinsamen Rah. Der Bootsmann lag mit dem Bauch darüber, um das Segel dicht zu holen. Dann sah es so aus, als rutsche er ab und falle dabei mit seinem Zweieinhalbzentner-Gewicht auf das Fußpeerd. Es riss.

Bantin klammerte sich mit beiden Armen an Rah und Segel. Für Heinrich kam der plötzliche Verlust seines Haltes jedoch so überraschend, dass er nur noch in das brettharte Segeltuch greifen konnte, das keine Möglichkeit bot, sich hinein zu krallen. Mit einem den Sturm übertönenden Schrei stürzte er ab, schlug krachend auf die Schanz und blieb leblos auf ihr hängen. Viet kletterte wie der Blitz die Want hinab, doch bevor er das Deck erreichte, rutschte Heins Körper langsam über die Schanz in die Wüstenei der Wellen.

»Mann über Bord!«, schrie Viet in heller Verzweiflung und versuchte gleichzeitig, Heinrich zu sichten. Doch die Wellen tanzten wie wild um das Schiff. Gischt spritzte, und die COMET machte weiterhin rasante Fahrt.

Auch Bantin hatte jetzt das Deck erreicht. Viet brüllte ihn an: »SCHWEIN! HUNDSGEMEINER MÖRDER!«, und wollte mit Fäusten auf Gorilla-Schorsch einhämmern. Doch Teegen hielt ihn zurück. »Das war der zweite Mord«, schrie Viet, »beide werde ich bezeugen. Ich werde dafür sorgen, dass du an den Galgen kommst, Bantin, darauf kannst du dich verlassen!«

Dann besann er sich und schrie erneut: »Mann über Bord!«, hoffend, man würde das dafür vorgesehene Manöver fahren, um Heinrich zu retten. Doch die Bark steuerte weiter Richtung Süd, während die Männer auf Bantin starrten, um von ihm das Mann-über-Bord-Kommando zu erhalten. Doch der Bootsmann brüllte: »Was glotzt ihr so? In die Segel! Ich will Sturmsegel gesetzt haben.«

Bantin schien außer sich vor Zorn, schrie so laut, dass er einen puterroten Kopf bekam und holte aus, um den Belegnagel nach Viet zu werfen. Im selben Moment sah der Junge die Welle kommen und wusste nicht, was ihn in den nächsten Sekunden vom Leben zum Tod befördern würde: der mit extremer Kraft geworfene Belegnagel oder die quer zu Wind und Wellen auf das Schiff zurollende Monsterwelle – eine gigantische, blaugrüne Bergkette von 12 bis 16 Metern; viermal so hoch wie der übrige Wellengang. Sie reichte fast bis zum Mastkorb der COMET.

Als sie auf das Schiff niederging, drückte sie es bis zu den Rah-Enden in die Wellen und verschluckte gleichzeitig das tödliche Wurfgeschoss und den rasenden Bootsmann.

Viet hatte sich festklammern können und wurde Zeuge, wie das Schiff langsam wieder in die Senkrechte pendelte und nach Backbord überholte. Er hatte überlebt. Starr vor Schreck drückte er sich weiter in den Niedergang und kauerte dort, obwohl das Wellenmonster seinen mörderischen Lauf bereits jenseits des Schiffes fortsetzte. An Deck herrschte große Aufregung. Wo waren die Männer? Wurde jemand vermisst?

Sörensen rief um Hilfe. Er war hoch oben gegen den Mast geschleudert worden und hatte sich an der rechten Schulter verletzt. »Wo ist der Bootsmann?«, rief jemand. Dann ertönte die Stimme des Kapitäns, der Bantin hinter einem Lukendeckel gefunden hatte.

»Hierher Männer! Bantin liegt hier! Der Smut soll ihn sofort behandeln.«

Viet erwachte aus seiner Erstarrung und schrie: »Bantin ist ein Mörder! Er gehört an den Galgen!« Der Kapitän verpasste ihm für diese Ungeheuerlichkeit einen knallharten Schlag ins Gesicht. Doch Viet war nicht zu bremsen. »Bantin ist ein Mörder!«, schrie er erneut. Der Kapitän befahl, den Jungen festzusetzen.

Da trat Walter Teegen auf ihn zu und bat um Gehör: »Viet hat den Bootsmann beobachtet, als er mit seinem Takelmesser am Fußpeerd hantierte. Das hat Bantin zweimal gemacht. Einmal hat das Peerd gehalten. Heute nicht mehr. Diesmal ist es wirklich gerissen. Heinrich ist aus dem Mast aufs Deck gestürzt und sein zerschmetterter Körper wurde ins Meer gerissen. Als Heinrich über Bord ging, hat der Bootsmann nicht versucht, ein Mann-über-Bord-Manöver zu fahren, um den eventuell noch Lebenden zu retten, Herr Kapitän!«

Der Kapitän verlangte, das Fußpeerd zu sehen. Dann kam der Bericht vom Smut. Bantin hatte schwere Kopfverletzungen, blutete stark aus Mund, Nase und Ohren. Sein rechter Arm und das rechte Bein hingen merkwürdig verrenkt und leblos am Körper. Die Monsterwelle musste Bantin vom Vorschiff auf den hinteren Schiffsteil gespült haben, wo er mehrfach gegen Winschen oder Lukendeckel geschleudert worden war. In einer Segeltuchbahn wurde sein massiger Körper zur Kajüte des Steuermanns geschleppt, die fürs Erste als Krankenstube herhalten musste.

»Viet, zieh dir trockene Klamotten an und komm danach in meine Kajüte!«, befahl der Kapitän. Dann gab er der Mannschaft die notwendigen Kommandos, das Schiff weiter zu segeln. Denn der Sturm war noch nicht vorbei. Wenn es eine Monsterwelle gegeben hatte, konnte auch noch eine zweite folgen. Kapitän Breckwoldt vergewisserte sich, dass die dezimierte Mannschaft mit dem Sturm umgehen konnte. Der Sturm schien seine Spitze hinter sich zu haben. Die Wellen türmten sich nicht mehr so steil auf wie noch vor kurzem.

Dann verschwand der Alte in seine Kajüte. Als Viet kam, saß er vor dem aufgeschlagenen Logbuch. Nach einer Weile schaute er auf und sah ihn durchdringend an: »Für das angeschnittene Fußseil mag es tausend Erklärungen geben. Sobald der Bootsmann wieder bei Sinnen ist, werde ich ihn verhören und seine Version des Vorfalls erfahren. Vielleicht stellt sich alles als großer Irrtum heraus. Es ist traurig, dass wir deinen Vetter durch den Unfall verloren haben, aber warten wir ab, bis Bantin wieder zu sich kommt, und urteilen dann. Bis zur endgültigen Klärung des Vorfalls verbiete ich dir ausdrücklich, ihn als Mörder zu beschimpfen, hast du mich verstanden?«

Viet konnte seine Wut nicht unterdrücken. »Du weißt ja nur die Hälfte, Onkel Peter«, vergaß er den Respekt, den er seinem Kapitän schuldete, und fiel ins vertraute Du seiner Kindertage zurück: »Bantin hat in Queenstown einen Menschen ermordet. Heinrich und ich haben das aus nächster Nähe beobachtet. Er hat einem Malaien sein Messer in den Rücken gejagt. Als der Bootsmann erfuhr, dass Heinrich ausgeschickt war, ihn zu suchen, kombinierte er, dass er ihn bei der Tat beobachtet haben könnte, und das ist der Grund, wieso er Heinrich aus dem Weg schaffen wollte.«

Der Kapitän wollte natürlich jede Einzelheit wissen, und Viet erzählte den genauen Hergang des Mordes, bis hin zur Tatsache, dass er die Tatwaffe aufgesammelt und unter einer Hafenbaracke in Queenstown versteckt habe. Dass das Messer in Wirklichkeit an Bord war, wollte er nicht verraten, denn so ganz traute er dem Kapitän auch jetzt nicht.

Nach dem Gespräch war Viets Kehle wie zugeschnürt. Immer wieder musste er an seinen zu Tode gehetzten Vetter Heinrich und den Mörder denken. Außerdem hatte er große Angst, der Bootsmann könne sich erholen und dann an ihm Rache nehmen.

Kapitän Breckwoldt ließ die Mannschaft zusammenrufen und hielt, trotz des Sturms, eine kurze Andacht für den Schiffsjungen. Ernst wandte sich unmittelbar nach der Trauerrede an Viet, legte seinen Arm um ihn und versuchte ihn streichelnd zu trösten: »Hein hat beim Sturz aus dem Mast das glücklichere Schicksal erwischt. Er war sofort tot, als er auf die Schanz knallte. Schlimmer wäre es gewesen, wenn er noch lebend ins Meer gefallen wär, wo wir ihn wahrscheinlich ohnehin nie hätten finden können, er aber lange Zeit mit dem Tod hätte kämpfen müssen.«

Diese gut gemeinten Worte gaben Viet keinen Trost. Nein, Viet haderte mit sich. Er hätte seinen Vetter besser schützen müssen. Vielleicht hätte er seine Angst überwinden und dem Käpten von Bantins Mord in Queenstown berichten sollen. Er hätte ja sogar Beweisstücke vorlegen und Heinrich als zusätzlichen Zeugen präsentieren können. Dann hätte Breckwoldt reagieren und Bantin festsetzen müssen. Ja, dann wäre Heinrich jetzt noch am Leben …

So aber war er vielleicht sogar mitschuldig an seinem Tod?

Diese Frage beschäftigte ihn Tag und Nacht – trotz der zusätzlichen Arbeit, die ihm aufgetragen wurde.

Denn Viet musste jetzt auch Heinrichs Aufgaben übernehmen. Dazu gehörte, den Abtritt allein sauber zu halten. Da sie stets darauf geachtet hatten, dass die zur Reinigung ausliegenden Lumpen in möglichst kleinen Fetzen bereit lagen, verstopfte das Abflussrohr nicht wieder. Der Rest war schnell tägliche Routine. Auch die Pflege des Bord-Zoos stellte keine große Belastung mehr dar, weil es sich nur noch um wenige Tiere handelte. Das meiste Geflügel und die beiden Schweine waren längst in den Kochtopf gewandert.

Fünf Tage später erreichte die COMET Barbados. Bantin kam kurz vorher wieder zu Bewusstsein, konnte sich aber kaum bewegen. Die Schulter von Sörensen war zum Glück nicht gebrochen, sondern nur geprellt. Doch einsatzfähig war er erst einmal nicht.

Kaum im Hafen angekommen, übergab Kapitän Breckwoldt Bantin den britischen Behörden, inklusive eines Protokolls der Vorfälle an Bord und einem Bericht über den Mord an dem Malaien in Queenstown. In beiden Fällen lag das Zeugenprotokoll des Schiffsjungen Viet von Appen bei.

Anschließend schickte der Kapitän ein Kondolenzschreiben an Heinrichs Eltern und begab sich dann auf die Suche nach einem neuen Bootsmann, der auch recht bald ausfindig gemacht war: Knud Mattiesen aus der berühmten Seefahrerstadt Marstal auf Ærø.

Da die Monsterwelle dem Schiff ziemlich zugesetzt hatte, kamen Zimmerleute an Bord, um die Schäden zu beheben. Die Mannschaft hatte viel freie Zeit. Viet ging häufig zum Beten in die Kirche am Hafen. Er kam über Heinrichs Tod und seine mögliche Mitschuld nicht hinweg. Und wenn ihm die katholisch-prächtige Ausstattung des Gotteshauses auch fremd war, hier fand er Ruhe.

Nach ein paar Tagen fühlte er sich schließlich stark genug, einen Brief an Onkel Karl und Tante Tine Quast in Borstel zu schreiben, um den Tod ihres Sohnes Heinrich zu beklagen.

UNTER SÜDLICHEM HIMMEL

Nachdem Viet seinen Brief beendet hatte, standen ganze Teile der Mannschaft an, damit er auch für sie Schreiben in die Heimat aufsetzte. Regelmäßig wurde er dabei befragt, wie er diese oder jene Sache einschätze: ob Tochter Stine den trotteligen Klaas heiraten solle? Dessen Familie sei doch arm wie eine Kirchenmaus. Oder wie man mit der ererbten Tweehus-Hälfte verfahren solle, die mit elf weiteren Erben zu teilen war. Die schreibunkundigen Matrosen hielten ihn, den fünfzehnjährigen Dorfschulabgänger, für einen gebildeten Menschen, der auf die Fragen des Lebens kluge Antworten wusste.

Der Alltag auf dem Schiff war jetzt – nach Bantins Abgang – deutlich unkomplizierter geworden. Die Zusammenarbeit mit dem neuen Bootsmann ließ sich gut an. Was Viet besonders gefiel: Ernst durfte seinen Kautabak nicht mehr aufs Deck rotzen. Und auch sein öffentliches Furzen wurde unterbunden. Selbst das Logis machte mittlerweile einen anständigen und aufgeräumten Eindruck, soweit das überhaupt möglich war. Und Bootsmann Mattiesen wusch und flickte seine Wäsche selbst.

Schade, dass Heinrich das nicht mehr erlebte. Viet dachte an den Spruch, in den er immer wieder seine Hoffnung gesetzt hatte: »Und wenn du denkst, es geht nicht mehr, kommt von irgendwo ein Lichtlein her!« Mit dem neuen Bootsmann war das Licht da. Er war vor Jahren nach Charlotte-Amalie, der Hauptstadt von Dansk Vestindien, gekommen und dort mehrere Jahre zwischen den drei Inseln Saint Thomas, Saint John und Saint Croix gefahren, bis es ihn in die britische Kolonie Barbados verschlug. Jetzt wollte er weiter nach Südamerika, um auch diesen Teil der Erde kennenzulernen. Spanisch konnte er bereits recht gut, weil er eine Braut auf Saint Thomas gehabt hatte.

Auch Viet verbesserte seine Sprachkenntnisse. Der neue Bootsmann sprach Dänisch. Sein Deutsch beschränkte sich auf nur wenige Sprachbrocken. Daher war der Sonderburger Sörensen gefordert, seine dänischen Anweisungen zu übersetzen – und der Junge aus Blankenese hörte genau zu.

Als sie wieder auf See waren, freute Viet sich auf jede seiner Nachtwachen. Er liebte es, durch schwarzdunkle Tropennächte zu gleiten, in denen er nur das Glucksen der Wellen, das Knarren von Tauwerk und das gelegentliche Schlagen der Segel vernahm. Dann schaute er in den Himmel, bewunderte den gewaltigen Sternendom über sich, war überrascht von wegweisenden Sternbildern und aufleuchtenden Sternschnuppen.

»Ob sie die auch in der Heimat, in Blankenese sehen? Vielleicht gerade jetzt, in diesem Augenblick?«, fragte er sich und blieb mit dem Blick an einem funkelnden Sternen-Kreuz hängen. Gott gibt mir ein Zeichen, dachte er. Vielleicht ein Zeichen von Heinrich, dass er im Himmel angekommen ist?

Später hörte er von Walter, es sei das Sternbild mit dem Namen Kreuz des Südens. Viet freute sich, dass der Steuermann so etwas wusste, und fragte gleich, ob er ihm auch erklären könne, weshalb die Sichel des

Mondes sich nicht nach links oder rechts öffnete, sondern nach oben und unten? Nein, dazu hatte Walter keine Erklärung, doch er konnte Viet einiges über das bemerkenswerteste Sternbild des Winterhimmels, den Orion mit seiner Vielzahl heller Sterne und ihrer einprägsamen Anordnung, sagen: »Er liegt zwischen dem Fluss Eridanus und dem Einhorn auf dem Himmelsäquator. Diesem Sternbild wurde schon immer große Bedeutung zugeschrieben. Die Ägypter sahen darin den Gott Osiris. Die alten Griechen den großen Jäger Orion. Die Germanen erkannten in dem Sternbild einen Pflug, und die Wikinger dachten an Thor.«

Beim Deuten auf das Sternbild war Oestmann der Hemdsärmel hoch gerutscht, und Viet erkannte eine Tätowierung auf der Innenseite seines Handgelenks. Sie sah aus wie das Sternbild, das er gerade beschrieb. Danach befragt antwortete der Steuermann:

»Ist mein Lieblingssternbild. Das hat mir schon mehrmals Glück gebracht. Zum Beispiel bei der Steuermannsprüfung. Da wurde mir eine Nachtnavigationsfrage gestellt. Ich bin schnell auf den Orion zu sprechen gekommen. Über dieses Sternenbild konnte ich wirklich alles sagen. Das hat den Prüfern gefallen. Deshalb hab ich mir den Orion aufs Gelenk tätowieren lassen. So kann ich meinen Glücksbringer immer sehen.«

Weil das Wetter auch in den kommenden Nächten klar blieb, lernte Viet alle wichtigen Sternbilder kennen, erfuhr von Planeten und Fixsternen und war begierig zu erfahren, wie man nach ihnen navigierte. Doch das war eine Wissenschaft für sich.

Auch tagsüber geschah Interessantes: Er sah glitzernde Fische, die fliegen konnten. Sie schwirrten in Schulen aus einer Welle, um zehn bis 20 Meter weiter in der nächsten Welle wieder zu landen, je nachdem, wie weit die Wellentäler auseinander gezogen waren. Manchmal fielen einige aufs Deck, für den Smut eine willkommene Ergänzung des Speiseplans. Sie schmeckten recht gut.

Walter machte Viet auf Fregattvögel aufmerksam. Die knallroten Kehlkopfsäcke der Männchen fielen besonders auf. »Fregattvögel sind ausgezeichnete Flieger. Dafür können sie nicht schwimmen und leben trotzdem nur von Fisch.«

Das machte nun aber überhaupt keinen Sinn. Wie kamen die Vögel an Fische, wenn sie nicht schwimmen konnten, überlegte Viet. »Sie stehlen anderen Vögeln die Beute, genau wie Fregatten, die Handelsschiffe kapern. Deshalb heißen sie so. Bei denen geht's nicht anders zu wie überall sonst im Leben.«

Wenn sich Walter oder Sören mit Bootsmann Mattiesen unterhielten,

hörte Viet liebend gern zu. Einmal, weil er das Dänische genoss und obendrein viel Interessantes erfuhr. Während einer ruhigen Wache wandte
sich Sörensen an Steuermann Oestmann und sprach ihn auf Bantin an.
Direkt und ohne Umschweife wollte er wissen, ob der Alte und er denn
überhaupt nichts von den Schindereien Bantins bemerkt hätten.

»Doch, schon!«, lautete die einsilbige Antwort. »Und«, forschte Sören
weiter, »warum haben sie nichts dagegen unternommen?« »Das ist eine
lange Geschichte. Die muss dir der Alte selbst erzählen.«

»Da ist also was«, berichtete Sören später seinem Freund Walter, »das
hab ich doch geahnt. Die haben eine gemeinsame Leiche im Keller. Wenn
man nur wüsste, wie man dem Alten das Geheimnis entlockt. Würde
mich echt interessieren. Von Bantin werden wir es ja nicht mehr zu hören
bekommen. Der baumelt hoffentlich längst an irgendeinem Galgen!«

III

FÜR GUTE FREUNDE TUT MAN FAST ALLES

Mutter, hol das Beste aus Küche und Keller! Ich hab einen Freund aus Christiania in Norwegen mitgebracht!«, rief Hannes von Appen bereits auf der Diele, als er von langer Reise heimkehrte.

»Du sollst nicht immer Mutter zu mir sagen!«, war Catharinas barsche Antwort, noch ehe sie ihren Mann begrüßte. »Ich bin nicht deine Mutter, sondern die Mutter meiner Kinder. Bitte merk dir das.«

Sie hatte Hannes sechs glückliche Wochen nicht gesehen. Über Vertrautheiten wie »Mutter« mochte sie mit ihm nicht verbunden sein. Mürrisch rieb sie ihre Hände im Geschirrtuch trocken, begrüßte ihren Mann und fragte einsilbig, was sie dem Gast vorsetzen solle: »Ich hab nur ein paar salzige Scharben, oder ich rühre Fischreste von gestern zusammen. Das ist leider alles, was die Vorräte des Reeders und Schiffers Hannes von Appen zu bieten haben. Selbst die Weihnachtskekse sind ratzekahl alle. Ich werde von meinem Mann nämlich kurz gehalten. Er will sich ein zweites Schiff kaufen. Und dafür muss seine Familie darben.«

Hannes ging auf diese Spitzen nicht ein, zog stattdessen seine dicke Geldkatze aus der Tasche, warf ein paar Scheine auf den Tisch und rief: »Die Mädchen sollen uns gleich mal ein paar Humpen Bier holen. Wir haben einen mörderischen Durst. Bei einem Bier wird es daher nicht bleiben. Und du gehst und besorgst uns ein gut abgehangenes Stück Fleisch und alles was dazugehört, damit wir ausgiebig tafeln können. So wie wir es gewohnt sind. Mein Freund Jörgensen soll sich bei uns wohl fühlen.« Catharina war wütend, ließ sich das im Weiteren aber nicht anmerken, um die Stimmung nicht zu vermiesen.

Als sie vom Einkauf zurückkehrte, saßen Hannes und Flemming Jörgensen bereits beim zweiten Humpen und diskutierten lebhaft. Es ging um ein kritisches Thema: die zu hohen Frachtraten. »Flemming, weißt du eigentlich, dass Blankenese schon vor 20 Jahren, also 1842, an die 240 Frachtensegler besessen hat? Das wissen wir so genau, weil wir eine Schiffsversicherung haben, in der alle Schiffe registriert und versichert sind. Das gibt es sonst nirgendwo in ganz Europa.«

»Mag ja sein, aber ihr habt eben nur diese kleinen Nussschalen von 100 bis 200 Registertonnen. Die Marstaler Flotte auf Ærø hat Schiffe, da legt ganz Blankenese die Ohren an. Nicht so kleine Schüsseln wie bei euch, sondern Tallships«, konterte Jörgensen. »Die können fast alle 1000 Tonnen tragen und deshalb viel günstigere Frachtraten bieten.«

»Du musst bedenken, Flemming, wir haben weder einen Hafen, noch eine Bucht und auch keine Flussmündung, in der Schiffe ankern oder anlegen können!«, beschwichtigte Hannes. »Wir haben auch keine Möglichkeit zum Festmachen von Schiffen, nur Sandstrand am Tidestrom. Trotzdem besitzen wir die meisten Frachtsegler in Schleswig-Holstein, wahrscheinlich sogar die meisten aller deutschen Staaten. Und dazu noch unsere Elbkähne und Hochsee-Ewer für den Fischfang. Das sind vielleicht noch mal 100 Boote.«

Hannes versuchte, ein Argument nach dem anderen aus dem Ärmel zu ziehen, um besser als die dänischen Reeder dazustehen. Doch der Gast wusste zu kontern: »Glaubst du, ich bezahl überzogene Frachtkosten, nur weil ihr keinen Hafen habt und eure Schiffe zu klein sind?«

»Wir Blankeneser sind die Pioniere auf den Weltmeeren. Unser Hein Kröger hat 1848 als erster Blankeneser Kapitän Kap Horn mit seiner nur 174 Registertonnen kleinen Schonergaleasse MARIA umrundet. Dann ist er die chilenische Küste hoch und hat eine Ladung Felle und Blauholz nach Hamburg gebracht. Und das mit so einer winzigen Schüssel. Das soll ihm erst mal einer nachmachen.« Hannes holte tief Luft und setzte sofort nach: »Mein Vater und mein Opa waren bis zu Bonapartes Zeiten Hochseefischer. Nach 1806 durften sie dann nicht mehr raus aufs Meer – wegen der französischen Kontinentalsperre. Ihre Schiffe lagen mit den vielen anderen Blankeneser Fischerbooten auf. Meine Familie litt damals große Not. Aber irgendwie haben sie es bis 1815 durchgestanden. Nach der schlimmen Zeit ist Opa auf die Idee gekommen, mit seinem Fischerboot Fracht zu fahren. Das ließ sich gut an, und wir sind dabei geblieben. Und so wird es auch in Zukunft weitergehen.«

»Mir kommen die Tränen!«, antwortete Jörgensen süffisant. »Denk ja nicht, ich wär ein Wohltäter. Gib mir deinen besten Preis, und du bekommst den Auftrag. Die Frachtrate muss auf dem Niveau der Ærøer liegen, sonst kommen wir nicht zusammen.«

AM ZUCKERHUT

Der Nordost-Passat lag hinter ihnen. Leesegel und Spieren waren wieder verstaut, und sie traten in den Mallpassat ein. Es war überwiegend windstill oder die Winde drehten hin und her, dazu kamen Gewitter und starker Regen. Die Rahen mussten alle Augenblicke herumgeholt, jeder günstige Zug ausgenutzt werden, um aus dieser Kalamität wieder herauszukommen. Etwas Gutes hatte der starke Regen: Die Wachen füllten alle Fässer und Tanks mit frischem Regenwasser. Obendrein wollten die Männer – rein zum Vergnügen – barfuß im warmen Regenwasser herumpatschen. Sie stopften die Speigatten zu, und das Deck füllte sich schnell mit genügend Regenwasser, um darin alles Zeug zu waschen.

Als der Mallpassat vorbei war und erst leise, später kräftiger der Südost wehte, wurde es Zeit für das große Ereignis: Die Linie wurde passiert. Und alle, die die Linie noch nicht passiert hatten, mussten getauft werden. Tagelang hatte man geheime Vorbereitungen getroffen. Neptun war schließlich täuschend echt nachzuahmen. Oestmanns Gesicht zierte ein langer weißer Bart aus Manila-Hanf, an seiner Seite hing ein großer Holzdegen, und in der Hand hielt er ein Zepter. In der großen Spülbalje schwappte Seewasser, darüber lag ein Brett.

Der erste Täufling war Viet. Er wurde mit verbundenen Augen feierlich herangeführt und auf das Brett gesetzt. Neptun, alias Oestmann, hielt eine Rede und stellte verschiedene Fragen: Name, wo geboren, Alter …

Jedes Mal, wenn Täufling Viet den Mund zum Antworten auftun wollte, erhielt er eine Portion Seife zu schlucken; ein Gaudium für alle Umstehenden. Obendrein wurde ihm das Gesicht eingeschmiert. Anschließend nahm Neptun den großen Holzsäbel und kratzte den Schaum wieder ab. Wehe aber, Viet hätte über Schmerzen geklagt oder den Mund auch nur ein Stück weit geöffnet. Sofort hätte er ihn wieder voll Seifenschaum gehabt.

Als Viet dachte, die Zeremonie sei zu Ende und man würde ihm die Augenbinde lösen, wurde das große Holzbrett von kräftigen Händen unter ihm weggezogen, und es ging kopfüber in die mit Wasser gefüllte Balje. Dass er nicht gerade geistreich aussah, als er nach kräftigem Zappeln wieder herausstieg, lässt sich denken. Doch er wurde von lachenden Gesichtern begrüßt; er war jetzt endlich ein richtiger Seemann.

Sie segelten im Südost-Pàssat unter tiefblauem Himmel. An Deck gab es viel Neues zu lernen: Die Leesegel-Fallen waren eingeschoren worden, Leesegel-Spieren auf die Rahen geschoben, die Leesegel beigesetzt. Dadurch erschienen die Rahsegel-Enden in doppelter Breite. So wurde der Wind besser genutzt und die Fahrt des Schiffes vergrößert. Es glitt wie ein Schwan über die blauen Wasser.

Gleichzeitig wurden viele Reparaturarbeiten in Angriff genommen. Die Takelage hatte in den vorangegangenen Wochen stark gelitten. Alles wurde gründlich begutachtet und ausgebessert, die Stengen und Masten geschrapt, geölt, alles blitzblank geschrubbt. Zuletzt wurde jedem ein Teertopf umgebunden und ein Stück Werg ausgehändigt. Damit stiegen die Männer in alle Toppen und labsalbten die Pardunen, Webleinen und Wanten. Hände und Fingernägel waren braun verfärbt.

Nachdem diese Arbeiten erledigt waren, ging es unter Deck weiter. Alte Farbe wurde abgekratzt oder ausgebessert, dann neu gestrichen. Anschließend musste das Deck mit Sand und Soda geschrubbt und ein paar Mal geölt werden. Schließlich war alles bis nach ganz unten ins Kabelgatt überholt. Die Männer fühlten sich wie zu Hause nach einem Frühjahrsputz.

Die Rah-Enden an Steuerbord wurden bei kräftigem, gleichmäßigem Südost-Wind angeholt. So ging es dem fernen Süden entgegen. Vergessen war alles Ungemach des Mallpassats, die Stimmung an Bord wurde besser. Dann und wann sahen sie Gegensegler. Sofort gingen Signalflaggen hoch. Schiffsname, wohin und woher des Weges, zuletzt glückliche Weiterfahrt wünschend; all das wurde signalisiert.

Jedes Schiff war verpflichtet, bei Ankunft in einem Hafen alle Begegnungen zu melden. So erfuhren die Lieben daheim manchmal, wo man sich befunden hatte. Ging ein Schiff verloren, war es die letzte Nachricht, die die Angehörigen empfingen. An Bord aber war es immer wieder Abwechslung und Tagesgespräch, wenn man mit einem anderen Schiff ›gesprochen‹ hatte. Die COMET steuerte weiter Richtung südliche Breiten. Rechts wähnten sie die brasilianische Küste, die aber – da sie weit ab fuhren – nicht zu sehen war.

Die COMET war vier Monate unterwegs, als sie ihren vorläufigen Zielhafen Rio de Janeiro anlief. Dort lag eine große Zahl Blankeneser Schiffe, die überwiegend den Küstenverkehr des Landes bedienten. Manche schipperten bis Argentinien, einige gar ums Kap nach Chile.

Viet wurde an jeder Hafenecke Rios mit großem Hallo begrüßt. Einerseits weil man sich aus Blankenese kannte, öfter sogar verwandtschaftliche Bande bestanden, andererseits weil er Viet hieß, denn zur Mitte des 19. Jahrhunderts trug beinahe jeder zweite Blankeneser diesen Vornamen. Manch einer kalauerte bereits von Vietentown statt Blankenese.

Matrose Ernst hatte an einem der ersten Landtage ein originelles Trinkglas erstanden. Jeder, dem er es zeigte, war davon angetan. Auf dem Glas befanden sich vier Eichstriche. Auf dem unteren stand LADIES, der nächste war mit GENTLEMEN gekennzeichnet, es folgte SHIPMASTER und am oberen Rand las man PIGS. Führte Ernst sein Glas vor, füllte er es bis zur PIG-Marke mit Schnaps und prostete seinen Saufkumpanen zu: »Ja, so trinken echte Kerle!«

Paul Roosen wollte sich das Glas einmal ausleihen. Aber daraus wurde nichts: »Du mit deiner Syphilis. Nee, mein Glas kriegst du nicht. Kauf dir doch selbst so 'n Ding. Glaubst du, ich will auch so 'nen Scheiß wie du bekommen!« Paul Roosen konnte sich allerdings kein eigenes Glas mehr leisten. Er hatte sein letztes Geld durchgebracht. Am letzten Abend vor seiner Pleite hatte er wieder über den Durst getrunken und dann einem Straßenverkäufer an der Copa Cabana in einem Anfall von Wahnsinn den gesamten Bestand an gegrillten Bananen abgekauft. Doch damit nicht genug, wollte er mit den Bananen doch die kunstvoll gestapelten Dosen eines Schaustellers vom Tisch schmettern, statt Bälle zu nehmen. Es ging ihm um den ersten Preis, eine große Puppe. Nachdem Paul mehr als 40 gegrillte Bananen in Richtung Dosen geworfen hatte, verlangte er den Preis, obwohl längst nicht alle Dosen am Boden lagen. Der Schausteller sammelte die matschigen Bananen und heruntergefallenen Dosen auf, sagte nichts, schüttelte aber den Kopf auf eine Weise, die sagte: Nichts da, Freundchen. Pöbelnd und schwankend verließ Roosen daraufhin den Ort seiner Niederlage.

Viet fühlte sich von Roosens Verhalten abgestoßen. So würde er niemals handeln: Saufen und Geld zum Fenster rausschmeißen, das kam für ihn nicht infrage. Die Tage im Hafen machten ihn ohnehin nachdenklich. Irgendwann fiel ihm ein, es sei ein guter Zeitpunkt, mit den Nachforschungen zum Verbleib seines Onkels zu beginnen. Vielleicht hatte ihn hier in Rio jemand gesehen? Von ihm gehört? Ihn gekannt? Doch wen auch immer er nach Claus Behrmann aus Dockenhuden fragte, alle schüttelten die Köpfe. Gut, Onkel Claus war im fernen Chile verschollen, aber er war ja vielleicht hier vorbeigekommen. Viet ließ sich nicht entmutigen, sondern fragte weiter, wann immer er auf Seeleute traf. Einmal zögerte ein rothaariger Hüne aus Eckernförde: »Sag noch mal, wie dein Kumpel heißt?«

»Ist nicht mein Kumpel, sondern mein Onkel aus Dockenhuden, was bei Blankenese liegt. Claus Behrmann heißt er. Ungefähr 32 Jahre alt. Hast du von ihm gehört?«

Leider nein. Der Eckernförder hatte den Namen verwechselt. Einen Claus Behrmann kannte er nicht.

Walter und Sören unternahmen an einem ihrer freien Tage einen Ausflug in die Umgebung Rios. Viet durfte mitkommen. Es war ein sehr schwüler Tag. Sie lagerten im Baumschatten auf dem Hochufer eines kleinen Flüsschens, rauchten Zigarren und schauten Frauen zu, die im Fluss Hemden und Bettwäsche wuschen. Um sie herum tobten Kinder im kühlen Nass.

»Wenn wir die Zigarren aufgeraucht haben, gehen wir auch rein. Das kühlt ab«, schlug Sören vor. »Mein Hemd klebt mir auf der Haut.«

Eines der Mädchen am Fluss erinnerte Viet an seine Anna: Die gleichen dunkelblonden Haare, die zu einem Zopf geflochten waren. Die gleichen mandelförmigen Augen. Und auch ihre Figur war der seiner Geliebten aus Plumsmühlen ähnlich.

Wenn meine Anna jetzt hier wäre. Mit mir zusammen. An diesem Ende der Welt. Im exotischen Brasilien. Bestimmt würde sie mir um den Hals fallen und mich zart auf die Stirn küssen. Er kam sich wie ein ganzer Mann vor.

Plötzlich kreischten die Frauen und Kinder, stürzten schreiend zum Ufer. Die drei von der COMET sprangen ebenfalls auf, verstanden aber nicht, was passierte. Sie gingen hinüber und sahen Frauen, die Kindern blutige Wunden abtupften. Ein kleines Mädchen hatte eine stark blutende Hand. »Piranhas« war das Wort, das Viet immer wieder vernahm. Walter sagte, es sei das portugiesische Wort für Zahnfische: »Das sind Raubfische, die in Schwärmen im Süßwasser leben. 15 bis 40 Zentimeter groß. Ernähren sich hauptsächlich von Tierkadavern. Sie sind die Gesundheitspolizei der südamerikanischen Flüsse. Hin und wieder fallen sie aber auch größere Säugetiere oder Menschen an.«

Die Mehrzahl der Verletzungen war nicht gravierend, tat einfach nur weh. Das kleine Mädchen allerdings war schlimmer betroffen; ihr war der kleine Finger abgebissen worden.

Walter, Sören und Viet beschlossen, besser nicht im Fluss zu baden. Lieber wollten sie schwitzen, als von diesen gefräßigen Biestern angefallen zu werden. »Da ist mir unsere gute alte Elbe tausend Mal lieber. Die Plattfische, die wir bei uns pedden, beißen zum Glück nicht!«, lachte Walter.

»Was macht ihr mit den Fischen? Pedden?«, fragte Sören interessiert. Walter hob demonstrierend ein Bein, setzte es vorsichtig wieder auf den Boden: »Du musst im Uferbereich waten und mit den Füssen ertasten, ob sich etwas unter dir im Sand bewegt. Wenn ja, greifst du blitzschnell zu und hältst einen Butt in der Hand. Jedenfalls wenn du geschickt bist. Nicht zu verwechseln ist das mit Aale peddern, das geht ganz anders: Du ziehst Würmer auf einen Wollfaden und wickelst ihn zu einem Knäuel zusammen. Unten wird ein Bleigewicht drangehängt, oben die Schnur, die du mit einer Angelrute leicht auf und ab bewegst. Das lockt die Aale an. Kommt der Aal an die Wasseroberfläche, hältst du einen Kescher unter ihn, damit er nicht zurück ins Wasser fällt.«

Sören wunderte sich über diese Blankeneser Fischfangmethoden und deren Bezeichnungen.

Nach dem Piranha-Erlebnis schlenderten sie am Ufer entlang und beobachteten die vielen bunt gemusterten Schmetterlinge. Walter kannte einige der Sommervogelarten, entdeckte einen gelbroten Edelfalter mit schwarzer Konturierung, einige blauschwarze Ritterfalter und ein paar Weißlinge, die gelbschwarz gerändert waren. Viet hätte am liebsten ein paar davon gefangen, um sie daheim zu zeigen.

Walter hörte ihm allerdings nicht richtig zu, weil er sich bereits einer weiteren Besonderheit zugewandt hatte: tropischen Süßwassermuscheln. Auch Zwergrillenmuscheln und eine Turbanschnecke entdeckte er: »Letztere sind sehr schmackhaft«, sagte er. »Bei Gefahr ziehen sie ein Kalkplättchen, das Okulum, vor ihre Öffnung, um sich zu schützen. Es gibt sie in vielen Ozeanen. In der Karibik und anderen tropischen Gewässern kommen sie besonders häufig vor. Die solltest du mal probieren. Sind köstlich. Und das Gehäuse nimmst du als Erinnerung mit nach Hause.«

Nach einiger Zeit sehnten sich alle danach, wieder auf die offene See zu kommen. Die drückende Hitze hatte Logisaufenthalte selbst in den Nächten unerträglich werden lassen. Entschied sich jemand, an Deck zu schlafen, fielen Schwärme blutrünstiger Moskitos über ihn her und jagten ihn zurück in die zum Ersticken dumpfe Koje. Obendrein waren im letzten Hafen Wanzen an Bord gekommen. Die Hitze schien diese unangenehmen Biester zu märchenhafter Fruchtbarkeit anzuregen. Es war der reinste Horror. Sören hatte allerdings mal gehört, man könne Wanzen durch Kakerlaken vertreiben. So ruderte er – mit einer Streichholzschachtel im Gepäck – zu einem dänischen Dreimastschoner. Der war am letzten Sonntag eingetroffen und hatte Kakerlaken an Bord. Sören stopfte einige in die mitgebrachte Schachtel, ruderte zurück und setzte sie auf der COMET aus.

Viet beobachtete das biologische Experiment seines Freundes aufmerksam. Die Kakerlaken entfalteten schnell ihre erstaunlich lebenstüchtigen Fähigkeiten. Über Nacht wurden sie Urgroßeltern. Es dauerte nicht lange, da quollen sie in Scharen aus allen Ritzen und Winkeln hervor. Und bissig waren sie – was niemand vorher gewusst hatte. Sie fraßen und knabberten alles an: Hartbrot, das Ölzeug, den Kautabak von Ernst, sogar Seestiefel. Wanzen hingegen verschmähten sie. Es schien, als hätten sie ausgerechnet mit denen einen Nichtangriffspakt geschlossen. Auch alles Schwefeln, Waschen und Teeren nützte nichts; die neuen sechsbeinigen Mitbewohner vermehrten sich weiter in unheimlichem Tempo.

FERNANDO DE NORONHA

Das nächste Ziel nach Rio war Fernando de Noronha, eine aus 13 Inseln bestehende Sträflingskolonie weit draußen im Atlantik. Am Tag, bevor ihre Bark den Hafen von Rio verließ, kam eine Frau an Bord und brachte wortreich ein ihnen unverständliches Anliegen vor. Niemand hatte eine Ahnung, was sie wollte. Erst als Bootsmann Mattiesen übersetzte, verstanden die Männer, weshalb die Frau immer wieder auf ein Paket zeigte, das sie an Bord mitgebracht hatte: »Sie hat einen Angehörigen auf der Sträflingsinsel«, sagte Sörensen, der Mattiesens Worte aus dem Dänischen übersetzte, »und will, dass einer das Paket zu ihrem Verwandten mitnimmt. Keine Ahnung, woher sie weiß, dass wir da hin fahren. Vielleicht vom Hafenmeister?«

»Männer, seid vorsichtig!«, warnte Mattiesen gleich darauf. »Es ist strengstens verboten, Sträflingen etwas mitzubringen. Wenn sie euch beim Schmuggeln erwischen, sitzt ihr selbst ein.« Die Brasilianerin schien den Inhalt dieser Worte zu begreifen, denn sie hielt, während er sprach, mit der anderen Hand ein Bündel Reales in die Luft. Paul Roosen – immer klamm – ging ohne weiteres Nachdenken auf ihr Anliegen ein, griff zunächst die Geldscheine, dann das Paket, auf dem ein Name stand.

Etwa eine halbe Stunde später standen vier weitere Frauen an Deck, jede mit einem Paket. Die übrigen Männer an Bord waren allerdings nicht so leicht zu überzeugen wie Roosen. Es wurde eine Weile verhandelt, bevor schließlich doch einer nach dem anderen vortrat, um Geld und Paket in Empfang zu nehmen. Dann kam die Reihe an eine dicke Schwarze. Sie hatte nur ein kleines Paket, aber keinen einzigen Real. Als sie niemanden finden konnte, der ihr Paket unentgeltlich mitnehmen und ausliefern wollte, rollte sie mit den Augen, wackelte mit Hüften und Brüsten und warf anzügliche Blicke.

Viet war kurz davor, das Päckchen aus Mitleid zu übernehmen, doch dann trat der heilige Fiete vor: »Hast du wenigstens zu Hause Geld? Dann komm ich mit!« Die Dicke hakte sich bei ihm ein, als habe sie die Frage verstanden, und gemeinsam zogen sie davon. Es sollte bis Mitternacht dauern, ehe Fiete aufs Schiff zurückkam.

»Na, das mit der Geldübergabe hat aber gedauert. Die musste den Zaster wohl erst noch drucken?«, war eine der spitzen Bemerkungen, die er am nächsten Morgen zu hören bekam.

Als sie in den kleinen Hafen von Fernando de Noronha einliefen, sahen sie Schwärme von Delphinen. »Spinnerdelphine!«, identifizierte Walter die Tiere. »Sie drehen sich gern um die eigene Achse, wenn sie aus dem Wasser springen. Wie eine Spindel. Sie sind mit dunklen Punkten übersät, auf Schwanzflosse, Rücken und Kopf. Kann man gut sehen.« Zusätzlich wusste er noch von Meeresschildkröten zu berichten, die es hier in großen Mengen gab, und von einem Süßwassersee auf einer der Inseln. Der Alte würde dort wohl hoffentlich die Wasservorräte auffüllen.

Kaum hatte die COMET festgemacht, kam eine Kompanie Wachsoldaten an Bord, um das Schiff zu kontrollieren und verschiedene Räume stichprobenartig zu untersuchen.

Sowohl die Wachen an sich als auch ihre große Anzahl gaben den Männern der COMET zu denken. Der fremde Unteroffizier der Wache schlug sein Quartier dort auf, wo die Männer eigentlich schliefen: unter dem großen Sonnensegel an Deck. Im Logis war es nämlich nicht auszuhalten. Deshalb war es vorbei mit der Ruhe, denn selbst bei Nacht wurden Befehle und Berichte in einer Lautstärke ausgetauscht, dass kein Mensch mehr ein Auge zutun konnte.

Hinzu kamen jede Menge geheimnisvoller Geräusche aus dem Dschungel, der den Hafen umgab. Es war ein ständiges Geraschel und Keckern, Pfeifen und Surren, Knistern und Knacken und Gurren. Für viele war das ziemlich unheimlich.

Die Wachen fanden keinen Anlass zur Reklamation, und irgendwann ließ ihr emsiges Treiben deutlich nach. Doch sie blieben wachsam, und die, die es betraf, fragten sich, wie es zur Übergabe der Pakete kommen sollte? Es schien unmöglich.

Am nächsten Morgen kamen Strafgefangene zum Be- und Entladen an Bord. Einer gab dem Bootsmann einen Tipp, und er erzählte: »Übermorgen Nacht hat eine Wachkompanie Dienst, die gern beide Augen zudrückt. Allerdings nur, wenn ihr ihnen ein paar Reales unter die Kissen auf dem Achterdeck schiebt. Andernfalls werden sie alles daran setzen, unangenehme Dinge auf dem Schiff zu finden. Sie wissen nämlich ganz genau, dass auf jedem hier eintreffenden Kahn auch Mitbringsel für die Gefangenen ankommen.«

Paul Roosen war sauer. Vom schnell verdienten Geld sollte er die Hälfte an die Wachen abgeben? Das passte ihm überhaupt nicht. Noch ungehaltener war allerdings der heilige Fiete: »Die Schwatte hat mir doch keinen Pfennig gegeben. Nur das Paket für ihren Kerl.«

»Als Christ hast du doch ein großes Herz. Du bist eben zu gut für diese Welt. Oder hat sie dich auf andere Weise bezahlt?«

Alle grienten, während Fiete mit rotem Kopf davonzog.

Zwei Nächte später war es so weit: Der wachhabende Unteroffizier versammelte seine Kompanie zu einem Umtrunk. Die Getränke hatte selbstverständlich der Kapitän spendiert. Das Bestechungsgeld war rechtzeitig unter einem Sitzkissen auf dem Achterdeck versteckt worden. Während die Wachen Rotwein becherten und immer lustiger wurden, ruderten zwei Gefangene im Schutz der Dunkelheit zum Bug und übernahmen die Pakete. Die Aktion verlief ohne Zwischenfälle.

Die Matrosen, die sich auf dieses Geschäft eingelassen hatten, waren allerdings geheilt. Noch einmal würden sie auf diese Masche nicht hereinfallen. Das Risiko war sehr hoch – und der Gewinn am Ende doch mehr als bescheiden.

GEHEIMNIS GELÜFTET

Ein paar Wochen später und 500 Meilen weiter südlich landeten sie in Rio Grande do Sul im äußersten Süden Brasiliens. Eine ausgedehnte Bucht umschloss malerisch die Altstadt.

Viet saß mit Walter Teegen in einem Lokal am Strand unter Schatten spendenden Pinien. Ein paar Katzen strichen um ihre Beine. Gitarrenmusik tönte aus einem der grellbunt bemalten Häuser. Und sie genossen die weite Aussicht über den Lagoa Dos Patos, eine Lagune, die so groß wie ein Binnenmeer sein sollte.

Ein rotblonder Hüne trat zu ihnen: »Ist hier noch ein Plätzchen frei?«, fragte er auf Deutsch und setzte sich, ohne eine Antwort abzuwarten, kramte seine Pfeife aus der Hosentasche und begann sie langsam zu stopfen. Viet kannte ihn, hatte ihn ein halbes Jahr zuvor in Porto Alegre auf Onkel Claus angesprochen.

»Ludwig Georg Meyer aus Eckernförde«, stellte der Seebär sich vor, unterstützt von einer leichten Verbeugung. »Eckernförde ist der Ort in Schleswig-Holstein«, fuhr er fort, »an dem die Strandbatterie unter dem Kommando von Ludwig Theodor Preußer die dänischen Kriegsschiffe GEFION und CHRISTIAN VIII anno '49 in Grund und Boden geschossen hat. Und ich heiße Ludwig wie der Held von Eckernförde. Fahre als Matrose auf der Apenrader Brigg HOFFNUNG.«

Dann widmete er sich wieder dem Stopfen seines Pfeifchens und murmelte: »Erst mit babies hand, dann mit ladies hand und schließlich mit shipmasters hand stopfen.« Beim Anzünden blickte er die beiden direkt an: »Und mit welcher Schüssel seid ihr hier?«

»Wir kommen aus Blankenese und liegen mit der Bark COMET seit einer Woche auf der anderen Seite der Stadt.«

Diese Erklärung hatte auf Ludwig Georg Meyer die gleiche Wirkung wie die Explosion auf der CHRISTIAN VIII vor Eckernförde.

»Nein!«, rief er, »das darf nicht wahr sein. Sagt bloß, euer Bootsmann heißt immer noch Gorilla-Schorsch, dann werd ich endgültig verrückt. Das ist der größte Verbrecher, den es gibt. Dem möchte ich nie, nie wieder begegnen. Musste leider ein ganzes Jahr mit ihm fahren. Auf eurer COMET.«

Viet und Walter waren baff. Bevor Viet etwas sagen konnte, bat Walter ihn um eine Begründung: »Das musst du uns etwas näher erklären.« Der Hüne aus Eckernförde ließ sich nicht zweimal bitten: »Eines Tages beschwerte sich einer von der Mannschaft über den Gorilla: Wilhelm Wagner aus Celle. War ein ganz Korrekter. Er trug seine Beschwerde ordnungsgemäß beim Kapitän vor. Der hieß Peter Breckwoldt. Der Gorilla-Bootsmann hatte Wagner nämlich so schlimm mit einem Belegnagel traktiert, dass er nicht nur blaue Flecken und Blutergüsse bekam, sondern obendrein starke Prellungen im Nacken hatte. Diese Belegnagel-Tortur nahm das Schwein bei jedem vor, der nicht so wollte wie er. Der Bootsmann hat wohl geahnt, dass sich Wagner beschweren würde, und ist ihm zuvor gekommen. Er hat Breckwoldt und dem Steuermann eine unglaubliche Lügengeschichte aufgetischt, die stark nach Meuterei roch. Als Wilhelm anschließend seine Beschwerde vorbrachte, hat er sowohl vom Käpten wie vom Steuermann so mächtig was hinter die Löffel bekommen, dass er niederging. Anschließend sollte der Bootsmann ihn einsperren. Der Gorilla steckte ihn in die kleine Kammer auf dem Achterschiff und versetzte ihm dabei einen Schlag gegen den Kehlkopf. Dieser Handkantenschlag war tödlich. Eine halbe Stunde später meldete der Gorilla seinem Kapitän: ›Wagner ist wohl an den Folgen Ihrer Schläge, Herr Kapitän, verstorben, oder an denen des Herrn Steuermann.‹ Wagner wurde dann ziemlich schnell dem Meer übergeben. Nur weg mit der Leiche, weg mit allen Mord-Spuren, schien das Motto zu lauten.

Von da an hatten alle an Bord den Eindruck, dass Gorilla seine Vorgesetzten mit dem Verbrechen erpresst. Denn er konnte sich wirklich alles erlauben. Wie hat er uns schikaniert und bedroht. Als ich darüber mal das Maul aufmachen wollte, hat er mir zugezischt: ›So einen Schlag gegen den Kehlkopf kann hier jeder von mir bekommen.‹ Fast die gesamte Mannschaft hat im nächsten Hafen abgemustert. Kapitän und Steuermann, vor allem aber Bantin waren darüber heilfroh, denn damit waren alle Mitwisser und möglichen Zeugen von Bord.«

Walter und Viet waren sprachlos. Das gab es doch nicht – das also war die dunkle Geschichte, die ihre Schiffsführung mit dem Bootsmann verband! Doch jetzt war es erst einmal an ihnen, von ihren Erfahrungen und den Torturen zu erzählen, die sie durch den Bootsmann erlitten hatten. Ihre Schilderung endete mit dem Satz: »Ein Segen, dass er den britischen Behörden auf Barbados übergeben wurde. Wahrscheinlich wird er längst an irgendeinem Galgen baumeln!«

Teegen wollte allerdings noch mehr darüber wissen, was damals vorgefallen war: »Ihr wusstet also, dass Bantin den Mord an Wagner begangen hat. Warum habt ihr das nicht Breckwoldt gemeldet? Dann wären beide Schiffsoffiziere entlastet und Bantin vor Gericht gekommen.« Meyer schwieg, saugte an seiner Pfeife, blies eine Rauchwolke in die Luft und begann stockend: »Gorilla-Schorsch hat uns Tag und Nacht eingeschüchtert. Hat uns die ganze Zeit unter Wind gehalten und peinlich genau darauf geachtet, dass wir keinen Kontakt zu Oestmann oder Breckwoldt bekamen. Außerdem hatte keiner den Mumm, sich gegen ihn aufzulehnen. Dazu waren wir zu feige. Das sag ich ganz ehrlich.«

Nach einer kleinen, betretenen Pause fragte Teegen: »Was hältst du davon, wenn wir gemeinsam zu Käpten Breckwoldt gehen und ihm erzählen, was damals vorgefallen ist? Passieren kann dir deswegen ja nichts. Aber Breckwoldt und Oestmann werden durch deine Aussage entlastet!« Meyer zierte sich, bei seinem früheren Kapitän vorstellig zu werden und ihm den Tathergang von damals zu schildern. »Wenn ich schreiben könnte, wär das leichter für mich. Dann würde ich einen Bericht verfassen und euch mitgeben. Aber so? Nee!«

Es brauchte eine ganze Weile, einige weitere Getränke und ein paar zusätzliche Geschichten über die Brutalitäten Bantins, bis Ludwig Georg Meyer überzeugt war, doch zu Kapitän Breckwoldt zu gehen und alles zu erzählen.

Der Weg zum Liegeplatz der COMET lag etwa eine Stunde entfernt. Irgendwann hatte sich das Gespräch über Gorilla-Schorsch erschöpft. Also wechselte Viet das Thema: »Schaut mal, die vielen kleinen Kähne. Die sehen unseren Pfahlewern ziemlich ähnlich. Das gleiche Rigg, dieselbe Rumpfform.« Sie studierten die ankernden Boote.

»Mein Onkel, Heinrichs Vater«, fuhr Viet fort, »hat auch so einen Kahn, einen Äppelkahn. Einen Frachtewer mit plattem Boden, Seitenschwertern und einem nicht unterteilten Mast. Wie die da.« »Der Pfahlewer«, ergänzte Walter, »ist eine Konstruktion, die holländische Siedler im 12. oder 13. Jahrhundert mitgebracht haben. Nach seinem Vorbild entstanden Ewer für unterschiedliche Aufgaben und Größen, die bis heute als Fracht- und Fischewer genutzt werden. Sind immer noch die Arbeitspferde der Blankeneser Flotte.«

»Mann, das hält ja kein Mensch aus! Pfahlewer, Pfahlewer, Pfahlewer! Wollt ihr etwa Schiffbauer werden? Ich jedenfalls werd' Kapitän. Am liebsten möchte ich auf einem Dampfschiff die Weltmeere erobern!«, maulte Meyer, weil er nicht richtig folgen konnte. Er erzählte lieber vom Verlauf seiner Karriere als Seemann.

Als sie an einer Bodega vorbeikamen, wurden da gerade ein paar krakeelende Trunkenbolde hinausgeworfen. Einer nach dem anderen landete im Staub der Straße. Jacken und Mützen flogen hinterher. Am Ende flatterte auch noch ein Kartenspiel auf die Calle.

Der Erste, der sich wieder aufrappelte und schimpfend versuchte, zurück in die Kneipe zu kommen, war Maschmann, gefolgt von seiner Kartenspieler-Gang. Doch man ließ sie nicht wieder hinein. Zwei bärenstarke Männer mit muskelbepackten Armen über der Brust stellten sich ihnen in den Weg. Maschmann und seine Mannen zogen pöbelnd ab.

Nach diesem Ereignis setzten die drei ihren Weg zur COMET fort. Teegen ging an Bord und ließ sich beim Käpten melden. Viet und Ludwig Georg Meyer warteten auf einem Kai-Poller auf ein Zeichen von Walter. Doch das Zeichen kam nicht. Walter kehrte niedergeschlagen zurück und erzählte ziemlich enttäuscht, der Kapitän habe ihn, kaum sei der

Name Bantin gefallen, nicht mehr zu Wort kommen lassen, sondern gleich losgepoltert, er wolle nichts, aber auch gar nichts mehr mit diesem elenden Kerl zu schaffen haben, der hoffentlich längst in der Hölle schmore.

»Ich hatte noch nicht mal Gelegenheit, eine Andeutung fallen zu lassen!«, schloss Walter seinen Bericht.

DER BRIEF

Die COMET verzeichnete eine längere Liegezeit, da die Fracht noch nicht vollständig im Hafen angekommen war. Es gab also viel Freizeit für die Mannschaft. Walter Teegen arbeitete an seinem Buddelschiff, war gleichzeitig aber in Gedanken immer wieder beim Fall Bantin.

Eines Morgens traf er auf dem Weg zu einem sehenswerten Wasserfall Steuermann Oestmann. Sie unterhielten sich zunächst über dies und das. Doch dann brachte Walter unumwunden das heikle Thema zur Sprache: »Viet von Appen und ich haben vorgestern Ludwig Georg Meyer getroffen. Sie kennen ihn doch noch? Er gehörte zur COMET-Mannschaft, als Wilhelm Wagner zu Tode kam. Meyer hat uns seinen Tod geschildert: Gorilla-Schorsch hat den Mord an Wagner begangen. Mit einem gezielten Handkantenschlag gegen dessen Kehlkopf. Kurz darauf wurde auch Meyer von Bantin bedroht, ihn auf dieselbe Art mundtot zu machen. Sie und den Kapitän hat er bewusst in dem Glauben gelassen, Sie beide hätten Wagners Tod verschuldet. Das schaffte ihm den Freiraum, die Mannschaft zu terrorisieren, ohne dass Sie dagegen einzuschreiten wagten.«

Oestmann blieb wie angewurzelt stehen und griff nach Walters Arm: »Stimmt das wirklich? Ist das wahr?«

»Es ist wahr. Ludwig Georg Meyer aus Eckernförde ist Zeuge. Er wird Ihnen seine Aussage gern bestätigen. Sein Schiff liegt auf der anderen Seite der Stadt.« Der Steuermann umarmte Teegen: »Ich dachte die ganze Zeit, ich sei ein Mörder.« »Der Käpten und Sie sollten Meyers Aussage anhören!«, beharrte Walter auf einer Klärung des Vorfalls. »Es bedeutet ihm viel, denn er leidet darunter, dass er damals nicht zu Ihnen gegangen ist und das Verbrechen zur Anzeige gebracht hat. Bantin habe die Mannschaft so eingeschüchtert, dass niemand den Mumm hatte, auch nur ein Sterbenswörtchen gegen ihn vorzubringen. Die Crew hat damals im nächsten Hafen lieber geschlossen abgemustert.«

Oestmann war sichtlich erleichtert. Er war unschuldig. »Das regele ich mit dem Alten«, sagte er. »Meyer soll kommen. Können Sie ihm das bitte ausrichten?«

Es brauchte Geduld und Überredungskunst, Ludwig Georg Meyer noch einmal zur COMET zu bitten und Kapitän Breckwoldt zu treffen. Doch selbst dem Steuermann gelang es nicht, den Kapitän umzustimmen. Er wollte Meyer nicht sehen und auf keinen Fall noch einmal mit den Machenschaften Bantins befasst werden. Zu sehr plagte ihn sein schlechtes Gewissen. Es ging dabei nicht nur um Wagners Tod, sondern auch darum, dass er seine Mannschaft nicht geschützt hatte. Ludwig Georg Meyer musste also ein zweites Mal unverrichteter Dinge abziehen.

Breckwoldts abweisende Reaktion gab Walter und Viet noch lange zu denken. Viet hatte seinen Onkel damals in Blankenese ganz anders erlebt. Er muss sich in den letzten Jahren sehr verändert haben. Das meinten auch andere, die ihn von früher her kannten. Damals war er ein fröhlicher Mensch gewesen, für jeden Schabernack zu haben. Dank einer natürlichen Neugier wollte er den Dingen auf den Grund gehen, Probleme ergründen und sein Wissen weitergeben. Vielleicht hatte ihn der Seemannstod seines Bruders Joachim Breckwoldt-Pusspass so verändert. Der war als Steuermann auf dem Schoner MARGARETHA gefahren und im September 1859 in der Themsemündung ertrunken. Die Brüder sollen sich sehr nah gestanden haben.

Viet nutzte den langen Aufenthalt in Rio Grande, um sein Portugiesisch zu verbessern. Seine Schritt für Schritt erworbenen Grundkenntnisse wurden allerdings durchsetzt mit Spanisch. Pan-Iberisch nannte man diese Melange an Bord, die jeder mehr oder weniger gut beherrschte und mit der man sich auf dem südamerikanischen Kontinent überall verständlich machen konnte.

In jedem neuen Hafen war es spannend, die Post zu sichten. Zum ersten Mal war ein Brief für Viet dabei. Er musste schon lange im Hafenschuppen gelegen haben. Der Umschlag war verstaubt, vergilbt und befleckt. Auf dem Absender stand: Din Modder.

Er schmunzelte. Seine liebe Mutter. Endlich hatte ihn eine Nachricht von ihr erreicht. Nach jetzt schon fast vollen zwei Jahren. Vor Aufregung zögerte er, den Brief zu öffnen. Hoffentlich gab es nur gute Neuigkeiten. Er ging zum Achterdeck, setzte sich unter das Sonnensegel und öffnete den Brief:

Mein lieber Sohn,
wie mag es Dir in der Fremde ergehen? Hoffentlich bist Du gesund. Bei

uns in Blankenese und in unserer Familie hat sich viel verändert. In der Nacht vor Deiner Abreise ist Deine Schwester Caroline verstorben. Verzeih mir, dass ich es Dir nicht gesagt habe. Ich hatte am Morgen Deiner Abreise nicht die Kraft dazu.

Nicht lange nach Deiner Abreise habe ich Vaters Bruder Hannes geheiratet. Die Versorgung Deiner Geschwister ist also gesichert. Jetzt lebt Hannes bei uns im Tweehus. Da er viel mit seiner Schaluppe unterwegs ist, fällt es mir nicht so schwer, wie ich befürchtet hatte.

Lange fand ich nicht den Mut, Dir diese Neuigkeiten mitzuteilen, weil mich jede dieser Veränderungen sehr belastet hat. Jetzt aber geht es mir besser und ich blicke etwas fröhlicher in die Zukunft.

Möge Gott Dich behüten!

Deine Mutter

Traurig ließ Viet den Brief sinken. Die Nachricht vom Tod seiner Schwester traf ihn mitten ins Herz. Caroline tot. Sie war ein so fröhliches Mädchen. Wie viel Spaß hatten sie zusammen gehabt! Ausgerechnet Caroline musste es treffen. Mit ihren goldenen Locken und den großen blauen Augen. Die Heirat seiner Mutter hingegen löste weit weniger starke Gefühle in ihm aus..

Durch den Brief wurde Viet auch wieder an Anna erinnert. Er hatte ihr nicht schreiben wollen, weil ihr Vater so streng war und wahrscheinlich jeden Brief an seine Tochter abfing, las und seiner Tochter unter Umständen Ärger bereitete. Anna wiederum konnte ihm nicht schreiben, weil sie keine Adresse von ihm wusste; und so richtig schreibkundig war sie in ihren vier Schuljahren wohl kaum geworden.

Später an diesem Tag schüttete Viet sein Herz bei Walter Teegen aus, erzählte vom Tod seiner Schwester, von Mutters Heirat und von Anna, seiner großen Liebe. Walter gab ihm einen Tipp: »Schick deiner Mutter eine Daguerreotypie. Dann hat sie etwas von dir in der Hand. Stell dir vor, deine Mutter hält demnächst ein Abbild ihres Sohns in Händen, auf dem er wie in Natur aussieht. Ich bin gestern an einem Atelier vorbeigekommen, das solche Bilder herstellt. Da gehen wir jetzt hin.« Viet war begeistert. Eine tolle Idee. Er hatte davon schon gehört, so etwas aber noch nicht selbst gesehen.

Das Gespräch über Carolines Tod hatte andere Erinnerungen in ihm heraufgespült. Auf dem Weg durch die Stadt erzählte Viet Walter von ihnen. Viets Oma war im Alter von 84 Jahren in ihrer Abschiedskammer entschlafen. »Wir hatten sie gleich nach ihrem Ableben auf der Diele aufgebahrt, damit Verwandte, Freunde und Nachbarn Abschied nehmen konnten. Pastor Thomsen segnete sie aus, und nach drei Tagen holte Sargtischler Klindtworth sie ab. Mutter bestand darauf, dass die Türschwelle der Grootdör beim Heraustragen des Sarges so weit angehoben wurde, dass Omas Sarg darunter durchgeschoben werden konnte. Anschließend musste Klindtworth die Schwelle an ihrem ursprünglichen Platz neu vernageln. Das musste so gemacht werden, weil es hieß, der Geist eines Toten kann nur auf dem gleichen Weg zurück ins Haus gelangen, auf dem er es verlassen hat. Durch Mutters Maßnahme war Omas Geist also der Rückweg versperrt. Mutter wollte nämlich auf keinen Fall, dass sie zurückkehrt, weil sie sich mit ihrer Schwiegermutter nie verstanden hatte … Mutter und Oma waren wie Hund und Katze. Oma wusste alles besser, war immer die perfekte Hausfrau, hatte in Erziehungsfragen das letzte Wort und war sehr fromm. Was immer Mutter tat, Oma konnte es besser und wusste dazu auch immer die passenden Bibelsprüche. Damit war ihre Meinung unangreifbar. Du glaubst nicht, wie oft es zwischen den beiden gekracht hat. Aber was sollte Mutter machen? Sie musste kuschen. Wir wohnten ja in Omas Tweehus. Da hatte sie sich unterzuordnen. Deshalb wollte Mutter nach Omas Tod eines unbedingt verhindern, dass ihr Geist ins Haus zurückkehrt. Mutter hatte ja auch in ihrer eigenen Familie keinen Rückhalt. Bereits lange vor ihrer Hochzeit war sie von der eigenen Familie gewarnt worden: ›De Blankneser sind allens arme Fischerslüt. De hebbt nix an de Hacken. Nur supen und avsupen, dat könnt se. Und so een wiss du frien?‹ Und bei dieser Meinung war man geblieben.«

»Mit der Grootdörschwelle hat es noch eine andere Bewandtnis«, knüpfte Walter an. »Schon beim Hausbau wurde unter der Schwelle in Metertiefe ein Grapen eingebuddelt, ein dreibeiniger Kochtopf fürs offene Feuer. Da kam etwas Lebendiges rein, ein Küken, ein kleines Kaninchen oder was auch immer, um dem Haus Glück und Fruchtbarkeit zu bescheren. Noch beliebter war die Nachgeburt eines Neugeborenen. Dann wurde er eingegraben. Die Tiere starben dabei natürlich.«

Dann wechselten sie das Thema. Sie wollten für die Daguerreotypie landfein aussehen. Also suchten sie erst einmal einen Barbier auf, der ihnen die Haare stutzte und Walter den Bart abnahm. Danach marschierten sie ein paar Häuser weiter zu einem Hutmacher. Walter kaufte zwei elegante Exemplare aus Reisstroh. Nun sahen sie aus wie echte Caballeros.

Das Fotoatelier war ein Hinterhof, in dem sie vor einer weiß gekalkten Wand neben einer Topf-Palme Platz nahmen und zurechtgerückt wurden. Für die Aufnahme mussten sie minutenlang bewegungslos in dieser Pose verharren. Das war unbedingt notwendig, damit das Bild scharf wurde.

Eine Woche später hielten sie dann tatsächlich das Bild in Händen. Viet staunte nicht schlecht. Es war das erste Mal, dass er sich selbst so sah. Wie in einem Spiegel. In kluger Voraussicht hatten sie für jeden gleich zwei Abzüge bestellt. Eine Daguerreotypie schickte Viet zusammen mit einem langen Brief nach Hause. Die zweite Aufnahme gab er einem anderen Schiff mit, das nach Blankenese abgehen sollte – für den Fall, dass ein Exemplar verloren ginge.

Sechs Wochen, nachdem die COMET in Rio Grande angelegt hatte, konnten sie endlich die ausstehende Fracht übernehmen und auslaufen. Diesmal mit Ziel Buenos Aires. Unter östlichen bis nordöstlichen Winden steuerte ihr Schiff Richtung Süden. Das Wetter wurde unruhiger, die Temperaturen sanken. Die Mannschaft, die während der Liegezeit viele Stunden täglich zum Instandsetzen des Schiffs eingeteilt war, löste sich nun wieder alle vier Stunden mit ihren Wachen ab.

IV

LAND IM KONFLIKT

Ende April des Jahres 1864 gab es einen besonderen Anlass, das Thema Dänemark und Schleswig-Holstein ganz oben auf den Unterrichtsplan zu setzen: »Wisst ihr, was vorgestern passiert ist?«, fragte Schulmeister Krakau seine Blankeneser Schulklasse mit geschwellter Brust. »Die Preußen und Österreicher haben gesiegt. Dänemark wurde bei Düppel geschlagen!« In der Klasse begann ein intensives Palaver.

»Ruhe, Kinder, Ruhe! Hannemann hat eins übergebraten bekommen!« Krakau fuchtelte bei diesen Worten aufgeregt mit den Armen, als würde er siegreich die holsteinische Fahne schwingen. Dann rief er sich selbst zur Ordnung und fuhr fort: »Aber der Reihe nach. Fangen wir vorne an und erinnern uns an alles, was wir über das Seegefecht vor Eckernförde im Jahr 1849 wissen. Lisa von Appen, kannst du den Hergang schildern?«

Viets Schwester stand auf und schwieg eine Weile verschämt, stammelte dann mit hochrotem Kopf: »Ich weiß nicht! '49 war ich doch noch gar nicht auf der Welt.«

Krakau schaute einen Augenblick mit starrem Blick zur Decke, fragte dann in die Runde: »Wer kann Lisa helfen?«

Ein paar Finger schnellten hoch, doch so richtig wusste niemand, was damals geschehen war. Also verlangte Schulmeister Krakau Ruhe – und äußerste Aufmerksamkeit: »Es war so: Schleswig sollte entgegen allen Verträgen in den dänischen Staatsverband eingegliedert werden. Deswegen erhoben sich die Herzogtümer Schleswig und auch Holstein gegen die dänische Krone. Die neu entstandene schleswig-holsteinische Armee besetzte Eckernförde. Dänische Truppen versuchten eine Landung, um die Stadt zurück zu erobern. Die Dänen kamen mit dem Linienschiff CHRISTIAN VIII, der Segelfregatte GEFION und den beiden kleinen Dampfern GEISER und HEKLA. Den Eckernförder Strand hielt eine schleswig-holsteinische Batterie mit 16 Geschützen. Die mussten die Dänen mit ihren 148 Schiffskanonen erst niederkämpfen, bevor die Landung beginnen konnte. Der Wind stand für die Schiffe aber so ungünstig, dass sie in der flachen Bucht nur schlecht manövrieren konnten. Daher gingen die beiden Segler vor Anker. Dadurch konnten ihre von Kanonen gespickten Breitseiten nicht voll zum Einsatz kommen. Von Land aus gelang es der Küstenbatterie, die Ankerkette der GEFION zu durchschießen, woraufhin die Fregatte hilflos auf den Strand zutrieb.

Nur wenig später schossen die Land-Batterien beide Schiffe manövrierunfähig, und dann bekam die CHRISTIAN VIII einen Volltreffer und explodierte. Zu diesem Zeitpunkt hatte sich ein Großteil der Besatzung gottlob an Land retten können. Auf dänischer Seite gab es 105 Tote und rund 1 000 Gefangene. Wir dagegen hatten nur vier Opfer zu beklagen. Die erbeutete GEFION haben wir nach kurzer Reparatur mit dem neuen Namen ECKERNFÖRDE der Marine des Deutschen Bundes übergeben. Ich habe jemanden gekannt, der das Gefecht vom Dach der Werkstatt seines Vaters in Eckernförde beobachten konnte. Die größte Freude hatte er am großen Knall und dem anschließenden Riesenfeuerwerk, mit dem das Linienschiff CHRISTIAN VIII in die Luft flog.«

Der Lehrer machte eine kurze Pause, sah in die Runde und fuhr dann fort: »Also, folgendes stand in der Zeitung: Es war wie anno '48. Genau die gleichen Vorzeichen. Jetzt aber lief das Fass über. Das Herzogtum Schleswig ist zum Teil dänisch, im Gegensatz zu Holstein und Lauenburg. Die gehörten schon immer zur deutschen Kaiserkrone. Im November '63 wollten die Dänen Schleswig ganz kassieren, obwohl das Londoner Protokoll genau das verbot. Preußen und Österreich hielten Dänemark im Januar 1864 deshalb die Pistole vor die Brust und verlangten, dass Schleswig militärisch geräumt werden müsse. Weil das nicht passierte, fielen im Februar die ersten Schüsse. Noch am gleichen Tag unternahm Preußen einen Versuch, die Schlei bei Missunde zu überqueren, während die Österreicher das Danewerk belagerten. Nach einem missglückten ersten Übergangsversuch setzte Preußen schließlich bei Arnis über die Schlei. Um eine drohende Umgehung zu verhindern, zogen sich die Dänen zurück. Die Österreicher marschierten über Flensburg Richtung Norden, während Preußen den dänischen Streitkräften folgte, die sich bei den Düppeler Schanzen – vor den Toren Sonderburgs – festgesetzt hatten. Am 18. April kam es zur entscheidenden Schlacht. Die dänische Besatzung wurde nach kurzem Kampf überwältigt.

Der Krieg war jetzt eigentlich entschieden, denn zur gleichen Zeit ergab sich Fredericia den Österreichern. In dieser Situation soll Bismarck den Vorschlag gemacht haben, das Herzogtum Schleswig an der Sprachgrenze zu teilen, doch Dänemark lehnte ab. Die Kampfhandlungen flammten daraufhin wieder auf. Die Preußen setzten über den Alsensund, und preußische Truppen drangen bis zur Nordspitze Jütlands vor.

In dieser aussichtslosen Situation musste Dänemark endgültig um Friedensverhandlungen bitten. Das Ergebnis ist: Das gesamte Herzogtum Schleswig fällt mit Lauenburg an Preußen. Und Holstein geht an Österreich. In Zukunft sind wir also Österreicher, Kinder, unter der rot-weiß-roten Flagge der Donaumonarchie.«

RUDERLOS

Die Fahrt der COMET Richtung Buenos Aires verlief zunächst ohne Zwischenfälle. Dann aber kam ein geisterhafter Moment. Das Schiff ließ sich plötzlich nicht mehr steuern. Ganz gleich, in welche Richtung das große Steuerrad auch gedreht wurde, die Bark reagierte nicht. Ein Schiffsjunge wurde nach achtern geschickt, um zu sehen, was mit dem Ruder los sei.

»Ich sehe nichts!«, rief er.

»Was heißt, du siehst nichts? Du siehst doch wohl das Ruder?«

»Nee!«, lautete seine Antwort. Der Steuermann sah persönlich nach und staunte ungläubig: Donnerkiel. Das Ruder war verloren gegangen. Die COMET war manövrierunfähig. Auf hoher See. Aber wie konnte ein Ruder verlorengehen? Diese überflüssige Frage beschäftigte die Männer, die jetzt ebenfalls über das Heck gafften. Nachdem Kapitän Breckwoldt Meldung erhalten hatte, ließ er alle Segel reffen und den Treibanker werfen. Dann befahl er, das Boot zu Wasser zu lassen, um den Schaden von dort aus zu begutachten.

Zurück an Bord ordnete er an, im Vortopp eine dunkle Flagge zu setzen und darunter einen schwarzen Ball, das internationale Zeichen für Schiff-in-Seenot. Da sie sich außerhalb der gängigen Schifffahrtsrouten befanden, bestand wenig Hoffnung, dass ein anderes Schiff ihnen zu Hilfe kommen würde.

Dann warschaute Breckwoldt die Mannschaft: »Männer, ich hab eine gute und eine ziemlich schlechte Nachricht für euch. Die gute ist: Auf dem Vorschiff liegt angelascht ein Reserveruder. Das werden wir hier auf offener See einsetzen müssen. Die schlechte Nachricht lautet: Der Bug muss tiefer ins Wasser, damit das Heck nach oben kommt. Wenn es hoch genug aus dem Wasser ragt, können wir das neue Ruder einsetzen. Deshalb müssen alle schweren Teile, wie der Heckanker, aufs Vorschiff. Sollte das nicht ausreichen, muss auch die achtern gestaute Ladung nach vorn gebracht werden.«

Die Männer fluchten, was das Zeug hielt. Doch das half nicht. Also wurde unter Leitung des Schiffszimmermanns ein Transportgestell mit Schlitten für das Ersatzruder gebaut. Um es aufs Achterdeck zu schaffen, wurden Rundhölzer ständig von hinten nach vorn unter die Holzkufen des Schlitten geschoben. Das funktionierte gut, war aber sehr anstrengend. Die Männer pusteten wie Lokomotiven an einem steilen Berg. Immerhin brachte der Smut in den Pausen heißen Tee.

Als diese Arbeit geschafft war, baute der Zimmermann Schlitten und Halterung für den Heckanker. Mit Hebeln und Seilzügen wuppten die Männer das tonnenschwere Teil senkrecht auf den Untersatz, der anschließend nach vorn geschoben werden musste. Sie kamen allerdings nicht an der Fockwant vorbei. Ganz gleich, wie sie es zu drehen und wenden versuchten, die Want musste für den Transport abgenommen werden. Das dauerte beinahe einen ganzen Tag.

Kapitän und Steuermann warfen derweil regelmäßig lange Blicke aufs Barometer. Es stand auf Hoch und verweilte dort auch. Dennoch ließen sie den Horizont stetig nach Unheil kündenden Wolken und Schlechtwetterzeichen absuchen.

Bevor die Fockwant von der Backbord-Reling abgenommen wurde, sicherten die Männer den Mast mit Notseilen, damit er nicht nach Steuerbord kippen konnte. Nachdem der Schwertransport endlich passiert hatte, wurde die Want sofort wieder angeschlagen. Kapitän und Steuermann waren erleichtert, dass alles reibungslos funktioniert hatte. Hätte ein Windstoß das Schiff im wantlosen Zustand erwischt …? Sie mochten nicht weiter darüber nachdenken, wie dann der Mast sofort über Bord gegangen und das Schiff endgültig manövrierunfähig geworden wäre.

Nachdem die Want wieder fest war, wurde der Anker weiter aufs Vorschiff geschoben. Viet lief gebückt rückwärts vor dem Ankerschlitten her, um die hinter dem Schlitten herausrollenden Rundhölzer vorn wieder unter zu schieben. Plötzlich stieß er mit dem Hintern gegen eine Ecke, stolperte und schrie auf. Sein linkes Bein war vom Anker eingeklemmt. »Halt! Zurück! Zurück das Ganze!«, brüllte Oestmann. Es dauerte eine Weile, bis Viets Bein wieder frei kam. Man legte ihn aufs Deck, schnitt seinen Seestiefel auf, die Hose ebenfalls und begutachtete die Verletzung. Fuß und Bein waren noch nicht geschwollen. Der Smut stellte Quetschungen fest. Nach einem Bruch sah es aber nicht aus. Der von Vater geerbte Seestiefel hatte ihn wohl vor dem Schlimmsten bewahrt. Einsatzfähig war Viet jetzt allerdings nicht mehr. Den weiteren Arbeiten an Deck konnte er nur noch als aufmerksamer Beobachter beiwohnen.

Nachdem alle gewichtigen Teile aufs Vorschiff gewuchtet waren, lag das Schiff zwar kopflastig, aber noch nicht tief genug im Wasser, um das neue Ruderblatt einbauen zu können. Also erging der nächste, weit unangenehmere Befehl, die Fracht aus den hinteren Laderäumen aufs Vordeck und in die vorderen Laderäume zu schaffen. Das bedeutete nichts weniger als eine weitere Woche Sklavenarbeit.

Die Ladung bestand aus gegerbten Fellen. Das konservierende Salz aus den Stapeln drang nach und nach durch die Hemden auf die Haut der Männer und hinterließ an Armen, Schultern, Rücken und Händen schmerzhafte Wunden. Auch bei dieser Arbeit konnte Viet mit seinem lädierten Bein nicht helfen. Er fühlte sich höchst unwohl, seinen Kameraden bei der Schufterei zusehen zu müssen. Schließlich schlug er vor, wenigstens den Ausguck zu übernehmen. Kapitän und Steuermann beäugten nämlich weiterhin das Barometer sowie den Himmel mehr oder weniger rund um die Uhr.

Als das Heck endlich hoch genug aus dem Wasser ragte, wurde das Ruderblatt mit dem Baum des Besans angehoben, außenbords gefiert, Stück für Stück hinabgelassen und unter dem Heck in die Scharniere gehängt. Auch das verursachte Ströme von Schweiß und tausend Flüche.

Als die Arbeit verrichtet und das Ruderblatt wieder funktionstüchtig war, fragte Sören den Steuermann: »Wissen Sie, was Mist ist?« Der fröhlich dreinschauende Steuermann war heilfroh, dass das Schiff endlich repariert war, und schüttelte daher irritiert den Kopf.

»Ist doch klar«, sagte Sörensen und spuckte in hohem Bogen ins Wasser. »Dass wir den ganzen Mist wieder zurück nach achtern schleppen müssen. Das sind noch mal zwei Wochen Schufterei. Da wär ich besser Schauermann in irgendeinem Hafen geworden.«

Obwohl diese Aussage übertrieben war, dauerte es doch weitere sechs Tage, bis der Steuermann das Schiff wieder seeklar melden konnte.

GELBES FIEBER

Seitdem sie entlang der südamerikanischen Küste fuhren, war die Verpflegung erträglicher geworden. Die vielen kurzen Törns ermöglichten es dem Smut, sich in jedem Hafen mit frischem Proviant einzudecken. Der Kapitän war einverstanden, weil Nahrungsmittel überall zu Spottpreisen zu haben waren. Hatte die Mannschaft Landgang, nutzten viele die niedrigen Preise, um sich Lebensmittel nach eigenem Gusto zu besorgen. Viet jedoch konnte als Moses da nicht mithalten, ging aber dennoch nicht leer aus. Er wurde häufig eingeladen, nicht selten als späte Bezahlung fürs Briefeschreiben.

Steaks servierte man in Südamerika in Tellergröße. Das war Standard. Sie waren von einer Güte, die die Männer in Verzückung versetzte. »Asado« nannten die Argentinier ihre Grillfeste, bei denen Fleisch auf bettgestellgroßen Rosten stundenlang über schwacher Glut gegrillt wurde. Sie verstanden es, das Fleisch auf unterschiedliche Weisen zuzubereiten: »Chirozo«, als große Rindersteaks. »Chiropan« nannten sie es, wenn sie »Chirozo« in Brot servierten. »Morzilla« war Blutwurst, »Tira de Asado« flache Rippe, »Tapa de Asado« der Hüftdeckel und »Lomo« das edle Filet.

Nach dem Verzehr einer dieser sehr üppigen Mahlzeiten wurde Viet allerdings schlecht. Bald war klar, dass es sich nicht um eine Lebensmittelvergiftung handeln konnte, denn der Zustand hielt zu lange an. Aber was war es dann?

Nach ein paar Tagen bekam er Fieber, dann zusätzlich Gliederschmerzen. Und er war mit diesen Leiden nicht allein. Auch Teegen und Maschmann, der Kartenspieler, kämpften mit solchen Beschwerden. Was mochte es sein?

Das Fieber stieg auf über 40 Grad. Der Kapitän verordnete kalte Umschläge und Wadenwickel mit essigsaurer Tonerde, doch die Männer fieberten weiter, wälzten sich in ihren Kojen. An Deck konnten sie nicht mehr liegen. Der Kurs hatte die COMET bereits so weit südlich geführt, dass es wieder kälter wurde.

Die Kranken begannen zu phantasieren: Teegen von Erlebnissen bei winterlichen Kreekfahrten die steile Blankeneser Hauptstraße hinunter, und Vollmatrose Maschmann von einem nie geahnten Kartenblatt, mit dem er alle schlagen und einen hohen Gewinn einstreichen würde.

Dann kam die Phase, in der sie von starkem Erbrechen gequält wurden. Da schwante dem Kapitän, um welche Krankheit es sich handeln könne: Schwarzes Erbrechen. Ausgelöst wurde es durch Stechmücken, die mit den Sklavenströmen vergangener Zeiten von Afrika nach Lateinamerika geschleppt worden waren. Jetzt half nur noch beten und hoffen. Beten, dass die Kranken die schwere Seuche überstanden – und hoffen, dass die übrige Mannschaft um alles in der Welt verschont bleiben möge.

Am nächsten Tag ein Hoffnungsschimmer: Das Fieber sank. Doch die Erholung währte nur kurz. Bereits einen Tag später stieg das Fieber wieder, erneut auf über 40 Grad. Walter Teegen und Maschmann bekamen gelbe Pupillen. Dann wurden ihre Gesichter fahlgelb und sie fühlten sich unendlich schlaff. Schließlich konnten sie nicht einmal mehr zum Abtritt schleichen. »Käpten, das ist das Gelbe Fieber. Das kenn ich noch von damals«, sagte der Smut zum Alten. »Die gelbe Augenfarbe deutet auf Leberschäden.«

In den kommenden Tagen versorgte der Smut die Kranken mit heißem Tee. Maschmann lag mit offenen Augen da: »Hallo Maschmann. Jetzt gibt's was für die Gesundheit. Der Tee wird dir gut tun.« Er stieß den Kartenspieler an, doch der rührte sich nicht. Seine Hand hing aus der Koje. Als der Smut sie anfasste, war sie kalt wie ein Eiszapfen. Maschmann war tot.

Viet und Walter aber lebten noch und dämmerten vor sich hin. Manchmal wälzte sich einer mühsam und fiebrig verschwitzt von einer auf die andere Seite. Von Maschmanns Tod hatten sie nichts mitbekommen.

Der Smut holte den Toten aus der Koje, nähte seinen Körper in einen Sack und beschwerte ihn mit ein paar Steinkohlestücken aus der Kombüse. An Deck wurde eine kurze Trauer-Zeremonie abgehalten. Kapitän Breckwoldt zitierte aus der Bibel: »Großer Gott, verlass mich nicht in meiner Not«, während die Männer verlegen ihre Mützen in den Händen drehten. Zum Abschluss wurde »Jesus meine Zuversicht« gebrummt. Dann übergab man Maschmanns sterbliche Hülle dem Meer: »Also fahre dahin.« Der Körper des großen Spielers rutschte vom Aufbahrungsbrett in die kabbelige See. Sein Kumpel Roosen warf ein Kartenspiel hinterher.

Ein paar Tage später ging es Viet etwas besser. Man brachte ihn in Oestmanns Kajüte. Das war eine gute Entscheidung, denn am Nachmittag verstarb auch Viets Freund Walter Teegen. Viet war noch viel zu schwach, um diese tragische Nachricht verkraften zu können. Erst als er zwei Tage später nach Walter fragte, teilte man ihm mit, dass er Maschmann gefolgt sei.

»Wie? Maschmann gefolgt?«, fragte er irritiert. »Soll das heißen, Maschmann ist tot? Und Walter auch? Nein! Das darf nicht sein! Sag, dass das nicht wahr ist!« Viet versank in Trauer und Hoffnungslosigkeit: Warum musste er das alles erleben? Waren es Prüfungen Gottes? Der Mord an dem Malaien. Danach die ständige Angst um Heinrichs und sein eigenes Leben. Dann der Mord an Heinrich. Die Nachricht vom Verlust seiner geliebten Schwester Caroline. Und jetzt der Tod seines Freundes, den das Gelbe Fieber dahingerafft hatte …

Wenn er Zeit fand, kam Sören Sörensen an seine Koje, um ihn ein wenig aufzumuntern. Es sollte noch gut zwei Wochen dauern, bis Viet endlich wieder an Deck erschien, allerdings auf ziemlich schwachen Beinen. Er musste sich überall festhalten, schwankte gegen den Rhythmus des Schiffes und knickte immer wieder ein. Oestmann half ihm mehrmals hoch und stellte ihn gegen die Schanz: »Geht wohl noch nicht so richtig, wie?«

Viet schüttelte den Kopf. Ihm war duselig. Dem Steuermann wurde klar, dass es noch eine Weile dauern würde, bis der Junge das Gelbe Fieber auskuriert und die Schicksalsschläge verkraftet hätte.

Vor Buenos Aires ankerte die COMET zunächst auf der Binnenreede. Fast drei Wochen mussten sie auf einen Hafenplatz warten. Die Wassertiefe wies nur zehn Fuß auf, was dazu führte, dass sie Grundberührung bekamen. Als sie schließlich leichtern konnten, nutzte Kapitän Breckwoldt die Zeit, die Mannschaftsausfälle zu ersetzen. Das erwies sich als schwierig. Denn in Buenos Aires lagen nur wenige deutsche Schiffe, und so standen kaum deutschsprachige Seemänner für eine Heuer bereit.

Während der Kapitän sich darüber die Haare zu raufen begann, kam ein Portugiese auf, der die Besatzung eines gesunkenen Schoners geborgen hatte. Breckwoldt und Oestmann eilten hin und erfuhren, dass es sich bei dem Untergang um den Schoner IDA gehandelt hatte. Die Besatzung war in guter Verfassung. Niemand schien ernsthaft verletzt zu sein. Der Käpten heuerte vier der Männer an: zwei Leichtmatrosen und zwei Schiffsjungen. Einer der Matrosen kam aus Blankenese, Theo Schuldt. Ihm eilte der Ruf eines außerordentlichen Lebensretters voraus. Er wurde auf der COMET mit entsprechendem Hallo begrüßt.

»Was hat er denn gemacht, dass ihr ihn alle kennt?«, wollten die Nicht-Blankeneser von Viet wissen.

»Er war vor ein paar Jahren Matrose auf der Schaluppe DIE DREI GEBRÜDER, die vor Langeoog in Seenot geriet. Schuldt schaffte es, an Land zu schwimmen und dabei das Neugeborene der Kapitänsfrau Meta Bremer mitzunehmen. Dann ist er zurück zum Schiff und hat die Kindsmutter und den Schiffsjungen geholt. Danach hat er Hilfe mobilisiert, und dadurch konnte die gesamte Besatzung gerettet werden. Er muss ein ausgezeichneter Schwimmer sein – und hat gleichzeitig ein kleines Problem: Er wird seekrank, sobald das Schiff schaukelt.« »Na, da steht uns ja einiges bevor«, frotzelte Sören.

Viele Arbeiten an Bord wurden jetzt neu verteilt. Den Abtritt mussten von nun an die neuen Schiffsjungen reinigen. Als er das hörte, freute Viet sich, bekam unmittelbar darauf aber einen Schreck: Was, wenn die Jungen ihre Arbeit so gründlich machten wie er? Dann würden sie das in Lappen gewickelte Mordmesser finden, mit dem Bantin den Malaien umgebracht hatte. Seinen Plan, das Beweisstück auf der Heimfahrt der Polizei in Queenstown zu übergeben, hatte er bisher nicht fallen gelassen und wollte das auch jetzt nicht tun. Also holte er das Messer und versteckte es in einem Winkel der Segelkammer. Dort würde es garantiert niemand entdecken.

MÖRDER FREI

Sie lagen bereits ein paar Tage in der Bocca von Buenos Aires, und ein Großteil der Fracht war gelöscht. An diesem Nachmittag kam Breckwoldt von einem Gespräch mit einem Bremer Kapitän zurück und berichtete dem Steuermann mit sorgenvollem Gesicht: »Kapitän Kuhlenkampf ist ein alter Freund von mir und ein sehr glaubwürdiger Mann. Aber was er heute berichtet hat, erscheint mir so gut wie unmöglich: Bantin soll es trotz seiner rechtsseitigen Lähmung gelungen sein, der britischen Justiz auf Barbados zu entkommen. Ob man es glauben kann oder nicht, er sei gewissermaßen vom Galgen gehüpft und auf Barbados nicht mehr aufzufinden.«

Das Gerücht machte an Bord schnell die Runde, und jeder überlegte, wie man mit Bantins Handikaps dem Galgen entkommen konnte. Viele abstruse Vorstellungen geisterten durch die Diskussion. »Er kann doch überhaupt nicht laufen!«, meinte einer. »Wie konnte er da fliehen?« »Vielleicht hat man das Wurfmesser auf seinem Rücken nicht entdeckt und er hat einen Wärter erstochen?!«, mutmaßte ein anderer. »Aber wenn er doch lahm ist, wie kann er dann gehen?« »Und wenn er schon getürmt ist, kann es dann sein, dass er in irgendeinem Hafen auftaucht und uns alle umbringt?« Es gab viele ungeklärte Fragen. Und die Männer gelangten zu der Überzeugung, man müsse auf jeden Fall auf der Hut sein vor diesem schrecklichen Verbrecher. Klar war, dass er irgendwann Rache nehmen wollte an Viet und Kapitän Breckwoldt.

Viet war in entsetzlicher Sorge. Wenn er nun in einem der Häfen auftauchte, die sie anliefen? Was sollte er dann tun? Weglaufen? Denn verfolgen konnte der Gorilla ihn ja wohl nicht mehr gut. Oder sollte Viet sich eine Pistole beschaffen? Doch woher das Geld nehmen? Und selbst wenn er ein Schießeisen hätte, was würde er tun, wenn Gorilla-Schorsch vor ihm stünde? ›Stehen bleiben, oder ich schieße!‹ rufen? Darauf würde Bantin todsicher nicht hören. Ihn dann einfach abknallen? Dagegen sprach das 5. Gebot: Du sollst nicht töten. Viet wusste keine Lösung.

Um Ruhe zu finden, ging er in eine Kirche und betete. Denn wenn er Beistand nötig hatte, Zuspruch und Kraft, dann jetzt. Worum aber sollte er Gott bitten? Dass er ihn vor diesem Verbrecher bewahren möge? Oder dass aus Bantin ein Lamm werde? Er war so ratlos wie verzweifelt.

Schließlich kam er auf die Idee, sich abzulenken und eine noch unerledigte, große Aufgabe in Angriff zu nehmen: die Suche nach Onkel Claus. Das hatte er seiner Mutter schließlich versprochen. Was war ihm wohl zugestoßen? War auch er ein Opfer der See geworden oder lebte er irgendwo? Viet beschloss, von nun an in jedem Hafen, den sie anliefen, nach dem Onkel zu fragen.

Am Nachmittag schickte der Kapitän nach ihm. »Wo geit, min Jung? Schaffst du den Job an Bord demnächst wieder? Wie du weißt, hatten wir einige Ausfälle durch Krankheit und Tod. Und zu allem Unglück werden wir uns auch von Paul Roosen trennen müssen. Die Syphilis hat ihn so zerfressen, dass er an Bord nicht mehr zu halten ist. Dich aber möchte ich gern weiter hier behalten. Immer vorausgesetzt, du schaffst deine Arbeit.« Viet nickte. »Fühlst du dich wieder so hergestellt, dass du den Törn fortsetzen kannst?«, fragte Breckwoldt ein zweites Mal. Als Viet das erneut bejahte, fuhr der Kapitän fort: »Dann bist du ab morgen Leichtmatrose!«

Viet mochte den Worten zuerst nicht glauben, freute sich dann aber riesig, dass man ihn nicht mittellos von Bord warf, sondern ihn sogar beförderte. Paul Roosen allerdings tat ihm Leid. Wie schrecklich, als Schwerkranker in der Fremde ausgesetzt zu werden. Wer würde sich um ihn kümmern? Er besaß doch keinen Pfennig Geld. Ob er jemals seine Heimat Wedel wiedersehen würde?

Der letzte Abend in Buenos Aires war der Ostersonnabend. Sören und Viet gingen noch einmal an Land, setzten sich in eine Taverne am Hafenrand und wollten ein Bier genießen. Bedient wurden sie von einem hübschen, aber blinden Mädchen. Sie nahm ihre Bestellung auf, ging in die Wirtsstube und kam mit zwei gefüllten Biergläsern zurück – direkt auf ihren Tisch zu. Auch die Bezahlung nahm sie entgegen, erhielt einen Peso fuerte und gab das Wechselgeld auf Heller und Pfennig heraus. Als sie zurück zum Tresen ging, wollte ein Sailor vom Nachbartisch sich einen derben Spaß erlauben und versuchte, ihr ein Bein zu stellen. Doch bevor das Mädchen an ihm vorbei kam, erhielt er von einem Kumpel einen so deftigen Schlag an den Kopf, dass er um ein Haar vom Stuhl geflogen wäre: »Du Schwein weißt hoffentlich, wofür das ist?«

Der merkwürdige Spaßvogel zog kurz darauf mit seinen Leuten ab, kehrte nach einer Weile allerdings allein zurück. Sören war gerade zum Abtritt gegangen. »Warum hast du vorhin so gegafft? Wolltest wohl frech werden, was?«, beschimpfte der Rüpel Viet und knallte ihm eine. Der Junge stand verdattert auf, denn damit hatte er nicht gerechnet. Kaum war er oben, erwischte ihn eine Rechts-Links-Kombination, die ihn zu Boden schickte. Ein Kellner eilte herbei, um den Randalierer von Viet fernzuhalten, doch er hatte damit seine liebe Not. Selbst als Sören zurückkam, war es schwierig, den Verrückten vor die Tür zu setzen.

Viet blutete aus der Nase und dem rechten Ohr. An Kopf und Oberkörper hatte er Prellungen. »Was wollte der Kerl?«, fragte Sören verwundert. »Weiß nicht. Ich soll ihn blöd angeguckt haben, als er eine gescheuert bekam.«

Nachdem Viet wieder hergerichtet war, tranken sie doch noch ihr Bier. Viet machte das erst seit ein paar Wochen. Bis dahin hatte er sich von dem bitteren Zeug stets geschüttelt. Doch Sörensen hatte ihm zu verstehen gegeben, Bier sei in diesen Gegenden viel gesünder als Wasser: »Zum Brauen wird das Zeug hoch erhitzt, und alle Krankheitskeime sind abgetötet.«

Sie tranken und redeten. Zuerst über den verstorbenen Walter Teegen, dann über Gorilla-Schorsch. Die Angst vor Bantin trieb Viet immer wieder um. Wo mochte er stecken? Ob er der COMET gefolgt war, um sich am Kapitän und ihm zu rächen? Sören hielt das für unlogisch: »Der Mann kann mit seiner Lähmung doch auf keinem Schiff mehr anheuern.«

»Aber wenn es ihm nun besser geht und die Lähmung verschwunden ist? Was dann?«, warf Viet ein. »Gelähmt ist gelähmt!«, hielt ihm Sören entgegen und stellte Vermutungen an: »Vielleicht ist er bei einem Kumpel auf Barbados untergekommen. Oder ein Schiff hat ihn als Passagier mit nach Europa mitgenommen. Wer weiß? Aber bestimmt ist er nicht nach Südamerika gegangen. Davon bin ich überzeugt.«

Wie auch immer, Viet würde die Augen offenhalten und jeden Lahmenden besonders kritisch beäugen, um im Fall des Falles sofort die Beine in die Hand zu nehmen.

Die Stadt und ihre Kirchen waren österlich geschmückt. Farbige Räder wirbelten um ihre Achsen, bunte Fahnen flatterten im Wind. Festlich gekleidete Frauen, Männer und Kinder füllten die Straßen. In großer Zahl wurden Feuerwerkskörper abgebrannt. Es knallte, zischte und jaulte an allen Ecken, und nach jeder neuen Explosion waberte Pulverdampf zwischen den Mauern der Häuser. Dazu Musik in allen Gassen und Höfen. Frauen tanzten zu rasselnden Kastagnetten. Männer in maßgeschneiderten Anzügen umfassten sie, wirbelten sie herum, hoben sie in die Höhe, ließen sie knapp über das Pflaster schweben oder wilde Figuren tanzen – stets perfekt im Rhythmus der mitreißenden Musik. Die Zuschauer wurden von den Klängen ebenfalls angesteckt und tanzten, sangen oder klatschten mit.

Viet war fasziniert. Konnte sich kaum entscheiden, wohin er schauen sollte, so bunt und vielfältig war das Treiben um ihn herum. Dann wurde seine Aufmerksamkeit ganz und gar von einer schwarz gelockten Dame in Anspruch genommen. Sie tanzte auf ihn zu, schaute ihm tief in die Augen, drehte sich wieder um, hielt dabei ihren geöffneten Fächer an den Mund und war im nächsten Moment bereits wieder in der Menge verschwunden.

Was hatte das zu bedeuten?

Es gab eine geheime Zeichensprache der Fächerhaltung. Walter Teegen hatte ihm schon davon erzählt. Legte eine Frau ihren geschlossenen Fächer an ihre Wange, bedeutete das: Ich liebe dich. Die Bedeutung eines Fächers, der an den geöffneten Mund gelegt wurde, kannte Viet dagegen nicht. Vielleicht war es ebenfalls eine Liebeserklärung – oder ein unsittliches Angebot? Er hätte es gerne gewusst. Viet war verwirrt. Wieso war die Dame ausgerechnet auf ihn zu getanzt? Und dieser verheißungsvolle Blick. Ob sie noch in der Nähe war? Irgendwo in dieser quirligen Menschenmenge müsste er sie vielleicht entdecken können. Rassig hatte sie ausgesehen mit dem bunten Stufenrock, der bei jeder Bewegung wippte, und dem engen, weit ausgeschnittenen Mieder.

»He, Viet! Träumst du? Jetzt frag ich dich zum dritten Mal, ob wir wieder an Bord gehen wollen. Die dunkle Schöne hat dir ja mächtig den Kopf verdreht.« Der Junge pflichtete Sören bei; es war Zeit, sich auf den Weg zurück zum Schiff zu machen.

Als sie sich dem Hafen näherten, ebbten Lärm und Musik hinter ihnen ab. Viet war beseelt: »Bisher«, sagte er, »dachte ich immer, schöner als in Blankenese könne man Ostern nicht feiern. Unsere Osterfeuer am Strand – das ist für mich absolut einmalig. Heute hab ich gesehen, dass man das Fest auch ganz anders feiern kann.« »Meinst du etwa, nur ihr Blankeneser hättet tolle Osterbräuche?«, fragte Sören. »Das ist ein Irrtum, mein Lieber. In ganz Holstein und Schleswig und auch bei uns auf Alsen werden am Ostersonnabend Holzstapel aufgeschichtet, mit einer Stoffpuppe gekrönt und in der Abenddämmerung angezündet. Bevor ich zur See fuhr, war ich Anführer des Sonderburger Feuers. Einmal sind wir in Bäckermeister Aagaards Garten geschlichen, weil er dort das Holz für seinen Backofen lagerte. Mit vier Jungen haben wir das gut abgelagerte Material weggeschleppt. Beim zweiten Mal hat er uns allerdings gesehen, ist wütend zu meinem Alten und hat eine Entschädigung verlangt. Als ich an dem Abend spät nach Hause kam, gab es eine schmerzhafte Lektion auf den Arsch – obwohl ich damals schon fast 14 war.«

»Unser Blankeneser Hang ist mit seinen Bewohnern in drei Gebiete aufgeteilt, in drei Lose«, erzählte Viet vom Feuer daheim. »Jedes Los hatte früher eine Rudermannschaft für die Elbfähre zu stellen. Die gleiche Einteilung wird heute noch fürs Osterfeuer genutzt. Und jedes Los hat den Ehrgeiz, den höchsten Holzstoß zu bauen. Das gibt jedes Jahr Ärger, weil unser Gendarm fürchtet, die Reetdächer könnten Feuer fangen, wenn der Wind auflandig bläst, womit er natürlich Recht hat. Als kleiner Junge hab ich alte Fischkörbe oder Treibholz für unseren Haufen gesammelt. Das gab oft Kloppereien mit den Jungs anderer Feuer, die unser Material für ihr Feuer klauen wollten. Seit Vater das letzte Mal raus auf See gefahren war, konnte ich aber nicht mehr mitmachen. Musste von da an für Mutters Herdfeuer sorgen.«

DÜSTERE TRÄUME,
SCHLIMME EREIGNISSE

Als die COMET den Hafen von Buenos Aires am 17. Juli verließ, atmete Viet auf. Gottlob hatte es keine Begegnung mit Gorilla-Schorsch gegeben. Der Törn ging zunächst Richtung Norden nach Montevideo, um Ladung zu löschen und neue Fracht zu übernehmen.

Gegen Abend peilten sie das Leuchtfeuer von Maldonado in Nord-Ost/Ost bei zirka 16 Seemeilen Abstand. Und um 2 Uhr peilten sie dasselbe Feuer Nord-West/West nach Gissung, wovon sie das Besteck absetzten.

Das Wetter war moderat, der Wind kam achterlich ein. Viet genoss den Törn. Während einer Freiwache hatte Viet einen seltsamen Traum:

Ihm erschien seine Mutter, wie sie in Hochzeitstracht einen fremden Mann in Schifferkleidung heiratete. Plötzlich verwandelte sich der Fremde in seinen Vater. Dann wechselte Mutters Brauttracht zur Trauertracht, gerade als sie mit Vater zum Altar schritt. Schließlich verwandelte sich die Hochzeitszeremonie in der Nienstedtener Kirche in einen Trauergottesdienst, der für ihn, Viet, gehalten wurde. Jeder Kirchenbesucher saß auf seinem seit Generationen festgelegten Familienplatz. Auf der rechten Seite die Männer, auf der linken die Frauen. Von dort kamen Klagelaute und Schluchzen. Dann zog die Trauer-Gemeinde, angeführt von seinen Eltern, über den Friedhof zum Familiengrab. Viet versuchte ihnen zuzurufen, es gäbe für ihn eine Medizin in Wolffs Apotheke an der Chaussee. Doch keiner hörte ihn. Vater verwandelte sich wieder in den Fremden. Als der Trauerzug beim von Appenschen Grab angekommen war, sah Viet auf dem Grab das Kreuz mit dem frisch hinzugefügten Namen: ›Viet von Appen, gestorben in der Fremde am Gelben Fieber‹. Vor dem Grab stand Anna. Sie weinte bitterlich und schluchzte: ›Ich hab die ganze Zeit auf ihn gewartet. Alles umsonst, umsonst, umsonst!‹ Viet wollte sie ansprechen, doch er konnte nicht reden. So sehr er sich auch bemühte, seine Zunge war wie gelähmt.

»Rotvoss!« Jemand rief seinen Namen. Viet fuhr erschreckt hoch. Wo war er? »Viet, raus aus der Puch! Du wirst gebraucht!« Noch nicht wach und noch im Traum stellte er fest, dass er nicht auf dem Friedhof war – oder doch? Es war gar nicht er, sondern Mutter, die man zu Grabe trug. Sie lag jedoch nicht im Sarg, sondern auf einem Brett, bedeckt mit einem weißen Laken – weil Klindtworth keine Särge mehr auf Kredit verkaufen wollte, und es war auch nicht Pastor Thomsen, sondern der Kirchspielvogt, der an ihrem Grab sprach. Obendrein war es auch keine Trauerrede. Ihr Testament wurde vom Vogt verlesen. Viet verstand jedes Wort ganz genau, doch er verstand den Zusammenhang nicht. »Jetzt wird's aber wirklich Zeit!« Sören rüttelte ihn wach. »Ich hab' schwer geträumt!«, murmelte Viet verstört.

»Das hab ich gemerkt. Jetzt komm, wir sollen an Deck«, sagte Freund Sören und ging voran.

Sie mussten eine Weile am Ankerspill warten, bis sie auf der Reede von Montevideo ankern konnten. Denn der Hafen der Stadt war so bescheiden klein, dass jedes Schiff lange liegen musste, bis es endlich an einem Kai abgefertigt wurde.

In der Wartezeit erzählte Viet Sören von seinem Traum: von Mutters Tod, dem merkwürdigen Wechsel zwischen Vater und der fremden Person und was es mit Apotheker Wolff aus Hadersleben auf sich hatte, der die Blankeneser Apotheke betreibt.

»Ich hab bei ihm als Botenjunge gearbeitet. Ich kenne die Geschichte seiner Apotheke in- und auswendig. Vor fast 30 Jahren, also 1836, erteilte Frederick der Sechste, König von Gottes Gnaden zu Dänemark, Herzog zu Schleswig-Holstein, der Dithmarscher und zu Lauenburg, wie auch zu Oldenburg – diesen Spruch haben wir in der Schule immer aufsagen müssen – dem Kandidaten der Pharmazie Carl Heinrich Wolff aus Hadersleben ein Privilegium zur Haltung einer Apotheke in der Herrschaft Pinneberg. Kann ich doch toll aufsagen, nicht? Nachdem er die Bestallung erhalten hatte, kaufte Wolff ein Baugrundstück vom alten Baur an der Chaussee nach Altona.«

»Fallen Anker!«, schallte es übers Deck.

Das rasselnde und scheppernde Geräusch der auslaufenden Kette beendete die Geschichte. Kurz darauf schwoite die COMET leicht vorm Anker. Käpten Breckwoldt erschien auf Deck, sah sich kritisch um und resümierte:»Das gefällt mir nicht. Ich will mindestens 200 Meter weiter unter Land.«

Also noch mal alles von vorne. Das Focksegel wurde erneut gesetzt und der Anker wieder aufgenommen. Dazu mussten die schweren Vierkanthölzer wieder in die Ankerwinsch gesteckt werden, um den Anker aus 60 Faden Tiefe zu holen. Vier Männer waren dazu nötig. Jede Drehung war schweißtreibend. Manchmal mussten zusätzliche Besatzungsmitglieder einspringen, um das Tonnengewicht des Ankers Drehung für Drehung zu liften. Viet wischte sich den Schweiß von der Stirn, während die Bark langsam auf die Küste zudriftete. Dann war die Stelle erreicht, die der Käpten ausgewählt hatte:»Fallen Anker!«, lautete erneut das Kommando.

Die Vierkanthölzer wurden aus der Winsch genommen, die Männer traten zurück. Kette und Anker rauschten wieder in die Tiefe. Doch nach wenigen Gliedern stoppte die Eisenkette abrupt. Etwas schien zu haken. Sören nahm einen Vorschlaghammer und versetzte der Achse einen Schlag, doch nichts rührte sich. Die Bark driftete derweil auf den Strand zu. Eile war geboten. Sören schlug erneut, diesmal kräftiger.

»Was ist?«, brüllte der Kapitän. »Wird's bald?« Weil sich immer noch nichts tat, schaute Sörensen in den Mechanismus. Offenbar hakte der Kettenstopper. Sören gelang es, ihn zu lösen und mit einem plötzlichen Ruck begann die Kette wieder zu laufen. In die Erleichterung bei Kapitän und Mannschaft mischte sich jedoch sofort große Aufregung, ja Entsetzen. Sörens roter Schal, von allen spaßhaft »Danebrog« genannt, hatte sich im Zahnrad verfangen und wickelte sich rasend schnell auf, riss den Sonderburger gegen die Winsch, quetschte sein Gesicht, schnürte seinen Hals zu, drohte ihn zu ersticken. Wild riss Sören an dem Tuch, versuchte sich mit aller Kraft zu befreien. Obwohl bereits blau angelaufen, gelang es ihm schließlich. Dann lag er ohnmächtig auf Deck. Alles hatte sich in Sekunden abgespielt.

Die Männer stürzten zu ihm, untersuchten sein Gesicht und den Hals, lauschten auf seinen Atem. Viet schrie: »Nein, nicht Sören! Herr, Gott, er darf nicht sterben. Bitte, bitte, nicht!« Dann hielt er ängstlich die Hand vor den Mund und betete still. Mattiesen drehte den Verletzten auf den Rücken und begann, mit beiden Händen auf seine Brust zu drücken. Immer wieder presste er seinen Brustkorb zusammen, gab ihn dann wieder frei, um die Atmung anspringen zu lassen. Der Smut kam mit einem Taschenspiegel, hielt ihn vor Sörens Mund und Nase und stellte nach einigen Sekunden fest, dass noch Leben in ihm sei. Die Atmung sei zwar schwach, aber sie arbeite. Das beweise der durch Atemluft beschlagene Spiegel. Viet schickte ein Dankgebet zum Himmel.

Der Smut kippte Sören einen Eimer eiskaltes Seewasser ins geschundene Gesicht.

»Das hat schon Tote aufgeweckt!«, lautete sein beherzter Kommentar. Dann kniete er sich neben den Verletzten, tupfte sein Gesicht behutsam ab und begann, seinen Hals vorsichtig mit Öl zu massieren. »Bringt ihn zum Steuermann in die Koje!«, ordnete der Kapitän an. »Und kümmern sie sich um ihn, Smut!«

Sörens Kiefer war gebrochen. Ob noch mehr Brüche vorlagen, konnten sie aufgrund mangelnder medizinischer Kenntnisse nicht feststellen. Fragen an Sören, was noch in Mitleidenschaft gezogen sei, beantwortete er durch Deuten auf einzelne Bereiche im Gesicht und am Hals. Sprechen war ihm unmöglich.

Es dauerte lange, bis endlich ein Arzt aus Montevideo kam. Seine Diagnose war eindeutig: »Da ist nichts mehr zu machen. Der Mann hat Quetschungen am Kehlkopf erlitten und wird mit zerstörten Stimmbändern leben müssen. Wegen des Kieferbruchs kann er vorerst nur dünne Suppen zu sich nehmen.«

Sörens Unfall riss eine neue Lücke in die Mannschaft. Und dem Bootsmann fehlte Sören jetzt als Übersetzer. Ihm blieb keine Wahl; Mattiesen musste Deutsch lernen.

Da Sören nicht schreiben konnte, war es schwierig geworden, sich mit ihm zu verständigen. Als sein Zustand sich zu bessern begann, erteilte Viet ihm Unterricht in Lesen und Schreiben. Sören nahm das Angebot dankbar an. In jeder Freiwache übten sie. Sören war ein gelehriger Schüler und machte schnell Fortschritte. Für Viet waren die Unterrichtsstunden ebenfalls hilfreich, denn sie lenkten ihn von seinen Bantin-Ängsten ab.

ZUSAMMENTREFFEN

Als sie Wochen später den Hafen von Bahia Blanca anliefen, wurde der COMET ein Liegeplatz unmittelbar neben dem schmucken Schoner BRILLANT zugewiesen. »Was sehen meine trüben Augen?«, witzelte Ernst. »Endlich ein Blankeneser!«

Bahia Blanca konnte nur von flach gehenden Schiffstypen bis 200 Tonnen angelaufen werden, da eine Barre die Hafeneinfahrt für größere Schiffe sperrte. Blankeneser Segler hatten diesen geringen Tiefgang, so dass die Barre für sie kein Hindernis darstellte. Damit waren sie den Großseglern überlegen – egal, ob unter britischer oder nordamerikanischer Flagge.

»Schaut ihn euch an«, sagte Oestmann fast neidisch. »So was wie diesen Schoner möchte ich auch mal unter dem Hintern haben. Der fliegt über die Wellen. Dem sieht man auf den ersten Blick an, dass er ein ausgezeichneter Gleiter ist. Der braucht zur Bedienung seiner Schratsegel viel weniger Männer, als wir für unsere umständliche Rahtakelung.«

»Weiß jemand, wer auf der BRILLANT Kapitän ist?«, fragte Breckwoldt, während sie langsam neben den Schoner verholten. »Johannes Möhlmann«, meldete Ernst und versuchte auszuspähen, wen er von der Besatzung kannte.

Als das Anlegemanöver gefahren war, begrüßten die Männer der Schiffe sich herzlich. Wenn auch nicht alle aus Blankenese stammten, so freute man sich doch, endlich wieder unter Landsleuten zu sein; ganz gleich, ob man aus Sonderburg, Wedel, Blankenese oder von der Insel Ærø kam. Es hagelte Neuigkeiten. Zum Beispiel vom Krieg Österreich/Preußen gegen Dänemark. Der Ausgang war den Männern der COMET in groben Zügen bekannt. Was sie noch nicht wussten, erfuhren sie bei einem Umtrunk. Kapitän Möhlmann hatte die Mannschaften beider Schiffe zur Feier des Tages eingeladen. Mit dem spendierten Bier in der Hand standen die beiden Crews um ihre Kapitäne versammelt.

»Ich möchte vorwegschicken«, begann Möhlmann, »dass es auf unseren Schiffen dänisch- und deutschsprachige Besatzungsmitglieder gibt. Ich bin deshalb froh, sagen zu können, dass das Gefecht zwischen dem Deutschen Bund und Dänemark vor Helgoland hoffentlich das letzte gewesen ist. Es ging mehr oder weniger unentschieden aus. Wir alle sind glücklich, dass dieser Konflikt endlich beendet wurde. Wie ihr wisst, schätzen wir Blankeneser den Schutz Dänemarks seit über 200 Jahren, denn unter der dänischen Krone konnten wir uns zu dem entwickeln, was wir heute sind. Sollte diese enge Beziehung durch die jüngsten Ereignisse ein Ende haben, würde uns das ins Mark treffen.«

Dann begann er seinen Bericht vom Seegefecht: »Am 9. Mai vor einem Jahr fand kurz vor dem Ende der Kampfhandlungen das besagte Scharmützel statt. Dänemark war daran mit zwei hölzernen Schraubenfregatten und einer Schraubenkorvette beteiligt, der Deutsche Bund mit zwei Schraubenfregatten, einem Raddampfer und zwei Kanonenbooten. Nachdem auf der österreichischen SCHWARZENBERG ein Feuer ausgebrochen war, zogen sich Österreicher und Preußen im Schutz einsetzender Dunkelheit nach Cuxhaven zurück. Mit einem der letzten Schüsse erhielt schließlich auch das dänische Flaggschiff JYLLAND einen schweren Treffer in die Ruderanlage. Das dänische Geschwader wurde zurück nach Kopenhagen beordert. Drei Tage später trat der Waffenstillstand in Kraft. Im Friedensvertrag wurde festgelegt, dass die Herzogtümer Schleswig und Lauenburg an Preußen fallen. Holstein geht an Österreich. Als Holsteiner müssen alle Blankeneser Schiffe daher seit Mai '64 die österreichische rot-weiß-rote Flagge führen.« Kapitän Möhlmann blickte seinen Blankeneser Kollegen amüsiert an: »Falls du, lieber Peter, die noch nicht hast, werde ich dir eine aus meinem Bestand schenken. Unter dem Danebrog kannst du nämlich nicht mehr laufen.«

Nach dem offiziellen Teil begann der Informationsaustausch unter den Seeleuten. Viet fragte nahezu jeden Blankeneser, ob sein Onkel Claus zurück in Dockenhuden sei, doch niemand hatte eine positive Antwort. Schließlich, nachdem von allen Hochzeiten, Todesfällen und Geburten in der Heimat ausgiebig berichtet worden war, platzte einer der Janmaaten mit der neuesten Sensation heraus: der Planung einer Eisenbahnstrecke von Altona nach Blankenese. Der Steuermann der BRILLANT wusste Genaueres: »In Klein-Flottbek wollen sie einen Bahnhof mit Rangiergleis und Güterschuppen bauen. Und das gleiche machen sie auch in Blankenese. Dazu muss viel Erdreich bewegt werden. Deshalb wird es mit der Fertigstellung bestimmt noch dauern. In Zukunft müssen wir den weiten Weg zum Hamburger Hafen dann nicht mehr zu Fuß laufen. Die Eisenbahn soll obendrein schneller und preiswerter sein als der Pferdebus, so dass wir uns die Fahrt auch leisten können ...«

Später am Abend kam noch einmal ein Junge von der BRILLANT und brachte Post. Briefe aus der Heimat. Es waren zwar nur drei, aber immerhin: Zu Hause dachte man noch an sie. Diese Stimmung hielt allerdings nicht lange, denn diejenigen, die keine Post bekommen hatten, wurden bald unzufrieden, einige sogar wütend. Es entstand eine gereizte Stimmung, die in Streit und Schlägerei umzuschlagen drohte. Der Bootsmann erkannte die Gefahr jedoch rechtzeitig und verteilte Aufgaben: »Ich brauch' drei Mann, die das Achterdeck streichen, und zwei weitere für die Reinigung der Segelkammer!« Mit diesem Kniff bekam er die Situation in den Griff, und es blieb friedlich.

Viet gehörte zu den Empfängern der Briefe, kam aber erst nach Abschluss seiner Arbeiten an Deck dazu, die Zeilen seiner Mutter bei blakender Petroleumlampe zu lesen. Kaum hatte er damit begonnen, stand Wilken vor ihm und bat, Viet möge ihm seinen Brief vorlesen. Der Junge wollte ihm den Gefallen tun, vertröstete ihn aber auf später, als er darum gebeten wurde, er möge gleich die Antwort für ihn schreiben.

Mutter bedankte sich für Viets Brief und ganz besonders für die Fotografie, auf der er mit Walter Teegen abgelichtet war: »Bin ich stolz, damit endlich ein Bild von meinem Ältesten zu besitzen. Du siehst darauf richtig männlich aus. Weiter freut es mich, dass du einen so guten Freund wie Walter gefunden hast.«

Es folgte der Bericht über ihre Nachbarin Margaretha, die mit ihrer Familie im gleichen Tweehus wohnte. Margaretha, die sie immer bewundert und manchmal auch beneidet hatte, war kürzlich vom Schicksal hart geschlagen worden. Ihr Mann, der Fischer Jan Bohn, der jeden Herbst nach Hause kam und bis zum Frühjahr Netze und Bootszubehör auf der Hausdiele reparierte, war mit seinem Kutter, dem Bestmann und ihrem Sohn Willem im Watt vor Büsum untergegangen »Zwei Angehörige in einer Nacht verloren! Wie entsetzlich!«

Mutter hatte es immer beneidenswert gefunden, dass Margarethas Mann nur im Küstenbereich fischte. Da könne ihm doch kaum etwas passieren, hatte sie geglaubt: »Aber das Schicksal schläft nicht. Wenn es sein soll und die Lebensuhr ist abgelaufen ...!« schrieb sie jetzt.

Die erfreuliche Neuigkeit in Mutters Brief war, dass Viets nächster Bruder als Moses zur See fuhr, während der jüngste bei Fischer Weiß an Bord als Junge arbeitete. »Die Buttjes fühlen sich wohl, und das ist doch das Wichtigste. Deine Schwestern sind in der Saison bei den Gastwirten am Strand als Servierfräulein gefragt. Ansonsten helfen sie mir im Haushalt. Im nächsten oder übernächsten Jahr werden sie vielleicht unter die Haube kommen. Das wünscht zumindest Hannes. Seit einiger Zeit streifen jedenfalls immer wieder junge Burschen ums Haus, die neugierig nach den Deerns schauen, obwohl sie erst vierzehn und fünfzehn sind.« Mutter war mit diesen Bewunderern gar nicht einverstanden. »Alles Nichtsnutze und Großmäuler!«, schrieb sie. »Aber Hannes ist das egal. Er wünscht nur, dass sie endlich aus dem Haus kommen. Stell dir das bitte vor, in ihrem Alter. Aber man wird sehen. Kommt Zeit, kommt Rat.« Viet faltete den Brief zusammen und steckte ihn sorgfältig in seinen Zampelbüdel. Ja, man würde sehen.

In seinen Freiwachen ging Matrose Ernst häufig von Bord. Vorher machte er sich jedes Mal aufwendig landfein. In kurzen Hosen, einem sauberen Hemd, dicker Schleife um den Hals und einer Frisur, die angeklatscht am Kopf klebte. Zuckerwasser sollte dafür sorgen, dass sie möglichst lange in dieser Form blieb. Häufig steckte er sich zusätzlich eine weiße Blüte hinters Ohr. Manchmal ergab es sich, dass er schon in Schiffsnähe auf Straßenjungen stieß, mit denen er loszog. Wohin, blieb sein Geheimnis. Oft kam er schlecht gelaunt zurück und betrank sich. Deshalb nannten ihn die Dänen an Bord »store spritlampe«, was er wohl auch war.

Einige Seeleute vom Nachbarschiff hatten von einer besonders schönen Bucht geschwärmt, die draußen vor der Stadt lag; Bahia Blanca – die weiße Bucht. Ob man dort baden konnte? Viet und Sören machten sich auf den Weg. Als sie dort ankamen, sahen sie ihren Kollegen Ernst, der mit einem etwa zehnjährigen Jungen am Strand entlang wanderte. Sie waren ein Stück weit weg, doch wenn sie genau hinsahen, konnten sie erkennen, dass Ernst den Jungen hinter sich herzog. Viet wollte sich das genauer ansehen und ging ihnen nach. Es war offensichtlich: Der Junge sträubte sich, wollte nicht mit Ernst mitgehen, konnte sich aber nicht befreien. Als er zu schreien begann, hielt Ernst ihm den Mund zu und zog ihn in ein Gebüsch am oberen Rand des Strandes. Viet schlich näher heran und konnte beobachten, wie Ernst versuchte, dem Jungen die Hosen herunterzuziehen, während er mit der anderen Hand den eigenen Hosenschlag öffnete. Das war der Moment, einzugreifen. Viet schrie zu Ernst herüber, er solle augenblicklich zu Kapitän Breckwoldt kommen. Vor Schreck ließ Ernst den Jungen los. Der heulende Knabe rannte sofort auf und davon. Ernst fluchte wild und stob ebenfalls davon – ziemlich wahrscheinlich zu einer tröstenden Flasche Rum.

Der dicke Wilken mit der langen Mähne war sehr verliebt. Wieder einmal. Bis über beide Ohren. »In Bahia Blanca gibt es nur Klassefrauen. Und ich, ich hab die Beste aufgerissen. Ich kann euch sagen, das ist ein Rasseweib. Mit pechschwarzem Haar, großen dunklen Augen und einem kirschroten Mund. Und wenn sie ihren süßen kleinen Kopf schüttelt, fliegen ihre schwarzen Locken und ihre großen, goldenen Ohrringe hin und her. Und sie hat vielleicht was in der Bluse. Junge, Junge.« Zur Untermalung machte er eine entsprechende Bewegung mit seinen großen Händen. »Da fällt euch nichts mehr ein.«

Trotz Ehefrau und fünf hungriger Kinder zu Hause gab es für Wilken momentan nichts auf der Welt außer dieser Rossita. Da fehlte manch einem der Besatzungsmitglieder das Verständnis, denn Rossita arbeitete ganz eindeutig in den Hinterzimmern von Kaschemmen.

»Auf so eine würde ich nicht stehen«, winkte Mattiesen ab, »aber das muss jeder für sich entscheiden.« Für Wilken entschied dieses Mal das Schicksal. Die COMET ging am nächsten Tag in See und sollte Bahia Blanca nie wieder anlaufen.

RICHTUNG KAP HORN

Patagonien nennt man das Land südlich vom Rio Colorado. Magellan gab ihm diesen Namen, ihm und seinen Ureinwohnern. Sie hatten ihn mit ihren Riesenfüßen tief beeindruckt. Der Name geht auf Patagos zurück und bedeutet Großfüßer.« Oestmann erzählte und zeigte dabei auf die Küste. »Das Land erstreckt sich bis zur Magellanstraße nach Süden und bis zu den Anden nach Westen. Die Bergketten gehören dann aber schon zu Chile. Hinter der Steilküste da drüben, mit den zahlreichen Buchten und vorgelagerten Sandbänken, beginnt die Pampa, eine steppenartige Landschaft. Dort leben nur wenige Menschen. Wer will schon auf einer riesigen kahlen Fläche ohne die kleinste Erhebung, ohne Baum und Strauch wohnen? Obendrein bläst dort ein ständiger Westwind und trocknet alles aus, denn in der Pampa fällt so gut wie kein Regen. Die schweren Wolken, die vom Pazifik herüberziehen, regnen sich an den chilenischen Bergen ab. Daher fühlen sich nur wenige Lebewesen in der Pampa wohl. Meist Schafe. Ganz selten stößt man auch mal auf Guanakos, Nandus oder den Andenkondor. Es gibt allerdings hier und da Flächen, die eignen sich zur Pferde- oder Rinderzucht. Und wo es Rinder gibt, kann man auch gutes Fleisch essen. Hier sagen sie zu gegrilltem Fleisch ebenfalls ›Churrasco‹, genau wie im Norden.«

»Is he nu uns Schoolmeester oder uns Stüermann?«, fragte Jan Mertens, einer der Neuen, die in Buenos Aires zur Mannschaft der COMET gestoßen waren – wandte sich kopfschüttelnd ab und tippte mit dem linken Zeigefinger an seine Stirn. Die übrigen Männer waren anderer Meinung. Sie hatte der Bericht des Steuermanns durchaus interessiert.

Mertens wurde von seinem Schicksalsgefährten Theo Schuldt, mit dem er den Untergang der IDA überlebt hatte, ermahnt, ja das Mundwerk zu halten. Das saß bei Mertens nämlich ziemlich locker. Bereits auf der IDA war er immer wieder mit frechen Sprüchen aufgefallen und hatte sich viel Ärger eingehandelt. Seine schlechte Laune mochte diesmal allerdings damit zusammenhängen, dass seine linke Hand beim Schiffbruch durch ein rasend laufendes Seil verletzt worden war. Er behandelte die Wunde morgens, mittags und abends mit Schmierfett. Nicht ahnend, dass Schmiermittel sich nicht zur Heilung von Verletzungen eigneten. Er litt also bereits seit geraumer Zeit daran, ohne dass Besserung eintrat. Damit die Wunde nicht auffiel, umwickelte er die Hand mit alten Lappen. Als der Bootsmann ihn danach fragte, sagte er lapidar: »Och, ist nur ein Ratscher.« Ihm war nämlich sehr daran gelegen, als voll einsatzfähig zu gelten, denn er wollte die Reise unbedingt auf der COMET fortsetzen.

Sie war nach Chile bestimmt – und das war sein Traumziel. Nach dem Untergang der IDA war es in weite Ferne gerückt und jetzt – hier auf diesem Schiff – lag es wieder zum Greifen nahe. Weshalb er da so unbedingt hin wollte, blieb vorerst sein Geheimnis.

»Du läufst ja immer noch mit dem Lappen rum!«, stellte Bootsmann Mattiesen ein paar Tage später erneut fest. »Lass mal sehen.« Obwohl Jan Mertens die verletzte Hand auf den Rücken hielt, griff Mattiesen zu, zog sie nach vorn, wickelte den schmierigen Lappen ab – und rief nach dem Smut. Nachdem die Schmiere entfernt war, kam eine große, offene Brandverletzung zum Vorschein.

»Wie ist das denn passiert?«, wollte Oestmann wissen. »Hatte das Fallseil in der Hand, als der Besan der IDA über Bord ging. Hab noch gedacht, ich kann ihn halten. Aber der Besan war stärker als ich.« Die Innenfläche seiner Hand war schlimm entzündet. Oestmann schlug eine Behandlung mit Zwiebelscheiben vor. »Haben vor Lachen,« sagte der Smut sarkastisch. »Zwiebeln gibt's an Bord nicht mehr.« »Was ist dann mit dem Brei aus rohen Kartoffeln oder mit Sauerkrautsaft?« »So was haben wir.« Die Entscheidung fiel auf Sauerkrautsaft. Der Smut tränkte damit ein sauberes Tuch und wickelte es um die verletzte Hand.

»Und was ist mit deinem Ohr passiert? Das sieht ja auch merkwürdig angefressen aus?«

»Och, das ist nichts. Bei der Schiffskatastrophe hat sich mein Ohrring verhakt und wurde aus dem Ohrläppchen gerissen. Da ist dann gleich ein ordentliches Stück Ohr mitgegangen. Ist aber längst vergessen.«

Als der Smut zurück in seine Kombüse ging, stand Bootsmann Mattiesen an der Reling, kratzte sich am Kopf und überlegte, wie lange die Heilung einer Brandverletzung mit diesem Verbrennungsgrad wohl dauern würde. Einsatzfähig war der Mann momentan eigentlich nicht, obwohl er alle anfallenden Arbeiten zufriedenstellend ausführte. Doch der schwierigste Teil der Reise lag gerade jetzt vor ihnen: Zur Umrundung von Kap Horn würden sie jede Hand uneingeschränkt benötigen; natürlich auch die von Matrose Mertens. In spätestens 14 Tagen müsste er wieder voll einsatzfähig sein. Diese Spanne würde für den Heilungsprozess aber wahrscheinlich nicht reichen. Sollte man Mertens im nächsten Hafen durch einen neuen Mann ersetzen? Der Bootsmann hatte Skrupel. Den armen Kerl hier in Tierra del Fuego von Bord werfen – so kurz, nachdem er den Schiffsuntergang der IDA überlebt hatte? Schließlich hatte er trotz seiner Verletzung seit Buenos Aires fleißig gearbeitet. Mattiesen ging zum Steuermann, um sich mit ihm zu beraten. Sie beschlossen, bis Rio Gallegos zu warten und erst dort eine Entscheidung zu treffen.

Kurz vor dem Hafen von Rio Gallegos traf die COMET auf stürmisches Wetter. Vier Tage lagen sie beigedreht unter Sturmsegeln. Platt auf der Seite lag das Schiff, so drückte der Sturm. Was nicht niet- und nagelfest war, wurde zerschlagen.

Theo war häufig an der Reling anzutreffen, wo er den Fischen opferte.

Irgendwann drang dumpfes Kollern aus der Tiefe des Vorschiffs. Fässer mit Bleimennige hatten sich losgearbeitet, und ihre Deckel waren abgesprungen. Viet und einer der Schiffsjungen mussten hinab ins Vorpiek, das zu einer roten Hölle geworden war. Tagelang hatten sie damit zu tun, den Teufelskram zu beseitigen, und jedes Mal sahen sie nachher aus wie Rothäute. Zudem flogen sie durch die stampfenden und rollenden Bewegungen des Schiffs öfter von einer auf die andere Seite des Schiffes. Nach einiger Zeit begann es in beiden Mägen zu rumoren. Am Ende hatten sie keine Chance; in den Feinstaub, den sie zurück in die Fässer füllten, mengte sich das, was ihnen aus dem Gesicht fiel.

Doch auch der längste Sturm flaut irgendwann ab. Es folgte ein friedlicher Sonnentag mit linder Luft, blauem Meer und strahlendem Himmel. Schwärme fliegender Fische blitzten vor dem Steven, als würde jemand Brillanten ins Meer säen. Alle Mann an Bord strahlten, jeder hängte sein frisch gewaschenes Zeug zum Trocknen auf. Überall an Deck schaukelten Matratzen und Decken zum Lüften in der Sonne.

Bootsmann Mattiesen stellte bei einer Inspektion der Ladung fest, dass die Bark fast 18 Zoll Wasser pro Stunde machte. Breckwoldt und dem Steuermann war sofort klar, dass diese Menge nicht durch überkommende Brecher ins Schiff gespült worden war, sondern andere Gründe haben musste. Die Reise ums Kap Horn konnte so nicht fortgesetzt werden – sie mussten Rio Gallegos anlaufen und einen Besichtiger bestellen. Der stellte fest, die Rumpf-Beplankung sei vermutlich durch Schiffsbohrwürmer undicht geworden und die COMET müsse auf Land gezogen und seitlich umgelegt werden, um Besichtigungs- und Ausbesserungsarbeiten im Unterwasserbereich ausführen zu können – erst auf der Backbord-, dann auf der Steuerbordseite. Dazu musste vorher die gesamte Ladung gelöscht werden.

Der Steuermann mietete einen Schuppen, um die Fracht wettergeschützt unterbringen zu können, und die gesamte Mannschaft begann mit der schweren Arbeit, die Ladung von Bord zu schleppen – inklusive Jan Mertens, trotz seiner immer noch nicht ganz verheilten Handverletzungen.

Nachdem alles ausgestaut war, wies Kapitän Breckwoldt seine Leute an, in einem Verschlag auf dem Werftgelände zu schlafen. Doch die Männer weigerten sich, in die verwanzte Bude zu ziehen, und wollten lieber unter dem Schutzdach des offenen Holzlagers schlafen.

»Macht, was ihr wollt«, murrte der Käpten und machte sich auf den Weg zur Herberge in der Stadt, wo er und der Steuermann sich eingemietet hatten. Der Smut blieb bei der Mannschaft und bereitete das Essen auf dem Kai zu, wo auch gegessen wurde. Den Kontakt zur Werft hielt Mattiesen – weil er Spanisch sprach.

LANDGANG

Dann begann die Reparatur der COMET. Die Werftarbeiter schlugen, mit Unterstützung der Besatzungsmitglieder, die Kupferhaut vom Rumpf, um zu sehen, in welchem Zustand sich die darunter liegenden Planken befanden. Der Verdacht bestätigte sich: das Unterwasserschiff war in großen Partien rott, verursacht durch Schiffsbohrwürmer. Die Kupferhaut, die eigentlich vor dem Wurmbefall schützen sollte, hatte le diglich Schlimmstes verhindert. Es blieb keine Wahl: das Unterschiff musste neu beplankt und anschließend wieder mit Kupfer überzogen werden. Das würde sicher zwei Monate in Anspruch nehmen. Die Mannschaft musste die Werftarbeiter unterstützen, hatte darüber hinaus aber genügend freie Zeit, Rio Gallegos unsicher zu machen.

Viet erhielt die Aufgabe, Unterlagen zum Kapitän zu bringen. Während er durch die geschäftigen Straßen schlenderte, dabei Dienstmädchen, Kinderfrauen und Köchinnen, Soldaten, Seemänner und Geschäftsleute beobachtete, entdeckte er in einer Gasse einen stark behaarten und hinkenden Riesen, der mit vorgebeugten Schultern und langen, schlackernden Armen vor sich hinschlurfte. Viet war in Alarmstimmung: Dort hinten ging Gorilla-Schorsch!

Viet Rotvoss sprang in die nächste Seitenstraße und rannte auf Umwegen zur Herberge von Kapitän und Steuermann. Als er dort Breckwoldt antraf, war er völlig außer Atem und brachte kaum einen gescheiten Satz heraus: »Er, er geht humpelnd durch die Stadt, Käpten. Wahrscheinlich sucht er uns. Er kann beide Arme ohne Einschränkung bewegen.«

Viet fühlte Bantins Dampfhämmer von Armen bereits auf sich niedersausen.

»Von wem sprichst du?«, fragte Breckwoldt verwundert.

»Gorilla-Schorsch ist in der Stadt. Ich hab ihn gerade gesehen.«

»Da musst du dich irren. Wie soll er denn hierher kommen?«, fragte der Kapitän nachdenklich, aber auch sichtbar besorgt.

»Bestimmt, Käpten. Ich hab ihn eben auf der Ruta del Bakalao gesehen. Gott sei Dank hat er mich nicht entdeckt. Aber er war es ganz bestimmt.«

In diesem Augenblick betrat Steuermann Oestmann den Raum und brachte Neuigkeiten:

»Eben hab ich einen Schreck gekriegt. Lauf ich doch über die Ruta, und wen sehe ich? Genauer gesagt: Wen meine ich zu sehen? Gorilla-

Schorsch! Er war es dann aber doch nicht, obwohl die Größe, die wirren schwarzen Haare, die schlackernden Arme durchaus diesen Eindruck erweckten. Aber dann habe ich ihn von vorne gesehen, und der Schreck ließ nach. Der Mann hatte ganz andere Gesichtszüge. Mir ist ein Stein vom Herzen gefallen. Das können Sie mir glauben. Außerdem sprach er Spanisch – und das konnte Bantin nicht.«

»Viet hat diesen Bantin-Doppelgänger auch gesehen«, sagte der Käpten, und man konnte seine Erleichterung spüren. »Ich kann mir das auch gar nicht vorstellen; der halbseitig gelähmte Bantin hier unten, im Süden des Kontinents. Wie soll er denn hierhergekommen sein?«

Auch Viet beruhigte sich. Allerdings nur langsam. Was hätte er denn machen sollen, wenn Gorilla-Schorsch wirklich aufgetaucht wäre? Das Schiff lag seit Wochen bewegungsunfähig auf der Werft. Das Werftgelände war für jedermann zugänglich. Bantin könnte die Werft leicht ausspionieren und ihn dann abends, wenn er eingeschlafen war, abmurksen …

Auf dem Weg zurück zum Schiff traf er Theo Schuldt: »Jung, kommst mit? Wir gehen in die Stadt, treffen Jan und machen einen drauf!« »Was habt ihr vor? Wer kommt noch mit?« Theo und Jan wollten prüfen, was der Markt an hübschen Frauen zu bieten hatte: »Es muss hier schöne Señoritas geben, die sich nach ansehnlichen Mannsbildern sehnen.«

Viet winkte ab. Keine Lust – und ganz ehrlich fürchtete er sich sogar vor Begegnungen mit dieser Art von Frauen. Wusste nicht recht, was er mit ihnen anfangen sollte. Wenn es um Frauen ging, hatte er ja nur Anna im Kopf. »Überleg nicht lange, komm einfach mit. Du willst doch nicht den lieben langen Tag auf der Werft rumhängen.« Da hatte Theo allerdings recht. »Und wenn du nichts mit Weibern anfangen willst, trinkst du einfach nur ein Bier.«

Viet ging mit. Nach dem Schreck am Morgen konnte er eine Abwechslung gut gebrauchen. Und auf der Werft wartete nichts als Langeweile auf ihn, wenn der Bootsmann ihn zum Streichen, Spleißen oder Segelreparieren einteilen würde. Verlockend war das nicht.

Sie trafen Jan vor einem Haus mit dem hochtrabenden Namen »Etablissement Evita«, wo er sich mit einer jungen Frau unterhielt. Viet konnte ihr Gesicht unter ihrer eleganten, breiten Hutkrempe nicht erkennen. Als sie sich zu ihm wandte, fand er sie wenig ansprechend. Sie hatte einen schwarzen Damenbart. Der tiefe Ausschnitt ihres bodenlangen Kleides lenkte ihn jedoch davon ab, ihr länger ins Gesicht zu schauen. Als sie sich bei Jan einhakte, sah das so vertraut aus, dass Viet sich fragte: Kennen sich die beiden? Aber nein, Jan sah die Frau zum ersten Mal, versicherte Theo. Gemeinsam betraten die vier das großzügige Foyer des Hauses. Am Kopfende wartete eine Bar, wo ein paar Seeleute herumhingen, flankiert von einigen Damen des Hauses. Als drei dieser Damen sich von der Bar lösten und auf sie zukamen, wusste Viet nicht, was er machen sollte. Unsicher schaute er Theo an. Die Frauen umschwirrten sie wie Wespen einen frisch gebackenen Pflaumenkuchen. Theo legte Viet die Hand auf die Schulter und sagte: »Du gehst rüber zur Bar und bestellst ein Bier. Das ist alles. Wir kommen bald wieder.«

An der Bar angekommen, setzte sich sofort eine kleine Schwarzhaarige neben ihn und bestellte einen Likör. »Solamente una cerbeza!«, radebrechte Viet und zeigte auf die Likörflasche, die der Barmann mit geübtem Griff in die Hand nahm. Die junge Dame schaute ihn mit Unschuldsaugen an, ließ dabei das Oberteil ihres Kleides abwärts gleiten und drehte mit spitzen Fingern auffordernd an einer ihrer Brustwarzen. Schließlich nahm sie seine Hand, um sie an ihre Brüste zu führen. Viet zog die Hand verschreckt zurück und drehte sich peinlich berührt weg. Er war der Situation nicht gewachsen. Die Schwarzhaarige zuckte mit den Schultern, machte einen Schmollmund, rutschte routiniert vom Barhocker und gesellte sich zu den anderen Männern an der Bar, die die Szene feixend beobachtet hatten. Viet wusste nicht recht weiter, hielt sich eine Weile an seinem Bier fest, nahm hin und wieder einen Schluck – und wartete, denn Theo und Jan waren längst verschwunden.

Obwohl er sich Zeit mit dem Trinken ließ, hatte er bereits das dritte Glas so gut wie geleert, als Theo sich endlich wieder zu ihm gesellte: »Ist Jan noch nicht da?«, fragte er. Nein, Jan kam erst eine halbe Stunde später die Treppe herunter. Viet drängte zum Aufbruch. Doch die beiden schienen alle Zeit der Welt zu haben. Es sei ein guter Ort. Man wollte noch etwas bleiben. »Ich geh nachher noch mal rauf«, lauteten die Worte von Jan, die Viet bewogen, sich zu verabschieden und allein zur Werft zurückzugehen.

Draußen empfing ihn eine friedliche Abendstimmung. Die Sonne ging blutrot unter, Seevögel glitten über den Himmel, und Viet dachte über das nach, was er soeben erlebt hatte. Es war nicht seine Welt. Dennoch hatte ihn die Geste der schwarzhaarigen Frau aufs Höchste erregt. Liebend gern hätte er ihre Brüste berührt, gestand er sich ein, aber verwarf den Traum gleich darauf wieder – nicht bei so einem Flittchen. Und auch nicht bei einer anderen in dem Haus. Aber Anna! Dann verwarf er auch diesen Gedanken; Anna wollte er lieber nicht mit solch sündigen Vorstellungen in Verbindung bringen.

SCHIFFBRÜCHIGE

Nachdem die Reparaturarbeiten an der COMET endlich beendet waren, wurde die Ladung wieder an Bord gestaut, und die Segel wurden untergebunden. Dann bunkerte man Proviant und machte beide Anker fertig. Zuletzt schleppte ein Dampfschiff die COMET auf die Außenreede, wo sie vor 25 Faden Kette ankerte, damit der Klüverbaum ausgebracht werden konnte. Am nächsten Tag schalkten sie die Luken mit doppelter Persenning und befestigten alles nach Seemannsbrauch. Die Kragen um Masten und Pumpen wurden nachgesehen und geteert. Sie waren durch drei Persenninge geschützt und für gut und dicht befunden worden. Am Abend kam westlicher Wind mit Regen auf. Der Käpten gab das Kommando zum Auslaufen, und es ging unter Bramsegel und Breitfock nach Süden.

Viets Fuß war während des langen Aufenthalts in Rio Gallegos vollständig auskuriert, und auch die Handverletzung von Jan Mertens war so viel besser geworden, dass nichts mehr dagegen sprach, ihn weiter an Bord zu behalten. Verblüffend war, dass Theo tatsächlich immer wieder kotzte, wenn die See rauer wurde. Kreidebleich bis grünlich wurde seine Gesichtsfarbe. Dann half ihm nur, völlig apathisch in seiner Koje zu liegen.

Am 12. Oktober gab es Böen und Regenschauer. Oestmann ließ die Leesegel wegnehmen. Danach trat mehrere Tage Kühle und Windstille ein. Am folgenden Morgen passierte die COMET einen englischen Schoner. Er sah aus, als habe die Mannschaft ihn verlassen. Breckwoldt ließ den Schoner ansprechen, und sie erfuhren, dass die Crew sich unter Deck befand, wo sie versuchte, verrutschte Ladung zu trimmen.

Die See kam inzwischen von vorn. Es wehte ein heftiger Pampero, der stürmische Südwest aus der Pampa. Royal und Außenklüver mussten festgemacht werden. Gewitterböen tobten, Wasser stürzte aufs Deck. Die Leesegel mussten abermals weggenommen werden. Breckwoldt ordnete zwei Reffs im Groß- und im Marssegel an. In der weiter zunehmenden See arbeitete das Schiff schwer. Eindringendes Wasser musste ausgepumpt werden. Am 28. Oktober sprachen sie eine norwegische Bark im Vorbeisegeln an, die den Großmast über Bord geworfen hatte und nach Norden wollte. Der Wind kam aus Ost/Nord-Ost und Nord-Ost.

Um 10 Uhr 30 wurde alles dicht gereeft. Dennoch flog das Topsegel beim Reffen weg. Danach trat Windstille ein, so dass es zum Reparieren abgeschlagen werden konnte. Als Kap-Tauben über dem Kielwasser der COMET flogen, sagte Theo, sie seien die Boten Feuerlands.

Elf Tage später machte der Ausguck eine Entdeckung. Zuerst glaubte er, ein Fischerboot zu sichten, doch dann stellte er fest, dass das Boot mit vielen Männern besetzt war, und rief hinunter auf Deck: »Rettungsboot voraus!« Als das kleine, überbesetzte Boot längsseits ging, mussten sie die Männer an Bord ziehen. Alleine konnten sie die Jakobsleiter nicht mehr hochklettern, so kraftlos und ausgezehrt waren sie.

Es waren Briten. Nachdem man sie fürs Erste verpflegt hatte, schliefen sie die nächsten 24 Stunden wie Tote. Kapitän Breckwoldt schickte den Kajütjungen ein paar Mal zu ihnen, um nachzusehen, ob alles in Ordnung sei, denn es schien ihm merkwürdig, dass Menschen so lange schlafen konnten.

Als die Schiffbrüchigen wieder erwacht waren, gab es für sie abermals eine kräftigende Mahlzeit. Erst dann folgte der Bericht des geretteten Kapitäns John McBride; in englischer Sprache mit schottischem Akzent: »Unser Schiff hieß PEARL OF ULLAPOOL – eine dreimastige Bark mit Heimathafen Glasgow. Wir kamen von Chile, hatten Gelbholz, Blauholz und Rindshäute übernommen und waren für Newcastle bestimmt. Meine Bark zog bei der Abreise so gut wie kein Wasser. Die Luken waren sachgemäß verschlossen. Das Wetter war gut, der Wind blies frisch aus Osten. Am Abend gegen neun Uhr wurde es stürmisch. Mein Schiff stampfte heftig im schweren Seegang und nahm viel Wasser über. Am 20. Februar, morgens um sechs Uhr, wurden die Pumpen in Betrieb genommen. Da sie aber trotz mehrstündiger Arbeit nicht lenz schlugen, orderte ich die ganze Mannschaft an die Pumpen. Mittags wurde die Backbordpumpe unklar. Wir nahmen sie heraus, und als ich peilte, zeigte sich, dass das Schiff schon halb voll Wasser war. Wir konnten aber kein Leck finden. In dieser Situation ließ ich das Schiff wenden und hielt nach dem Land zu, um Schiff und Ladung zu retten. Der Wind nahm weiter zu. Da die PEARL OF ULLAPOOL zu kentern drohte, wurden bis auf das Großstagsegel alle Segel festgemacht. Die Gefahr des Kenterns war damit gebannt. Doch im Laderaum stieg das Wasser weiter an. Am Morgen des 21. Februar, als der Wind zum Sturm angewachsen war, zertrümmerte die See die Schanzkleidung auf beiden Seiten und die auf Deck befindlichen Wasserfässer. Danach brach der Deckel der Großluke auseinander. Wenig später drang Wasser in die Kajüte und verdarb den Proviant. Pumpen war zwecklos und wurde eingestellt.

Da sich das Schiff wieder stark nach Backbord überlegte und Kentern unmittelbar bevor zu stehen schien, ließ ich die Boote aussetzen und mit zwei bis drei Mann besetzen. Sie sollten im Fall des Untergangs meines Schiffes die im Wasser treibenden Kameraden retten. Unter diesen Umständen verging die Nacht. Am 22. Oktober morgens, kenterte das kleinere Boot, geriet unter das Schiff und wurde völlig zerschlagen. Die drei Insassen konnten an Bord der PEARL gerettet werden. Kurz darauf wurden auch die übrigen Männer wieder an Bord genommen und das Rettungsboot mit ausgebrachten Spieren vom Schiff freigehalten. Nachmittags legte sich der Sturm, und es gelang, Segel zu setzen. Aber das Schiff war nun vollständig mit Wasser gefüllt. Es stand sogar eineinhalb Fuß hoch auf Deck. Die PEARL schwamm nur noch auf ihrer Ladung. Die Mannschaft hatte sich auf das Kajütdach gerettet, und wir hielten uns am Besanmast fest.

Dann traf uns eine heftige Bö. In aller Eile mussten die Schoten durchschnitten werden, da sonst das Schiff gekentert wäre. So trieben wir einige Tage bei gutem Wetter, doch während das Schiff bei günstiger Tagesbrise der Küste näher trieb, führte es die ablandige Strömung bei Nacht wieder weg vom Land. An eine Bergung des Schiffes war jetzt nicht mehr zu denken. Der Bug hatte sich um etwa einen Fuß gehoben, das Heck war abgesackt. Es bestand große Gefahr, das Schiff könne übers Heck untergehen. Nachmittags gab ich Order, das Schiff aufzugeben. Die Mannschaft stieg ins große Beiboot. Zwei Stunden später war die PEARL bereits außer Sicht. Wir trieben volle acht Tage bei Hunger und Durst. Dann kamt ihr.«

Kapitän Breckwoldt prostete seinem schottischen Kollegen zu: »Cheers! Freut mich, dass wir Sie gerade rechtzeitig retten konnten, McBride. Haben Sie herausgefunden, weshalb die PEARL Wasser zog?«

Der schottische Kapitän zuckte mit den Schultern. Er wusste es nicht. Dann war genug über die Vergangenheit gesprochen worden, und man wandte sich der Zukunft zu. Kapitän McBride äußerte den Wunsch, mit seiner Mannschaft bis in Punta Arenas an Bord der COMET bleiben zu dürfen und dort mit seinen Leuten abzumustern. Kapitän Breckwoldt war einverstanden. Punta Arenas befand sich auf dem chilenischen Festland, gegenüber der Insel Feuerland, und lag ohnehin auf der Route der COMET.

DURCH DEN BEAGLE-KANAL

S ie wollen wirklich durch den Beagle-Kanal?«, staunte McBride am nächsten Morgen. »Segeln ist auf den 120 Meilen an vielen Stellen so gut wie unmöglich. Ich nehme stets die Drake-Passage ums Kap, wenn ich in den Pazifik will.«

Breckwoldt hatte sich für den Beagle-Kanal entschieden, weil er schlechtes Wetter erwartete. Durch die lange Reparaturzeit in Rio Gallegos war der Herbst bereits weit vorgeschritten. Es würde sehr wahrscheinlich stürmisch werden – und Breckwoldt war sicher, der einzig vernünftige Weg in den Pazifik führe durch den Beagle-Kanal. Der Beagle-Kanal wurde von der Schifffahrt allgemein gemieden. Segler, die diese Passage benutzten, konnte man an einer Hand abzählen. 1831 hatte Kapitän Robert FitzRoy mit dem Forschungsschiff HMS BEAGLE diesen Kanal zwischen Atlantik und Pazifik entdeckt, damals mit an Bord: ein Naturforscher namens Charles Darwin. Letzteres spielte für Kapitän Breckwoldt keine Rolle, auch wenn er diese Geschichte kannte. Er wollte den Beagle-Kanal als sicheren Weg wählen. Für den Fall, dass sie dort an Flaschenhälsen möglicherweise nicht würden segeln können, hatte Breckwoldt einen Plan, doch den behielt er vorerst für sich. Nicht einmal Oestmann war darüber im Bilde, wie der Käpten die Wasserstraße zwischen der Isla Grande de Tierra del Fuego und der Isla Navarino bezwingen wollte.

Feuerland sah aus wie Norwegens Küste, fand Viet, der das Land im hohen Norden Europas auf Reisen mit seinem Vater kennengelernt hatte. Hier in Südamerika aber war es wilder. Überall reichten gewaltige Bergmassive bis ans Wasser. Manchmal erhoben sich steil aufragende Felswände hunderte von Metern direkt aus dem Meer. An diesen Küsten konnte kein Boot landen. Kein Schiffbrüchiger würde hier ans rettende Ufer gelangen. Die schneebedeckten Spitzen der Berge glitzerten majestätisch, sofern sie nicht in düstere Wolken oder Nebel gehüllt waren. Häufig setzte schlagartig dichte Waschküche ein, Nebel verhüllten dann die Sicht vollkommen – um irgendwann genau so schnell wieder aufzuklaren. Oder es schneite, schneite, schneite.

Bevor die Segel zum ersten Mal angeschlagen wurden, rief Breckwoldt die Mannschaft einschließlich der Schiffbrüchigen auf dem Achterdeck zusammen und erklärte in einer kurzen Ansprache auf Deutsch und anschließend auf Englisch: »Männer, mein Plan ist ganz einfach und lässt sich gut realisieren, weil wir durch unsere schottischen Freunde ausreichend verstärkt worden sind: Der Beagle-Kanal hat eine Breite von zwei bis manchmal 15 Kilometer. Ab und an versperren Felsenbuckel über oder unter Wasser den Weg. Man kann an vielen Stellen daher nicht segeln. Dort werden wir unser Beiboot aussetzen und die COMET ins Schlepp nehmen. Die Ruder-Mannschaften werden stündlich gewechselt. Mit dieser Methode bringen wir den Beagle-Kanal in ein bis zwei Wochen hinter uns.«

Die Beagle-Straße war ein Labyrinth aus Buchten, Fjorden, Sandbänken, Felsinseln und verwinkelten Wasseradern. Nur erfahrene Kapitäne konnten es wagen, diese Route zu nehmen. Und immer gehörte eine ordentliche Portion Glück dazu, heil hindurchzukommen, denn die Wasserstraße war gesäumt von engen Buchten, hatte unberechenbare Wassertiefen und war gespickt mit dicht gestaffelten Inseln. Außerdem gabelte der Wasserweg sich ständig, und kein noch so erfahrener Kapitän konnte mit absoluter Sicherheit sagen, welche Abzweigung sie zum Pazifik führen würde. Zudem konnte das Schiff urplötzlich von Wirbelwinden überfallen werden. Diese Williwaws verwandelten einen scheinbar ruhigen Fjord innerhalb weniger Minuten in ein tosendes Inferno.

Auf ihrem Weg passierte die COMET immer wieder blauweiße Gletscher, deren Zungen sich weit in den Kanal hineinstreckten. Viet beobachtete sie fasziniert, ließ sich so gut wie keinen entgehen – und wurde so Zeuge eines sehr außergewöhnlichen Ereignisses: Ein kirchturmhoher Abbruch löste sich klatschend und krachend ins grünblaue Wasser. Die dadurch erzeugte Welle hätte das Deck der COMET beinahe überrannt. An anderen Stellen rauschten aus den Gletscherwänden beeindruckende Wasserfälle in die Tiefe, manchmal verbunden mit rumpelndem Steinschlag.

Der Smut hatte den Kapitän bereits beim Einlaufen in den Kanal darüber in Kenntnis gesetzt, dass der Proviant nur knapp bis Punta Arenas reichen würde. Die zusätzlich an Bord gekommenen Schiffbrüchigen waren natürlich nicht einkalkuliert worden. Und die Berechnungen des Smut galten nur für den Fall, dass sie den Kanal in der geplanten Zeit bewältigen – und auf der anschließenden Strecke günstigen Wind haben würden. Er schlug deshalb vor, während der Kanalfahrt zu angeln. Frische Fische würden den Speiseplan bereichern und die Vorräte schonen.

»Gute Idee«, sagte der Käpten, »lassen Sie das die beiden Schiffsjungen machen. Die können wir zum Rudern ohnehin kaum gebrauchen.«

Dann kam der Moment, an dem der Plan des Käptens zum ersten Mal in die Tat umgesetzt werden musste. Viet gehörte zur ersten Ruder-Mannschaft, die die COMET schleppen sollte. Für den Fall, dass Nebel aufkam, hatten sie eine Seekarte und einen Kompass mit ins Beiboot genommen.

»Dann wollen wir mal in die Hände spucken!«, sagte Viet zu seinem Nachbarn Theo, doch der riet ab. Spucken sei genau das Falsche. Man müsse vielmehr etwas zum Aufsaugen der Feuchtigkeit in die Handflächen geben. Mehl zum Beispiel. Sonst würden Blasen entstehen. Es war ein Hinweis zur rechten Zeit, denn so sehr die Männer sich auch in die Riemen legten, die Bark schien festzukleben. Es dauerte unendlich lange und kostete viel Kraft, bis die COMET endlich begann, sachte zu gleiten. Aus diesem langsamen Gleiten eine richtige Fahrt des Schiffes zu erzeugen, kostete noch einmal genau so viel Kraft. Den Männern lief der Schweiß in Strömen am Körper herunter. Dann setzte von einem auf den nächsten Moment heftiges Schneetreiben ein. Die Rudermannschaft nahm das zunächst als wohltuende Erfrischung wahr, doch der weiße Traum entwickelte sich schnell zum Problem. Die Sicht war weg. Wohin sollten sie steuern? Nach vorne zu schauen war unmöglich, weil der Schlagschnee beinahe parallel zum Wasser angeschossen kam. Zur Seite oder nach achtern konnte man sich ebenso wenig orientieren. Das Schneetreiben war zu dicht. Man musste jetzt ausschließlich nach Kompass und Karte steuern.

Um nicht auf Untiefen zu laufen oder gegen Felswände zu prallen, saß vorne im Ruderboot ein Matrose mit Senkblei, der die Tiefe fortlaufend lotete und im klassischen Seemanns-Singsang bekanntgab. Die Ruderer bemerkten, wenn die Bark von einer Bö zur Seite gedrückt wurde. Dann konnten sie den Kurs nur durch zusätzliches schweres Knüppeln halten. Bereits nach 15 Minuten hingen sie über ihren Ruderschäften. Viet musste sich vor Anstrengung sogar übergeben. Gottlob dauerte dieser erste Ruderabschnitt nur 35 Minuten. Der Schauer hörte so plötzlich, wie er eingesetzt hatte, auch wieder auf, und sie sahen, dass sie wieder segeln konnten.

Die Ruderer zogen sich erschöpft an der Bordwand hoch und warfen sich – trotz der niedrigen Temperatur – ausgepumpt aufs Deck in den Schneematsch. Der Smut eilte mit einem Kessel Tee herbei. Zur Stärkung ließ Breckwoldt jedem Ruderer zusätzlich einen Löffel Rum ausschenken. Und zwar den echten Pusser-Rum, der täglich bei der Royal Navy ausgegeben wurde. Der würde die Männer wieder aufbauen, denn sie mussten kurz darauf in die Segel.

Das Schiff segelte jetzt nur langsam – wegen möglicher Untiefen. Breckwoldt trat vor seine Leute und gab bekannt: »Männer, mir scheint, dass eine Stunde Rudern zu lang sein wird. Ab sofort wird jede Mannschaft nur eine halbe Stunde pullen. Ich glaube, dass ist realistischer. Gibt es weitere Vorschläge?« Steuermann Oestmann trat vor: »Die schwerste Arbeit liegt meines Erachtens darin, die Bark vom Stillstand in Bewegung zu bringen. Deshalb sollte der Wechsel der Rudermannschaften möglichst schnell erfolgen, damit das Schiff noch Fahrt macht und die nachfolgende Mannschaft nicht wieder bei Null anfangen muss. Und wir sollten drauf achten, dass wir abends immer vor einer Breite ankern, damit die Bark morgens Fahrt mit dem Wind aufnehmen kann.«

Breckwoldt übersetzte die vorgeschlagenen Maßnahmen dem schottischen Käpten McBride. Der stimmte den Vorschlägen zu – und hatte seinerseits eine gute Idee: »Wenn das Ruderboot die COMET zieht, sollte darauf geachtet werden, die Bark strikt auf Kurs des Beibootes zu halten, denn sobald das große Schiff auch nur geringfügig vom Kurs abweicht, müssen die rudernden Männer die Kursabweichung mit ihren Muskelkräften korrigieren. Das kostet viel Energie. Deshalb schlage ich vor, dass ein Mann am Bug der COMET steht und dem Rudergänger Zeichen gibt, wie er steuern muss. Der Mann am Steuer kann das kleine Boot von seiner Position auf dem Achterdeck ja nicht sehen.« Da hatte er Recht. Breckwoldt teilte Jan Mertens für diese Aufgabe ein. Er hatte fortan den Rudergänger einzuweisen und aufzupassen, dass seine Kommandos peinlich genau ausgeführt wurden.

»Käpten, Steuerbord voraus ein Boot mit drei Eingeborenen«, meldete Bootsmann Mattiesen ein aufkommendes Kanu. »Das könnten Leute vom Stamm der Yámana oder Halakwulup sein, denn nur diese Stämme betreiben Fischfang und benutzen Boote. Alle anderen hier lebenden Stämme sind Nomaden, die ausschließlich an Land jagen.« Das Kanu passierte die COMET, ohne dass es Kontakt zu den Eingeborenen gab. In ihrem Kanu sah man ein kleines Feuer brennen: »Feuerland, Leute. Die Eingeborenen haben immer ein Feuer bei sich. Selbst in ihren Kanus.«

Während die COMET langsam durch die nächste Breite glitt, beobachteten die Männer in einer felsigen Bucht das Imponiergehabe von Seelöwenbullen. Die tonnenschweren Tiere versuchten, sich mit Gebrüll und weit aufgerissenen Mäulern gegenseitig von paarungswilligen Weibchen wegzuschubsen. Und wenn das nicht reichte, bissen sie den Gegner weg. Zahlreiche Narben und ein paar blutende Wunden auf Rücken oder

Nacken der Tiere bezeugten das. Währenddessen machten Jungtiere spielerische Tauch- und Jagdübungen im flachen Uferbereich. Dann entdeckte Sörensen im freien Wasser die Finne eines Orcas, der gezielt auf die Seelöwenkolonie zuhielt. Der Abstand zu den 20 bis 30 in Ufernähe spielenden Jungtieren wurde immer kürzer, die Geschwindigkeit des Killerwals immer schneller. Einige Tiere erkannten die Gefahr und schwammen pfeilschnell an Land. Die Mehrzahl aber tummelte sich weiterhin unbekümmert im Wasser. Doch dann sausten auch sie ganz plötzlich in Richtung Strand. Der Orca folgte ihnen und schoss mit dem Vorderkörper auf das steinige Ufer, schnappte eines und glitt wieder zurück. Das Wasser um ihn herum färbte sich blutrot.

Wachwechsel. Die nächste Mannschaft musste ins Beiboot. Diesmal sprang die schottische Crew von der noch Fahrt machenden Bark auf die Sitzbänke des Beibootes und fing sofort an zu rudern. Es stellte sich jedoch heraus, dass dieser Verbesserungsvorschlag keine wirkliche Erleichterung bedeutete. Für die neuen Puller war es die gleiche böse Plackerei wie für ihre Vorgänger. Eines aber war bereits jetzt klar: Die Besatzung der COMET hätte die Bark nie allein durch den Beagle-Kanal rudern können. Ohne die geretteten Schiffbrüchigen wären sie zu wenige gewesen.

Erneuter, urplötzlicher Wetterwechsel. Dichter Nebel senkte sich über das Geschehen – als sei ein undurchsichtiges Tuch über sie geworfen worden. »Man kann nicht einmal das Beiboot sehen«, stellte Breckwoldt fest, als er über den Bug der COMET schaute. Nur hören konnte er das Klatschen der Ruderblätter und das Keuchen der Männer. Von Zeit zu Zeit drangen Kommandos durch den dichten Nebel: »Zwei Strich Backbord.« »Kurs liegt an!«

So plötzlich, wie der Nebel sich ausgebreitet hatte, so schnell löste er sich auch wieder auf, und die Männer sahen staunend, dass sie in kaum zehn Meter Entfernung an einem gefährlichen Felsbuckel vorbeiglitten. Das hätte um ein Haar schiefgehen können.

AUF JAGD

A m Spätnachmittag ging die COMET vor einer Breite vor Anker, und die Mannschaft hatte Freiwache. Der Smut schlug vor, die Vorräte zu ergänzen und eine Gruppe auf Entenjagd zu schicken. Der Kapitän stellte zwei Büchsen und Munition zur Verfügung.

»Hat jemand von euch Jagderfahrung?«, fragte er, als er die Waffen aushändigen wollte.

Niemand meldete sich. Viet staunte und hob dann zögernd seinen Arm.

»Ich war mit meinem Großvater auf dem Böhaken und anderen Elbsänden häufig auf Entenjagd.« Da sonst anscheinend niemand Jagderfahrung hatte, erhielt er die Vogelflinte. Das Gewehr übergab der Käpten an Sören Sörensen, den stummen Matrosen aus Sonderburg.

Die Jagdtruppe bestand aus insgesamt vier Männern. Sie ruderten zu einem kleinen Sandstreifen zwischen den Felsen und hofften, von dort ins Hinterland vordringen zu können.

Ohne die COMET ziehen zu müssen, kam es den Männern vor, als sei das Beiboot pfeilschnell; kein Vergleich zur schweren Ruderarbeit der letzten Tage. Der heilige Fiete, der mit von der Partie war, fragte Viet nach seinen Erlebnissen beim Entenjagen – und nach Tipps, die zu beherzigen seien. »Großvater hielt hinterm Haus auf einem kleinen Tümpel Lockenten. Gingen wir auf Entenjagd, nahm er Hasso, unsere Münsterländer-Mischung, und die Vögel mit ins Boot. Dem Erpel mussten wir allerdings regelmäßig die Flügel stutzen und ihn festbinden, damit er sich nicht selbstständig machte. Die weiblichen Vögel hingegen waren handzahm. Sie kehrten immer ganz von selbst zum kleinen Tümpel zurück. Wenn wir im Jagdrevier waren, setzte Großvater den Erpel und die Enten in einer stillen Bucht oder einer ruhigen Uferzone aus. Dann versteckten wir uns und warteten darauf, dass sich wilde Enten an unseren Lockenten orientierten und auf dem Wasser niedergingen, weil es dort ihrer Meinung nach ungefährlich war. Es waren ja schon welche da. Jetzt mussten die Wildenten nur noch weit genug von unseren Lockenten entfernt schwimmen – dann schossen wir. Sobald der Knall ertönte, sprang Hasso ins Wasser und apportierte alle Vögel, die wir getroffen hatten. Meistens haben wir sie ans Fährhaus verkauft. Das gab immer eine hübsche Summe Geld.«

Schön und gut, dachte Fiete. Man habe hier aber keine Lockvögel. Und einen Hasso zum Apportieren gäbe es auch nicht. Ob Viet vielleicht auch wisse, wie man ohne diese Hilfen Enten jagen müsse. Viet wusste es: anschleichen. Das war allerdings sehr viel komplizierter, weil hier in Feuerland kaum eine Region für Menschen zugänglich war. Als sie an Land standen und einen Weg ins Innere suchten, mussten sie feststellen, dass das auch für diese Gegend galt. Jede Menge Schneefelder und Moosplacken. Die Schneefelder mussten mit großer Vorsicht überquert werden, weil man nicht sehen konnte, ob und wo sich darunter Bodenspalten verbargen. Die dicken, großflächigen Moospolster speicherten so unglaubliche Wassermengen, dass die Männer trotz ihrer Seestiefel schon bald quatschnasse Füße bekamen, weil die Feuchtigkeit von oben in sie hineinlief. An heidelbeerartigen Büschen entdeckten sie hellrote bis gelbe Früchte, die wohlschmeckend waren. »Ich glaub, die Norweger sagen Multebaerer dazu«, sagte Viet, während er genießend kaute.

Als sie den ersten Schlag Enten entdeckten, misslang das Anschleichen gründlich. Schon während Viet seine Büchse in Schussposition brachte, schienen die Tiere ihn bemerkt zu haben und flogen auf und davon.

Ihr weiterer Weg führte sie über Halden, Hügel und durch Täler, und obwohl Wasservögel in Mengen zu sehen waren, ergaben sich kaum Schussmöglichkeiten. Doch es entmutigte sie nicht. Vor allem der triste Speiseplan motivierte sie, weiterzumachen und auf keinen Fall mit leeren Händen zum Schiff zurückzukehren, wo dann wieder nichts als Fisch auf den Tisch kommen würde. »Der Mensch braucht schließlich mal eine Abwechslung!«, meinte Theo.

»Findet einer von euch den Rückweg?«, fragte Jan Mertens unvermittelt, aber durchaus zu Recht. »Ich weiß nämlich nicht, wie wir zum Schiff zurückkommen sollen.« Das sorgte kurzzeitig für allgemeine Unsicherheit. Viet war allerdings ziemlich sicher, sich den Weg gemerkt zu haben. Da er das jedoch nicht garantieren wollte – und weil die Stunde bereits recht vorgerückt war – beschlossen sie, sofort umzukehren. Vielleicht würde ihnen auf dem Rückweg ja doch noch ein Vogel vor die Flinte fliegen. Optimistisch waren sie allerdings nicht. Der Rückweg wurde daher begleitet von allgemeinem Gemurre über das unwegsame Gelände. Theo ging das recht bald auf die Nerven, und so erzählte er eine Geschichte: »Mein Vater war früher Bestmann auf der AKTIV. Sie brachten Kohle nach Königsberg. Einmal musste sein Schiff schon in Rostock ins Winterlager, weil die Ostsee zuzufrieren begann – und die Mannschaft hatte keine andere Wahl, als zu Fuß von Rostock nach Blankenese zu tippeln, damit sie den Winter bei ihren Familien verbringen konnten. Fünf volle

Tage waren sie unterwegs. Von morgens früh bis in die Nacht. Und im Frühjahr mussten sie den Weg dann wieder zurück zum Schiff laufen. Daran sollten wir uns mal ein Beispiel nehmen.«

Kaum war die Geschichte zu Ende, sahen sie einen Menschen. »Ein Eingeborener; vielleicht vom Stamm der Selk'nam!« sagte Theo. Sie winkten, und er kam näher, blieb jedoch in respektvollem Abstand stehen. »Brich einen Zweig ab und wink damit, das bedeutet Frieden«, sagte Viet, hielt vorsichtshalber aber den Lauf seiner schussbereiten Vogelflinte ein wenig höher. Man konnte ja nie wissen …

Die Unterhaltung mit dem Eingeborenen verlief über Zeichensprache und spanische Halbsätze: Sie seien auf Jagd und hätten bisher kein Glück gehabt. Der Ureinwohner wusste das. Er wusste auch, dass sie zum großen Schiff gehörten, dass von »seinem Kind« gezogen wurde. Während der Unterhaltung schaute er mehrmals auf Viets Gürtel.

»Du, der will was von dir. Vielleicht dein Takelmesser«, stellte Jan Mertens fest und sollte Recht behalten. »Vielleicht hilft er uns, wenn du es ihm gibst!« Und tatsächlich, der Selk'nam deutete auf das Messer. »Ja, gut«, antwortete Viet. »Erst Fleisch, dann Messer.«

Viet machte eine Handbewegung zum Mund, die bedeuten sollte, dass sie Essen brauchten. Der Selk'nam führte sie näher zum Wasser, schlich die letzten Meter im Schutz einer Erhebung, winkte sie heran und zeigte, was er entdeckt hatte: eine Herde Kegelrobben.

Mit der Vogelflinte konnte Viet nichts ausrichten. So ließ er sich von Sören das Gewehr geben, legte an, zielte, schoss – und traf. Ein glatter Blattschuss. Das Tier brach zuckend zusammen, während die Herde, die zunächst hochgeschreckt war, gleich wieder in Lethargie verfiel. Viet übergab dem Eingeborenen sein Takelmesser. Der küsste es, steckte es in seinen Gürtel und verabschiedete sich. Die Männer machten sich auf den Weg zum erlegten Wildbret. Als sie näher kamen, wälzte die Robbenherde sich grunzend ins Wasser. Wirklich eilig hatten sie es dabei nicht.

Als die vier mit dem erlegten Tier längsseits des Schiffs gingen, gab es spontanen Beifall. Dann wurden Laternen über Bord gehalten, und zwei Mann hievten die Robbe mit einem Flaschenzug an Deck. Endlich Abwechslung im Speiseplan.

Mit jedem Tag drangen sie weiter nach Westen vor, und mit jedem Tag veränderte sich die Landschaft. An Stelle schroffer Felsen zeigten sich mehr und mehr Wiesen und Waldstücke. Die Felsmauern, die die Fjorde himmelhoch begrenzt hatten, wichen sanften Hügeln, die das Ufer säumten. Schneebedeckte Gipfel leuchteten bald nur noch in der Ferne, und auch die Luft war milder geworden. Sie konnten Süßwasserquellen nutzen, um das zur Neige gehende Trinkwasser zu ergänzen. Am elften Tag hatte die COMET die gefährliche Beagle-Straße passiert und erreichte die chilenische Westküste. Vor ihnen lag der Pazifische Ozean.

Kapitän Breckwoldt und Kapitän MacBride dankten ihren Männern, die sich teilweise bis zur völligen Erschöpfung abgerackert hatten. Jeder trug dicke Schwielen an den Händen.

Man brachte die schottischen Seeleute wie versprochen nach Punta Arenas, einem ehemaligen militärischen Fort, wo jetzt 900 Menschen in einfachen Hütten lebten und an den Sonntagen eine schmucklose Kirche besuchten.

V

TRAUER IN BLANKENESE

Im Kriegsjahr 1864 traf Familie Spiesen aus Catharinas Nachbarschaft ein schwerer Schicksalsschlag. Ein Ereignis, das man in Blankenese nur allzu gut kannte und von dem beinahe jede Familie schon ein oder mehrere Male betroffen worden war.

Es war der Untergang des Galeas-Ewers EMANUELL. Schiffer Hinrich Spiesen war am 30. November von Sylt nach Hull in See gegangen. Seither gab es von ihm und seinem Schiff keine Nachricht mehr. Schließlich musste man annehmen, dass er in der Sturmnacht vom 3. zum 4. Dezember in der Nordsee mit Mann und Maus versunken war. Wie sich weiter herausstellte, war Spiesens Schiff nicht das einzige Opfer jener Sturmnacht: Fünf weitere Blankeneser waren mit ihren Schiffen in Seenot geraten und ebenfalls ertrunken.

Catharina wusste nur zu gut, was in solchen Fällen zu tun war und half der jungen Nachbarin nach Kräften, obwohl sie an ihrem eigenen Päckchen schwer genug zu tragen hatte.

Eine Leiche, die man beweinen konnte, gab es in diesem Fall nicht. Sargtischler Klindtworth wurde daher nicht gebraucht. Catharina hatte den Pastor wegen des Fürbittetermins informiert, ebenso die Schiffsversicherung. Denn die junge Gesche war der ganzen Situation einfach nicht gewachsen.

Als gute Nachbarin holte Catharina zunächst Gesches Trauertracht aus der Truhe, bürstete sie aus und hängte sie zum Lüften vor die Tür. Denn sie roch stark nach den Lorbeerblättern, die gegen Motten schützen sollten. Gesche konnte sich als Kapitänsfrau eine Trauertracht leisten, im Gegensatz zu den Frauen der Matrosen ihres Mannes. Für die waren Trachten viel zu teuer. Sie mussten sich mit einfacher schwarzer Kleidung behelfen. Und deshalb waren sie für Ortsansässige wie für Fremde leicht als Minderbemittelte zu erkennen, ja stigmatisiert.

Da Gesche in ihrer unsäglichen Trauer ständig von einem zum anderen Verwandten pendelte, übernahm es Catharina, das Trauerhaus zu richten, die Spiegel zu verhängen, den Leichenschmaus vorzubereiten und die Trauergäste zu empfangen.

Und dabei brannten Catharina tausend Arbeiten im eigenen Haushalt unter den Nägeln, denn in den nächsten Tagen würde sie Hannes mit seinem Schiff zurück aus Königsberg erwarten. Und dafür mussten Haus und Garten in Ordnung gebracht werden.

Schon bald nach diesem schrecklichen Ereignis hielt Pastor Thomsen für Spiesen und seine Männer Fürbitte und Danksagung in der Nienstedtener Kirche.

Zum Abschluss der Danksagung hörten die Glocken nicht mehr zu läuten auf. Denn viel zu viele Familien hatten den Ernährer verloren, andere den Sohn. Am schlimmsten aber traf es die Familie von Hans Breckwoldt, der zusammen mit seinen beiden Söhnen untergegangen war.

Innerhalb von zwei Monaten waren damit 27 Blankeneser Seeleute mit zehn Frachtschiffen ein Opfer der See geworden. 14 Witwen und 42 unversorgte Kinder blieben zurück.

»Ihr glaubt gar nicht, wie ich die See hasse!« schloss Catharina und bekam einen puterroten Kopf, als sie ihren Töchtern von der Trauerfeier erzählte.

Doch die drucksten herum, mochten nicht mit der Sprache herauskommen. »Vorhin war Frau Teegen hier, um dich zu sprechen. Sie hat eine Nachricht von ihrem Sohn erhalten!«

»Ja und?«, fragte Catharina aufgeregt und blickte in die düsteren Gesichter ihrer Mädchen. »Was ist mit ihm?« »Er ist am Gelben Fieber gestorben und unser Viet ist auch daran erkrankt!« Catharina sackte in sich zusammen, rutschte vom Stuhl und schlug auf dem Boden auf.

Als sie wieder zu sich kam, fing sie leise an zu wimmern. »Mein Viet! Mein Viet!« jammerte sie! »Mein Viet, mein liebster Sohn! Kann ich dich nie wieder in meine Arme schließen!« Sie rang die Hände und wurde von Weinkrämpfen überfallen. Niemand war in der Lage, sie zu beruhigen. Ganz selbstverständlich ging sie davon aus, dass ihr geliebter Sohn auch am Gelben Fieber gestorben sei. Selbst Pastor Thomsen fand bei ihr kein Gehör – nein, sie bestand auf einem Abdankungsgottesdienst für ihren Viet. Ihre gesamte Verwandtschaft, ihr Freundes- und Bekanntenkreis wurde in die Nienstedtener Kirche gebeten. Sogar der Grabstein wurde um Viets Namen ergänzt.

ENDLICH CHILE

Da die COMET neu verproviantiert werden musste, waren ein paar Hafentage angesagt. Viet nutzte die Zeit, um nach dem Verbleib seines Onkels zu forschen, denn er war jetzt in Chile – und hier sollte er angeblich verschollen sein. Dass dieses Land von Nord bis Süd fast 5000 Kilometer maß, war ihm nicht ausreichend klar, oder es kümmerte ihn einfach nicht. Irgendwo musste er schließlich anfangen. Doch es schien mühsam zu werden. Helfen konnte ihm hier in Punta Arenas niemand, ganz gleich, wen er auch fragte.

Die Männer der COMET nutzten die Liegezeit, um den Otway Sund zu besuchen, wo bei Seno Otway zwei große Kolonien von mehr als 10000 Magellan-Pinguinen brüten sollten. Als sie dort ankamen, hörten sie bereits weit vor ihrem Ziel das tausendfache Schnattern der Frackträger. Dann sahen sie das gewaltige Wirrwarr stehender oder watschelnder schwarz-weiß gemusterter Vögel mit dunklen, schmal geschnittenen Flügeln und auffällig gezeichneten Köpfen. Einige der puscheligen Jungtiere saßen auf den Füßen ihrer Eltern. Hin und wieder wurden auf diese Weise auch Eier transportiert. Vor allem aber verblüffte die Männer die fehlende Scheu der Tiere vor Menschen. Bis auf Armlänge konnten sie sich ihnen nähern, mussten mitunter sogar aufpassen, den Vögeln nicht auf die Füße zu treten.

Die Reise der COMET ging nordwärts mit dem Ziel Valparaiso, zum ›Paradiesischen Tal‹.

Erneut geriet die Bark in schweren Sturm, konnte ihn aber unbeschadet abwettern. Als die See wieder ruhiger war, entdeckten sie ein Feld von Trümmerteilen. Es sah aus, als sei hier ein Fischerboot gesunken. Breckwoldt ließ das Beiboot aussetzen, um Treibholz aufzufischen, doch die Ernte war spärlich.

Am Tag darauf passierten sie eine Flotte von Fischerbooten, die in den fischreichen Gründen vor der chilenischen Küste ihrem Gewerbe nachging. Der Kapitän ließ das Boot erneut aussetzen, um Fisch einzukaufen.

»Schon wieder Fisch!«, moserte der dicke Wilken mit der langen Mähne. »Ein kräftiges Churrasco wäre mir lieber.«

Ein paar Tage später gingen sie vor Puerto Montt vor Anker, um auf der Reede zu leichtern. Am 27. April wurden die letzten Kisten gelöscht. Am nächsten Morgen sollten sie neue Ladung übernehmen, doch ein heftiger Wind kam auf, der sich bald zum Sturm steigerte. Die COMET lag vor zwei Ankern. Der Steuerbordanker war mit 60 Faden und der Backbordanker mit 45 Faden gesichert. Da sie weder Ladung noch Ballast an Bord hatten, arbeitete die Bark schwer im hohen Seegang. Vormittags brach die Steuerbordklüse. Vom Fockmast aus wurde deshalb ein Stopper auf die Kette gesetzt und das Ende der Kette um den Fockmast belegt. Eine Stunde später brach auch der Stopper, und kurz darauf riss die Steuerbordklüse aus. Die Lage der COMET wurde immer gefährlicher. Breckwoldt ließ Signal setzen, dass ein Boot zur Rettung der Mannschaft kommen sollte. Aber wegen des hohen Seegangs warteten sie vergeblich auf Hilfe von Land. Im Gegensatz zur Steuerbordkette, die ganz ausgefahren war, lag von der Backbordkette noch viel an Deck.

Damit hoffte man, beiderseits mehr Kette stecken zu können. Die Einschäkelung glückte. Doch die Steuerbordkette lief nicht ab. Das Spill hatte sich verklemmt. Während sie damit beschäftigt waren, einen Notanker fertig zu machen, brach die Steuerbordkette und gleichzeitig riss die Klüse an Backbord aus. Auch das daraufhin gesetzte Signal, die Kette sei gebrochen, blieb unbeachtet. Da die Bark jetzt nur noch von einer einzigen Kette gehalten wurde, befahl Oestmann, sie zu verlängern. Aber auch das misslang. Breckwoldt ließ in dieser Situation die Segel klar machen, um das Schiff für den Fall, dass auch die Backbordkette brechen sollte, steuern zu können. Der Bruch ließ nicht lange auf sich warten.

Als die COMET mit Hilfe des Vorsegels Fahrt machte, schleifte die gebrochene Ankerkette über den Grund und war beim Manövrieren hinderlich. Nach vielen mühsamen Versuchen gelang es, sie loszuwerden.

Als der Sturm nachließ, waren die Männer total erschöpft. Doch sie hatten ihr Leben und das Schiff gerettet. Um die Schäden beheben zu können, erhielt Kapitän Breckwoldt die Erlaubnis, den kleinen Hafen von Puerto Montt anzulaufen. Dort nahm ein Dampfboot sie an den Haken und schleppte sie zum Werftpier.

Die Beseitigung der Sturmschäden sorgte für eine längere Werftzeit in Puerto Montt. Die Besatzungsmitglieder gingen tagsüber den Werftarbeitern zur Hand und bummelten abends durch die Stadt. Viet saß mit ein paar Männern in einer Kneipe, und sie genossen ihr Bier. Echte deutsche Braukunst sei das, hergestellt von einem Braumeister, der aus Bayern nach Chile ausgewandert war, erzählte ihnen der stolze Wirt. Während er fortfuhr, über die Vorzüge dieser Braukunst zu reden, begann plötzlich die Erde zu rumpeln. Dann setzte ein Schwanken und Rollen ein, als sei man auf hoher See. Ihre Gläser kippten um, Flaschen fielen klirrend aus dem Regal hinter dem Bartresen, Hocker kippten. Die Männer sprangen auf und stürzten hinaus. Der Wirt stand mit gespreizten Armen und Beinen eng an die Wand gedrückt. Eine junge Frau schnappte ihr Kind und verkroch sich unter einem Tisch.

Überall rannten Menschen voller Panik auf die Straße. Häuser stürzten ein, Mauerteile schwankten, bevor sie in sich zusammenbrachen und in die Straßen stürzten. Die Kirchenglocken begannen von alleine zu läuten. Theo sah sich verwirrt um, rief dann atemlos: »Die Frau und das Kind! Wir müssen sie da herausholen!«

Sie liefen zurück in das immer noch tanzende Gebäude. Steinbrocken polterten die Treppe herunter. Eine Petroleumlampe knallte zu Boden und entfachte Feuer. Die beiden sprangen über umgestürzte Tische und Stühle und zogen die Frau und das Kind unter dem Tisch hervor. Viet griff das Kind und versuchte, das schwankende Haus zu verlassen. Doch das Feuer versperrte ihm den Weg. »Los! Da durch!«, schrie Theo und sprang mit der Frau in seinen Armen durch die Feuerwand. Viet folgte ihm.

Als sie keuchend auf dem Platz vor dem Haus standen, lag über der Stadt bereits eine riesige Staubwolke. Die junge Mutter dankte den beiden Seeleuten, nahm ihr Kind und ging mit ihm davon. Theo sah ihnen nach und musste dann ohnmächtig zusehen, wie sie geradewegs in ihr Unglück liefen. Eine Hauswand stürzte genau dort ein, wo die beiden gerade entlangliefen, und begrub sie unter sich. »Aber das ist doch Wahnsinn!«, schrie Viet. »Dafür haben wir sie doch nicht aus der brennenden Kneipe geholt.«

Dann sah er, wie Theo sich wimmernd und krampfend am Boden wälzte und keuchte, keuchte, keuchte. Schließlich erbrach er sich. Viet kümmerte sich um ihn, wusste aber nicht, wie er Theo helfen könnte. Einige Kameraden der COMET kamen zu Hilfe und schlugen vor, hier zu verschwinden und sich zum Schiff durchzuschlagen. Theo aber wollte den Platz nicht verlassen, begann plötzlich, wild mit den Armen zu fuchteln und die Männer von sich weg zu stoßen. Dann rannte er los – mit dem Kopf direkt gegen eine Mauer. Immer wieder schlug er seinen Kopf gegen die Mauer, dass es dumpf dröhnte. Viet, Sören und Fiete versuchten ihn von der Mauer wegzureißen, doch er wand sich mit schier unbändiger Kraft. Schließlich gab ihm Fiete einen solchen Schlag in die Magengegend, dass er zu Boden ging. Sie hoben ihn auf, nahmen ihn in die Mitte und zogen ihn über Trümmer und Schutt zum Werftpier.

Zurück auf dem Schiff machten sie umgehend bei Kapitän Breckwoldt

Meldung, Theo spiele den wilden Mann: »Was sollen wir mit ihm machen, Käpten? Er schreit wie doll und rennt mit dem Kopf gegen die Wand!« »Bringt ihn erst mal in seine Koje«, befahl Breckwoldt. »Vielleicht beruhigt er sich dann wieder. Einer bleibt bei ihm und passt auf ihn auf.«

Viet übernahm das, saß an seiner Koje und kühlte seine Stirn mit nassen Lappen. Doch Theo drückte seinen Arm immer wieder weg, stöhnte und keuchte, machte mehrfach Anstalten, aufzuspringen und wegzulaufen. Es kostete Viet viel Kraft, ihn in der Koje zu halten. Als der Kapitän vorbeischaute, meldete Viet, er könne Theo allein nicht länger bändigen.

»Dann kommt er eben ins Schapp zu den Tieren aufs Achterdeck«, befahl der Kapitän.

Das Schapp war ein kleiner abschließbarer Raum, der kein Bulleye besaß. Man konnte ihn nur von außen abschließen. Sören und Ernst halfen, Theo dorthin zu transportieren.

Viet verstand nicht, was den Freund plötzlich so verändert hatte. Auf dem Weg in die Stadt war er noch ganz der Alte gewesen. Selbst als die Erde schwankte und das Inferno in der Bodega ausbrach, hatte er umsichtig reagiert, die Gefahr, in der Mutter und Kind schwebten, klar erkannt, und gemeinsam hatten sie die beiden gerettet. Erst nach ihrem tragischen Tod hatte die Tobsucht begonnen. War es die Enttäuschung über die unvollendete Rettung, die er nicht verkraftet hatte? Oder hatte es etwas mit seiner Lungenkrankheit zu tun? Viet hoffte inständig, Theo möge so schnell wie möglich wieder zu Verstand kommen.

WO IST MERTENS?

Mertens war verschwunden. Offenbar hatte er seine Papiere aus der Kapitänskajüte gestohlen und sich davon gemacht. »Das habe ich nun davon, dass ich ihn mitgenommen habe«, meinte Kapitän Breckwoldt, als Oestmann ihm das Fehlen meldete. »Das habe ich von meiner Gutmütigkeit!« Aber so ganz stimmte das natürlich nicht, das wusste er selbst. Seinerzeit war Breckwoldt sehr froh gewesen, seine Mannschaft mit vier Matrosen der IDA aufstocken zu können.

Drei Tage später bat Oestmann seinen Käpten an Deck, deutete auf einen jungen Mann und sagte: »Sehen Sie, wer wieder anmustern will.« Breckwoldt lief rot an und verpasste dem jungen Mann eine saftige Ohrfeige. Jan Mertens nahm sie hin und sagte demütig: »Käpten, ich weiß, dass ich einen schweren Fehler gemacht habe. Ich bitte um Entschuldigung.« »Was erlaubst du dir?« Breckwoldt war so aufgebracht, dass er drauf und dran war, Mertens windelweich zu prügeln, wäre da nicht Oestmann gewesen, der ihm zuraunte, dass man Mertens gerade jetzt sehr gut gebrauchen könne. Die Mannschaft müsse unbedingt aufgefrischt werden. Und erfahrene Seeleute seien in Puerto Montt so gut wie nicht zu finden. Breckwoldt meinte schnaufend: »Was soll das, Oestmann?« »Käpten, wir sollten Mertens erst mal fragen, was ihn auf die aberwitzige Idee gebracht hat, seine Papiere zu stehlen und zu türmen.«

Der Käpten nickte mürrisch, und Mertens begann zu erzählen. Das war ihm zwar peinlich, aber er war nicht dumm und wusste, was für ihn auf dem Spiel stand: Schiffe, die Seeleute suchten, gab es in diesem Hafen außer der COMET keine. Er würde also nur auf seinem alten Schiff von hier fort kommen, und dazu brauchte er das Wohlwollen des Käptens, den er bestohlen hatte. Keine leichte Sache, aber er wollte es versuchen. »Danke Käpten«, sagte er kleinlaut.

Und dann begann er zu erzählen: »Also Erna, meine Verlobte und ich, wir liebten uns sehr, doch ihre Eltern waren gegen die Verbindung. Ernas Vater ist ein reicher Obst- und Gemüsehändler und hatte in Deutschland eine gute Partie für seine Tochter gefunden: den Sohn eines Reeders, der zehn Schiffe besitzt. Erna wollte ihn aber nicht, sondern mich. Ich bin allerdings ein armer Jantje, ohne großen Besitz. Um uns zu trennen, sind sie mit Erna nach Chile ausgewandert, denn sie besitzen auch hier bedeutende Ländereien. Nach ihrer Ankunft in Chile schrieben wir uns regelmäßig, aber heimlich. Besser gesagt, Theo hat geschrieben. Ich kann das ja nicht. Ich musste meiner Erna hoch und heilig schwören, umgehend nach Chile zu kommen, um sie zu heiraten. Dann hab ich plötzlich nichts mehr von ihr gehört. Keine Briefe mehr. Kein nichts. Ich fürchtete, ihr Vater sei dahintergekommen und mache Erna das Leben zur Hölle. Deshalb hatte ich nur ein Ziel: Sie so schnell wie möglich aus den Händen ihrer schrecklichen Eltern zu befreien. Aber es gab immer wieder neue Hürden. Die schlimmste war der Untergang der IDA, bei dem ich beinahe selbst mit draufgegangen wäre. Als ich es dann mit der COMET doch noch hierher geschafft hatte, habe ich meine Papiere aus ihrer Kajüte geholt, Kapitän, und bin direkt zu ihrem Elternhaus gegangen. Kurz vor der Ranch traf ich Erna – in Begleitung eines jungen Herrn. Als sie mich erkannte, wurde sie blass: ›Jan, du hier? Was willst du? Hast du meinen Brief nicht erhalten?‹ Doch, ich hatte von ihr Briefe erhalten. Eine ganze Zeitlang. Den aber, auf den es ankam, den hatte ich nicht bekommen: ›Jan, ich bin seit mehr als einem Jahr verheiratet. Das ist mein Mann Xavier Gutierres.‹ Er begrüßte mich mit ›Buenos Dias‹ und lüftete dabei leicht seinen Hut. ›Du musst gehen, Jan, sonst bekommst du furchtbaren Ärger mit meinem Vater.‹ Ich war wie vor den Kopf geschlagen. Mir wollte das Herz zerspringen. Dann bin ich einfach davon gerannt, und jetzt bin ich wieder hier und bitte nochmals um Vergebung.«

Breckwoldt schwieg, er schaute mürrisch. Schließlich brummte er: »Du kannst bis Valparaiso anheuern. Und jetzt geh zu Theo Schuldt und beruhige ihn. Da kannst du was gutmachen!«

DIE SUCHE NACH
CLAUS BEHRMANN

Als die COMET wieder seeklar war, legten sie ab nach Valparaiso. Weil die Winde ungünstig standen, brauchten sie einige Wochen. Die Stadt besaß neben dem nordamerikanischen San Francisco den bedeutendsten Hafen an der ganzen amerikanischen Westküste und wurde vor allem von Großseglern angelaufen, die Kap Horn umrundet hatten. Es war nämlich der erste Hafen nach dem Kap, der von Tallships angelaufen werden konnte. Die Einwohner Valparaisos nannten sich deshalb selbst Portenos, abgeleitet vom spanischen Wort für Hafen.

Viet schlenderte durch die Altstadtviertel von Cerro Alegre und Cerro Concepcion, die unmittelbar an der nach Norden offenen Bucht lagen, und hielt die Augen offen, ob nicht irgendwo Gorilla-Schorsch auftauchte. Seine dringlichere Aufgabe sah er allerdings darin, Menschen nach seinem vermissten Onkel zu befragen.

»Will he de Lüd all wedder een Lock in'n Buuk quasseln?«, fragten sich einige Kameraden und schüttelten die Köpfe; so etwas hielten sie für sinnlos. Einer, der seit beinah zehn Jahren verschwunden war, der war eben weg. Aus, Ende. Doch nicht für Viet, denn wenn seine Fragen nach Onkel Claus auch weitgehend erfolglos blieben, er hatte es der Mutter versprochen, und er würde sein Versprechen halten.

So streifte er zuerst durch die Hafengegend, dann durch Wohngebiete mit zahllosen Treppen und winzigen Gassen. Die Viertel waren sauber und gepflegt, obwohl die gesamte Region mehrfach durch Erdbeben zerstört worden war. Zum letzten Mal 1851, also vor 14 Jahren. Doch davon war nichts mehr zu sehen.

Später, als Viet wieder an Bord war, hörte er, Kapitän Breckwoldt habe mit dem deutschen Konsul gesprochen, um für den noch immer kranken und immer wieder von Tobsuchtsanfällen heimgesuchten Theo eine Lösung zu finden. Weiterhin an Bord behalten konnte man ihn nämlich nicht.

Breckwoldts Besuch brachte Viet auf eine Idee: Er würde ebenfalls den Konsul aufsuchen und ihn nach seinem Onkel fragen. Denn wenn einer wissen konnte, wo in der näheren und weiteren Umgebung Deutsche lebten, dann der deutsche Konsul.

Bereits am nächsten Tag wurde Viet vorstellig. Man führte ihn in eine weitläufige Halle und bedeutete ihm zu warten. Es dauerte mehr als zwei Stunden, bis er schließlich zu Konsul Öttinger vorgelassen wurde. Der schien zu befürchten, dass wieder einmal ein ›abgebrannter‹ Seemann um finanzielle Unterstützung bitten wollte, denn er gab sich zunächst sehr wortkarg. Als Viet sein Anliegen vortrug, wurde der Konsul jedoch viel freundlicher: »Claus Behrmann, sagen Sie? Aus Dockenhuden in Holstein? Mehr wissen Sie nicht? Keine Adresse, keine weiteren Anhaltspunkte?«

Viet schüttelte den Kopf. Der Konsul versprach, Nachforschungen anzustellen. Viet möge in drei Tagen wieder vorsprechen: »Wenn wir etwas finden, werden Sie es erfahren, aber versprechen kann ich nichts.«

Am nächsten Tag gab es große Aufregung. Theo sollte in ein Spital gebracht werden, das von einem Deutschen geleitet wurde. Doch der Patient sträubte sich mit Händen und Füßen, musste schließlich von vier Männern gefesselt werden, um ihn in die Kutsche zum Santa-Barbara-Hospital zu schaffen. Alle hofften, er möge wieder gesund werden.

Als Viet zwei Tage später erneut beim Konsul vorsprach, gab es keine Wartezeit. Er wurde sofort vorgelassen und mit den Worten begrüßt: »Sie haben Glück. Es gibt hier tatsächlich einen Claus Behrmann aus Dockenhuden in Holstein. Er ist vor etwa acht Jahren zugezogen. Vor sechs Jahren hat er geheiratet; eine Mapuche, eine Ureinwohnerin vom Stamm der Wenteche. Seitdem lebt er als Viehzüchter in den Bergen, etwa zwei Tagesreisen entfernt. Ich habe die ungefähre Anschrift, falls Sie lesen können. Aber seien Sie vorsichtig. Der Weg ist nicht ungefährlich. Die Straßen sind schlecht, und es gibt dort Banditen.«

Viet bat seinen Kapitän um fünf freie Tage, erhielt sie und machte sich vor Tagesanbruch gemeinsam mit Sören Sörensen auf den Weg in die

Berge. Er wollte nicht alleine gehen, und Sören war sofort einverstanden, ihn zu begleiten. Sie wollten die neue Eisenbahnlinie Richtung Santiago de Chile nutzen. Es wäre für beide das erste Mal in ihrem Leben, dass sie in einer Dampfbahn saßen.

Als sie am Bahnhof eintrafen, blitzte und blinkte die polierte Lok im Morgenlicht. Der Lokführer hingegen sah ganz anders aus; von Öl verschmutzt, stand er in seinem offenen Stand neben dem von Kohlenstaub überpuderten und schwitzenden Heizer, der immer wieder Holz in den Kessel der Lok schieben musste, um sie unter Dampf zu halten. »Das wär kein Beruf für mich. Da arbeite ich doch lieber auf einem Windjammer an der frischen Luft«, stellte Viet fest.

Die Bahn fuhr in weiten Kurven durch die malerischen Täler der Küstenkordilleren über Casablanca nach Curacavi im Landesinneren und war dabei so schnell, dass ihr nicht einmal Hunde zu folgen vermochten. Dann ging es zu Fuß weiter. Von Curacavi sollten sie dem Trampelpfad Richtung Lampa folgen. Er führte zunächst über den Fluss Rio Puangue und dann in die Berge. Der teils felsige, teils lehmige Pfad war an vielen Stellen vom Regenwasser ausgewaschen und häufig von tiefen Spurrinnen durchzogen, die zu bösen Stolperfallen werden konnten. Hinter einer Kurve versperrte ein zweirädriger Ochsenkarren den Weg. Drei Männer mit abenteuerlich großen Sombreros und braunen Ponchos standen lauernd herum. Sören nahm seinen Wanderstab, den er als ›Wanderwaffe‹ mitgenommen hatte, fester in die Hand. Einer der Männer begrüßte sie und bat um Hilfe; der Karren stecke fest. Sören und Viet erklärten sich bereit zu schieben und positionierten sich so, dass sie die drei vor sich hatten. Diese Vorsichtsmaßnahme schien ihnen angebracht, erwies sich aber als unbegründet, denn kaum war die Karre aus dem schlammigen Pfuhl herausgeschoben, dankten die Männer ihnen nicht nur sehr herzlich, sondern boten ihnen auch von den frisch geernteten Äpfeln auf dem Karren an – so viel ihre Bündel fassen konnten.

»Na, das fängt ja gut an«, sagte Viet erleichtert und langte zu.

Als sie die nächste Serpentine gemeistert hatten, öffnete sich ein unbeschreiblicher Blick auf die Landschaft, in der 310 Tage im Jahr die Sonne scheinen sollte – das jedenfalls hatte man ihnen in Valparaiso gesagt. Ob das wohl stimmte? Bei all den Regenpfützen und Auswaschungen der Wege? Sie erreichten sehr dünn besiedeltes Gebiet, sahen nur noch gelegentlich armselige Hüttenansammlungen, die man kaum als Dörfer bezeichnen konnte. Schweine suhlten sich in Pfützen, Hühner scharrten im Dreck, schmutzige Kinder spielten Ball, der ihnen von Hunden abgejagt wurde. Aus einigen dieser Hütten drangen allerdings verlockende Essensdüfte. Doch sie mussten weiter, entlang an Kiefern- und Eichenwäldern und von Steinwällen eingefriedeten Weiden, auf denen Ziegen, Schafe oder Kühe grasten. Mehrmals begegneten ihnen Karawanen, die Mulis und Lamas als Lasttiere nutzten, und irgendwann standen sie in kahler Landschaft mit freiem Blick auf den König der Berge, den Aconcagua, der schneebedeckt über der gesamten Welt zu thronen schien – mit fast 7000 Meter Höhe der höchste Berg Amerikas.

Am Nachmittag trübte sich das Wetter ein. Die Luft stand. Nicht der leiseste Windhauch erfrischte sie. Aus der Ferne nahte Donnergrollen »Wir sollten uns einen Unterstand suchen«, schlug Viet vor. Sören nickte, und beinahe wie bestellt lag hinter der nächsten Serpentinenkurve eine gemütlich aussehende Schänke. Ein idealer Moment, denn gerade fielen die ersten dicken Regentropfen, und es dauerte nur wenige Minuten, bis heftiger Sturzregen einsetzte. Die letzten Meter mussten sie rennen, um nicht pitschnass zu werden.

Im Schankraum wurden sie von dicker Luft begrüßt; bläulicher Zigarrenqualm erzeugte einen recht undurchsichtigen Nebel. Als ihre Augen sich daran gewöhnt hatten, stellten sie fest, dass fast alle anwesenden Männer Karten spielten. Viet und Sören steuerten auf einen kleinen Tisch im hinteren Bereich des Raums zu und wurden dabei von den Gästen genau beobachtet.

»Was gibt es so zu gaffen?«, fragte Viet. »Bekommt noch einer Geld von uns?« Obwohl das ein Spaß sein sollte, war beiden nicht ganz wohl. Hier stimmte etwas nicht.

Das Gewitter war jetzt direkt über ihnen. Es goss wie aus Eimern, und grelle Blitze erleuchteten die Wirtsstube. Der krachende Donner erfuhr ein mehrfaches Echo von den umliegenden Bergwänden und war so unglaublich laut, dass sie Mühe hatten, ihren Wein zu bestellen.

Als serviert war, nahmen sie sich die Zeit, die Männer an den Tischen genauer zu betrachten. Fast jeder hatte einen rabenschwarzen Bart und trug einen Poncho. Neben jedem Tisch lagen große Ballen, in Leinwand gehüllt und fest verschnürt. Viet vermutete, die Männer seien Schmuggler, was ihre misstrauischen Blicke erklärte.

Vielleicht hielt man sie für Polizeispitzel. Hatte der Konsul nicht davon gesprochen, sich in dieser Gegend vor Männern in Acht zu nehmen, die dunklen Geschäften nachgingen?

Viets Gedanken wurden unterbrochen, weil ein kräftiger Bursche mit blauschwarzem Haar und kupferfarbener Haut an ihren Tisch trat und sie ansprach. Sie verstanden ihn nicht, registrierten aber, dass sein Ton aggressiv war.

»No comprendo«, sagte Viet, »Alemanos«, und ergänzte, dass er auf der Suche nach Claus Behrmann sei – seinem Onkel. Doch nichts davon schien den Kerl zu beeindrucken. Er nahm einen Stuhl, setzte sich rittlings darauf, stützte beide Ellenbogen auf den Tisch und starrte Viet an.

In diesem Moment schlug ein Blitz mit gewaltigem Getöse in eine nahe Felswand. Der Bursche blieb davon allerdings völlig unbeeindruckt und fixierte Viet weiter mit eiskaltem Blick. Der Junge aus Blankenese versuchte es mit einem weiteren »No comprendo!« und zuckte mit den Achseln. Doch auch diese Geste schien keinerlei Verständnis auszulösen. Dann begannen die übrigen Gäste, nach ihm zu rufen – Antonio. Es klang, als wollten sie den Kerl an ihrem Tisch anfeuern. Unter dem Tisch schloss sich Sörens Griff fest um seine Wanderwaffe.

Zunächst geschah nichts. Der Bursche starrte sie einfach weiter an. Ganz plötzlich sprang er auf, warf den Kopf in den Nacken und holte zu einem Rundschlag aus, der mitten in Viets Gesicht zielte. Doch Sören hielt seinen Wanderstab mit beiden Händen in die Schlagbahn. Antonios Faust traf mit voller Wucht auf das harte Eichenholz. Sofort spritzte Blut. Der Schläger wandte sich mit schmerzverzerrtem Gesicht ab und steckte die Hand in den Mund, um die Blutung zu stoppen.

Für einen kurzen Moment herrschte angespannte Stille. Dann ertönte ein Schrei, und einer der Männer deutete aus dem Fenster, bekreuzigte sich und sprang auf. Einige der Lasttiere hatten sich losgerissen. Ein paar Männer, unter ihnen auch ihr ›Freund‹ Antonio, stürzten in den Gewitterregen hinaus, um sie wieder einzufangen. Sören und Viet erkannten ihre Chance und versuchten, durch die Hintertür zu verschwinden. Doch es waren noch Gäste im Schankraum, und die hielten sie davon ab; zwangen sie mit sanfter Gewalt, sich wieder zu setzen. Nicht lange, dann kamen die Kerle von draußen wieder herein. Sie schüttelten am Eingang die vom Regen triefenden Hüte und Ponchos aus und nahmen wieder an ihren Tischen Platz. Antonio war nicht unter ihnen. Er stand noch immer draußen im strömenden Regen und kühlte an der Tränke einen Fuß. Ob ihn ein Muli getreten hatte? Es schien, als sei das heute nicht sein Tag.

Als kurz darauf der Regen aufhörte, erhoben sich die meisten Schmuggler, verließen das Wirtshaus, banden ihre Tiere los und zogen davon. Viet und Sören warteten auf den Moment, an dem auch die gehen würden, die sie zurück in ihre Stühle gedrängt hatten, doch bevor es dazu kam, betrat Antonio den Gastraum.

»Señor Behrmanno?«, sagte er, und es klang wie eine Frage. »Si«, nickte Viet. Antonio drehte sich um und winkte ihnen, mitzukommen, nahm seine bepackten Mulis am Zügel und humpelte los, noch einmal Zeichen gebend, sie sollten ihm folgen.

DER MANN
IN DEN BERGEN

Sie gingen etwa vier Stunden, in denen Antonio sich kein einziges Mal nach ihnen umsah. Dann kamen sie zu einer Weggabelung. Antonio wies den Weg nach backbord und gab zu verstehen, dies sei ihre Richtung. Er selbst nahm den anderen Weg und ging grußlos fort.

Die Dunkelheit begann bereits heraufzuziehen, als sie auf der gegenüberliegenden Lehne eines Tals ein einsames Licht entdeckten. Es gäbe in dieser Gegend nur ein einziges Haus, hatte der Konsul gesagt, das von Herrn Behrmann. Waren sie am Ziel?

Als sie näherkamen, hörten sie das Gebell von Hunden, wurden aber nicht behelligt. Die Tiere waren angekettet. Das Gebäude hatte ungefähr die Größe eines Blankeneser Kapitänshauses. Eine Mapuche-Frau trat vor die Tür und rief etwas in die Dunkelheit. Vermutlich war es auf Mapudungun, denn Spanisch hätten sie verstanden. Viet meldete sich vorsichtig zu Wort, denn es war jetzt bereits so dunkel, dass die Frau sie nicht sehen konnte. Er nahm all sein Spanisch zusammen, begrüßte sie, versicherte, sie seien harmlose Wanderer und kämen aus Deutschland. Doch die Mapuche schien ihn nicht zu verstehen, rief aber ins Haus hinein und Viet glaubte, mehrfach das Wort »Alemanos« verstanden zu haben. Dann kam aus dem Haus eine Antwort. Eine Männerstimme sagte auf Deutsch: »Lass mich in Ruhe!« Die Frau zuckte mit den Achseln, gab den beiden ein Zeichen, ihr zu folgen, und zeigte ihnen eine Schlafmöglichkeit in der Scheune.

Am nächsten Morgen wachte Viet auf, als der Hahn krähte. Er erhob sich, öffnete die Stalltüre und sah einen Mann, der ein paar Lamas mit Süßkartoffeln fütterte. Viet war aufgeregt, nahm seinen Mut zusammen und ging zu ihm. »Guten Morgen, ich bin auf der Suche nach Claus Behrmann«. Doch bevor er noch etwas hinzufügen konnte, herrschte der Mann ihn an: »Wer bist du? Was willst du hier?«

»Ich bin hier, um Claus Behrmann Grüße zu überbringen und nachzusehen, ob er noch lebt. Meine Mutter hat mich darum gebeten.«

»Grüße überbringen? Wer ist deine Mutter?« Der Tonfall des Mannes war kaum freundlicher als beim ersten Satz. »Ich bin Viet von Appen, der älteste Sohn von Claus Behrmanns Schwester Catharina. Und der da drinnen ist mein Freund Sören Sörensen aus Sonderburg. Er kann nicht sprechen. Wir gehören beide zur Mannschaft eines Seglers, der zurzeit im Hafen von Valparaiso liegt.«

Der Mann schaute Viet misstrauisch an, sagte aber nichts. »Meine Mutter möchte wissen, ob Claus Behrmann noch lebt – und falls ja, weshalb er nie zurück nach Dockenhuden gekommen ist und nie ein Lebenszeichen an seine Familie geschickt hat.«

Diese Sätze machten den Mann sehr nervös: »Verschwinde. Ich will dich und deinen Amigo nicht auf meinem Grundstück sehen. Und wenn ihr nicht ganz schnell weg seid, lasse ich die Hunde los.« Dann drehte er sich abrupt um und ging zum Haus.

Sören hatte vor der Stalltür gewartet und das Gespräch der beiden verfolgt. Mit einer Geste gab er zu verstehen, dass sie wohl Pech gehabt hatten und lieber aufbrechen sollten, doch Viet brauchte eine Weile, um die abweisende Reaktion seines Onkels zu verarbeiten.

Sie waren schon ein gutes Stück schweigend durch das Tal gelaufen, als die Mapuche hinter ihnen hergelaufen kam und nach ihnen rief. Viet und Sören blieben stehen und überlegten, was sie wollte. Es schien, als sollten sie zurück zum Haus kommen, denn die Frau zog Viet am Ärmel und bedeutete ihm, ihr zu folgen. Als sie wieder beim Haus ankamen, führte die Frau sie durch die Küche, wo vier kleine Kinder spielten und zwei halbwüchsige Mädchen Essen zubereiteten. Sie klopfte an eine Tür und meldete sich mit MARIA, öffnete und gab zu verstehen, Viet möge eintreten.

In einem Sessel saß der Mann und schluchzte.

Viet nahm auf einem der wackeligen Stühle Platz und wusste nicht recht, was er tun sollte. Schließlich begann er zu erzählen; von seiner Familie in Blankenese und wie es ihnen im letzten Jahrzehnt ergangen war. Er beschränkte sich dabei ausschließlich auf die heiteren und positiven Dinge.

Viets Erzählungen schienen den Onkel zu beruhigen, denn er hörte auf zu weinen und sah Viet zum ersten Mal mit offenem Blick an. Die Frau betrat den Raum und brachte Tee.

»Das ist Maria, meine Frau«, stellte der Mann sie vor, »und die beiden halbwüchsigen Señoritas in der Küche sind ihre Schwestern. Sie arbeiten auf unserem Hof. Die vier Rangen sind unsere Kinder.«

Dann griff er nach dem Becher, nahm einen kräftigen Schluck und fuhr fort: »Mate-Tee. Er wird vor allem jenseits des Gebirges in Argentinien, Paraguay und Brasilien getrunken. Ich lasse ihn mir von den Schmugglern mitbringen, wenn sie Tiere bei mir kaufen. Habt ihr beiden, du und dein Freund, heut' schon was zu essen gehabt?« Viet verneinte, und Onkel Claus gab den beiden Mädchen den Auftrag, den Männern ein Frühstück zu bereiten.

Während der Mahlzeit fragte der Onkel plötzlich: »Und wie geht's deinem Vater? Fährt er immer noch die CATHARINA VON BLANKENESE?« Viet schüttelte den Kopf und erzählte, dass Vater Opfer der See geworden war. Mutter habe inzwischen ihren Schwager Hannes heiraten müssen und lebe weiterhin in dem Blankeneser Tweehus, in dem schon Vaters Eltern gewohnt hatten. Diese Nachricht versetzte den Onkel wieder in sehr düstere Stimmung. Er begann erneut zu weinen und stammelte unverständliche Worte. Maria nahm seine Hand, streichelte seinen Kopf, drückte ihn an ihren Busen wie ein trauriges Kind, das getröstet werden musste. Dann gab sie Viet und Sören zu verstehen, das Zimmer zu verlassen und draußen zu warten.

Sie setzten sich auf eine Bank vor dem Haus. Viet war deprimiert: »Ich bin total fertig. Erst die Geschichte mit Theo, von dem wir nicht wissen, was er hat und wie wir hätten helfen können. Und jetzt diese Reaktion meines Onkels auf die Nachricht von Vaters weit zurückliegendem Tod. Was hab ich bloß wieder falsch gemacht?« Sören klopfte ihm freundschaftlich auf die Schulter und machte eine beruhigende Handbewegung, stand dann auf und winkte Viet, mitzukommen. Sie erkundeten den Hof und begutachteten die Tiere im Stall. Nach gut einer Stunde holte man sie zurück ins Haus. Maria führte Viet wieder in den Raum neben der Küche.

Onkel Claus machte einen gefassten Eindruck, wenn sein Gesicht auch auffällig gerötet war. »Tut mir Leid. Ich habe nicht geahnt, dass dich die Nachricht von Vaters Tod so aufwühlen würde«, sagte Viet. »Schon gut!«, antwortete der Onkel, sah Viet mit offenem Blick an und begann zu erzählen: »Ich war das jüngste Kind meiner Eltern und hatte überhaupt keine Lust auf das Landleben. Viel lieber hätte ich eine Schule besucht, aber Vater meinte, Schulbildung sei vergebene Liebesmüh für einen Knecht. ›In School sett se di blot Grappen in'n Kopp.‹

Ich konnte meinem Vater nicht klarmachen, dass ich ums Verrecken nicht auf unserem Hof arbeiten wollte, und schon gar nicht unter meinem Bruder Johannes. Deshalb bin ich mit vierzehn zur See gegangen. Allerdings heimlich. Mein Alter hätte es niemals erlaubt. Und auch sonst hätte niemand in Dockenhuden Verständnis für meinen Plan gehabt; weder Verwandte noch Freunde oder Nachbarn. Also habe ich bei Nacht und Nebel auf der Schonerbrigg ERNESTINE angemustert, die für Irland bestimmt war. Es war ein hartes Leben an Bord, aber Härte war ich vom Hof meiner Eltern ja gewohnt. Wovon ich allerdings keine Ahnung hatte, waren die Urgewalten der Natur, die mir das Leben zusätzlich schwer machten. Ich hab nämlich eine Heidenangst vor Sturm und Wellen, vor Gezeiten und Kavenzmännern, und wenn es richtig schaukelt, wird mir übel. Vor der englischen Küste kamen wir in einen Orkan, der uns in Seenot brachte. Von den sechs Männern der Besatzung konnten sich nur vier retten. Einer davon war ich. Ein englischer Fischer holte uns aus dem Wasser und brachte uns nach Falmouth. Dort erhielt ich bald eine neue Heuer auf einem Hamburger Schiff, das für Rio bestimmt war.«

Claus machte eine Pause, trank von seinem Tee und fuhr fort:

»Nach dem Untergang der ERNESTINE vor Cornwall litt ich unter Panikattacken. Eigentlich wollte ich nie wieder raus auf die See. Aber ich hatte keine Wahl. Ich musste meinen Lebensunterhalt verdienen und habe auf einem möglichst großen Kahn angemustert. Doch das nutzte gar nichts. Die Größe des Seglers hatte keinen Einfluss auf die Panikattacken. Wenn ich in meiner Koje lag, wachte ich immer wieder schweißgebadet auf und bekam kaum noch Luft. Zog ein Sturm oder gar ein Orkan auf, hatte ich die Hosen jedes Mal gestrichen voll. Mich wunderte, dass sie mich nicht in irgendeinem lausigen Hafen von Bord geworfen haben, denn ich war ein ausgemacht schlechter Seemann. Aber ich blieb auf der HAMMONIA, denn zurück nach Dockenhuden und dort als Knecht arbeiten wollte ich schon gar nicht. Obwohl es an Bord auch nicht besser war, als unter meinem Bruder zu arbeiten. Die Schikanen unseres Bootsmanns waren beispiellos. Das war ein Schinder. Er hat mir den Rest gegeben, und daran habe ich heute noch zu knabbern.«

Wieder machte Claus eine Pause, trank seinen Becher leer und schien sich zu sammeln:

»Also, viel furchtbarer als die Naturgewalten war dieses Schwein von Bootsmann. Er traktierte uns mit täglich neuen Schikanen und prügelte jeden mit dem, was ihm gerade in die Hände kam. Und mich im Besonderen. Und Riesenkräfte besaß dieser Mistkerl. Gegen den kam keiner an. Obendrein sah er auch noch furchterregend aus: Am Kopf schwarzes

Zottelhaar, das auch seinen ganzen Körper bedeckte, nur ein Auge, über-
lange Arme, die er wie Besanbäume benutzte. Einmal bei ziemlichem
Seegang befahl er dem anderen Jungen und mir, das Deck zu schrubben.
Das müsst ihr euch mal vorstellen: Ständig wurde das Deck von überkommenden Seen überspült und wir sollten es trotzdem schrubben.
›Aber wehe, du verlierst den Eimer, dann lass ich dich kielholen!‹
schnauzte er meinen Kameraden Kurt an. Und das war keine leere Drohung. Kurt war nämlich schon einmal kielgeholt worden. Und zwar so,
wie es die Piraten machen. Wegen dieser Drohung hielt Kurt den Tampen seines Eimers so fest wie ein Schraubstock, damit er ihm nur nicht
aus der Hand rutschte. Leider warf er den Eimer mit der Öffnung zur
Fahrtrichtung in die See – und das bei acht Knoten. Der Eimer, den er
so fest umklammert hielt, riss ihn mit dem Wasserstau über Bord. Wir
haben ihn nie wieder gefunden. ›Schwund gibt's immer!‹, hat der Bootsmann dazu gesagt.«

Vor Aufregung zitterte Claus Behrmann. Seine Frau streichelte ihm
über den Rücken, bat ihn, sich erst einmal zu beruhigen. Aber er wollte
weiterreden.

»Als ich bei schwerem Seegang einmal wieder kotzen musste, hat mich
der Bootsmann außenbords gehängt. Mehr als ein Glasen, eine halbe
Stunde lang hat er mich außenbords hängen lassen, haben die anderen
gesagt. Ich selbst hatte jedes Zeitgefühl verloren. ›Warst wohl schon beim
Klabautermann auf dem Meeresgrund!‹, höhnte er auch noch, als ich –
endlich wieder an Deck – mehr tot als lebendig all das verschluckte Salzwasser wieder erbrach.

Und denkt euch: Bei dem Schiffbruch vor Chile hat sich einer vor
Angst in die Hose gemacht. Wisst ihr, was unser Bootsmann da gemacht
hat? Trotz der Wetterkapriolen und der Anstrengungen, das Schiff zu
retten, hatte er die Muße, ihm einen abgebrochenen Besenstiel in den
Hintern zu stecken. ›Dann kommt das nie wieder vor!‹ hat er gesagt und
dabei aus vollem Hals gelacht! Nachdem ich auch das erlebt hatte, wollte
ich endgültig nie wieder auf ein Schiff. Nie. Nie. Nie. Ich kann keine
Schiffe mehr sehen.«

»Sag mal, hieß euer Bootsmann zufällig Bantin? Georg Bantin, genannt Gorilla-Schorsch?« platzte Viet in den Redestrom seines Onkels
und kannte die Antwort vorweg.

»Kennst du den etwa auch?« war dessen total überraschte Reaktion.
»Dann weißt du ja, was für ein Schwein das ist! Und dann kannst du
mich auch verstehen. Ich will es nie wieder mit solcher Bestie zu tun

haben. Aber selbst als Passagier möchte ich nicht noch einmal übers Meer fahren. Dazu hab ich zu große Angst vor der See!«

Claus atmete tief durch und trank seinen Becher leer.

»Doch nun muss ich euch erzählen, wie ich hierher kam. Wir segelten nach Rio und anschließend ums Kap Horn. Vor der chilenische Küste frischte der Wind gewaltig auf und wuchs zum Sturm an. Das Schiff nahm von beiden Seiten Wasser über. Unser Käpten hatte bis auf das Groß alle Segel festmachen lassen, um beigedreht die Gewalt des Sturms abzuwettern. Ich stand mit meinen entsetzlichen Ängsten an einer der Nagelbänke und hielt mich fest. Bloß nicht von überkommenden Brechern über Bord gewaschen werden, war meine einzige, alles bestimmende Sorge. Offenbar muss ich mich dabei so festgekrallt haben, dass ich dabei ein Stück hölzerner Schanz abbrach. Ich war so voller Angst, dass ich die Kommandos des Bootsmannes nicht mitbekam. Der schoss auf mich zu, trat mir so in den Allerwertesten, dass meine Ölhose riss und jagte mich als Ausguck in die Großmast-Spitze. Sie war angebrochen und konnte jeden Augenblick herabstürzen. Das war lebensgefährlich, doch der Bootsmann bestand darauf, dass ich hinaufkletterte. Ich konnte mich da oben kaum halten, geschweige denn etwas sehen. Meine Aufgabe war völlig unsinnig. Gegen fünf Uhr morgens schlug eine schwere Sturzsee unser Schiff schließlich zum Wrack.

Die Groß- und Besanstangen brachen, während ich vergessen im Mast saß, entsetzlich fror und nichts mehr sah außer Chaos. Das Roof und die darauf liegenden Boote wurden zertrümmert, die Deckel der Großluke herausgerissen. Die Ladung schoss über und gab dem Schiff eine gefährliche Schlagseite. Um ein Kentern zu verhindern, musste der Fockmast gekappt werden. Aber Wanten und Stangen verfingen sich, und das Schiff kam vom gekappten Mast nicht klar. Wie rasend schlug der Bootsmann mit einer Axt auf die Taue, um von ihnen frei zu kommen. Von Minute zu Minute wurde er wilder, tobte wie ein Berserker. Deshalb wollte ich ums Verrecken nicht runter an Deck. Irgendwann hab ich es dann doch gewagt und versucht, mich nützlich zu machen.

Am Morgen ließ der Sturm dann etwas nach. Wir trieben vier Tage manövrierunfähig, dann kreuzte eine spanische Bark auf, die uns aufnahm. Ein paar Tage später konnte das, was von unserem Schiff übrig war, im Hafen von Valparaiso vor Anker gehen, und ich hatte endgültig genug von der Seefahrt und bin sofort getürmt, hinauf in die Berge, wo mich der Bootsmann niemals finden würde. Und seit dem bin ich hier und werde auch hier bleiben. Der Weg zurück nach Europa führt nämlich nur übers Meer, und da bringen mich keine zehn Pferde je wieder hin. Das kannst du denen in Dockenhuden erzählen.«

Nach einer kleinen Pause erzählte Claus von seinem Leben in Chile. Zuerst arbeitete er bei einem Viehhändler, der seine Tiere an die zahlreichen landwirtschaftlichen Betriebe unten in der Ebene verkaufte. Es war ein einträgliches Geschäft.

Während dieser Zeit traf er Maria, eine Indio-Frau vom Stamm der Mapuche. Ihr Vater war einer der Treiber seines Patrons. Sie heirateten und Claus machte sich zwei Jahre später selbstständig, was sich gut anließ. Einen Teil seiner Tiere verkaufe er nach Argentinien, einige gingen an die Schmuggler, und die übrigen liefere er an die Haciendas unten im Küstenstreifen.

Dann wurde gegessen; ein reichhaltiges Mahl aus köstlichen Früchten und schmackhaftem Fleisch. Dazu gab es Wein; erst einen Krug, dann noch einen. Irgendwann mahnte Onkel Claus, es sei Zeit, sich ins Nachtlager zu begeben, denn mit dem ersten Hahnenschrei würden Viet und Sören aufbrechen müssen.

Am nächsten Morgen weckte Onkel Claus sie bei Sonnenaufgang zum Frühstück. Dann übergab er ihnen ein Riesenpaket Marschverpflegung und nahm Viet beiseite, um ihm einen Beutel voller Copiapó-Pesos auszuhändigen: »Für dich und deine Steuermannsschule«, sagte er. »Pass gut drauf auf und nutze es klug. Und mach kein Aufheben drum. Es ist gut angelegt, denn du bist ein feiner Kerl!«

Viet war sprachlos und glücklich, machte sich aber Sorgen, denn es war viel Geld, und der Hof seines Onkels sah ganz und gar nicht aus, als könne er sich das leisten. »Wir stellen unseren Wohlstand nicht zur Schau«, beruhigte der Onkel. »Damit niemand auf die Idee kommt, uns zu überfallen. Meine Geschäfte laufen gut. Ich habe 18 Männer. Sie sind zurzeit alle unterwegs und bringen Tiere zu Kunden oder kaufen Jungvieh ein. Mach dir deswegen keine Gedanken.«

Als Viet und Sören sich auf den Weg machten, drehten sie sich vor der ersten Kurve noch einmal um: »Ich komm wieder! Ganz bestimmt!«, rief Viet seinem Onkel zu. Dann sahen und hörten sie, wie der Onkel nach seinen Hunden pfiff und mit ihnen zurück zum Haus ging.

Der Rückweg der beiden Männer zum Schiff verlief ohne Zwischenfälle. Selbst bei der verschwiegenen Kaschemme stießen sie weder auf Schmuggler noch auf anderes Gesindel. Der Pfad war noch immer durch das vor vier Tagen niedergegangene Gewitter ausgewaschen. Abgebrochene Äste und Geröll versperrten mitunter den Weg.

Spät am nächsten Abend erreichten sie die COMET und wurden, noch bevor sie sich beim Kapitän melden konnten, vom heiligen Fiete begrüßt. »Na? Hast du deinen Onkel gefunden? Du glaubst nicht, wie ich für dich gebetet hab!« Viet nickte freundlich und konnte nach wie vor nicht verstehen, was diesen Kerl dazu brachte, so fromm zu tun – oder tatsächlich so fromm zu sein –, kümmerte sich auch nicht weiter darum, denn er hatte Wichtigeres zu erledigen. Sein erster Weg führte ihn zur Bank, um das vom Onkel erhaltene Geld in englische Pfund zu tauschen. Als er es in Händen hielt, war die Freude groß: 331 Pfund Sterling in Gold. Ein Vermögen. Mehr als genug, um die Steuermannsschule zu bezahlen. Dann kaufte er neue Kleidungsstücke sowie Seestiefel, bezahlte aber alles von seinen eigenen Ersparnissen. Die 311 Pfund Sterling sollten nur für Schule und Familie Verwendung finden. Um das Geld sicher nach Hause zu bringen, händigte er es gegen eine Quittung dem Kapitän aus. Dort war es sicher.

Als Viet die Kapitäns-Kajüte wieder verließ, wurde er von einer kreischend über das Schiff hinwegfliegenden Möwe bekleckert. Das bedeutete Glück, da war er sicher. Seine Kameraden hingegen lachten und veräppelten ihn, doch Viet ließ sich nicht beirren: Der Möwenschiss war ein Zeichen, dass er gesund heimkehren würde.

VI

SCHULGESCHICHTEN

»Tante Catharina, erzählst du was von früher?« bettelte der kleine Johannes, der Sohn ihrer Freundin Margarete, die auf der Nordseite im gleichen Tweehus wohnte.

Catharina wischte sich die Hände trocken und setzte sich für einen Moment zu dem kleinen Quälgeist. »Ach Gott, was soll ich denn nun schon wieder erzählen?« Ihr fiel so schnell nichts ein. Doch dann begann sie von ihrem Großvater zu berichten.

»Ganz früher, vor ungefähr hundert Jahren, haben die Dänen die Schulpflicht eingeführt. Davon hat mein Opa immer erzählt. Schulmeister wurden damals häufig ehemalige Soldaten oder arbeitslose Handwerksgesellen, die zusammen mit unserem Dorfhirten in einer Kate schlafen mussten und nur ein einziges Schulbuch kannten: die Bibel. Aber die Kinder, die zur Schule gingen, lernten wenigstens ein bisschen lesen und schreiben. Doch längst nicht alle besuchten die Schule, das weißt du ja. Das ist leider bis heute so geblieben. Bei dir ist das was anderes. Du wirst nächstes Jahr eingeschult. Freust du dich schon darauf?« Doch Johannes wollte mehr von früher hören und nicht nach seinen persönlichen Gefühlen befragt werden.

»Im Laufe der Zeit sorgten die Dänen für bessere Schulverhältnisse. Dafür musste dem Lehrer eine Wohnung mit Kohlhof gestellt und Schulgeld bezahlt werden. Denn die Lehrer hatten schließlich auch Frau und Kinder. Und die mussten ernährt werden. Aber die Dockenhudener und Blankeneser zahlten sehr ungern. Viele haben das immer wieder ›vergessen‹. Vielleicht weil der Dockenhudener Schulmeister Johann Hinrich Busch so unbeliebt war? Das könnte sein. Weil er sehr jähzornig war und Kinder grundlos schlug!«

»Tante Catharina, was ist jähzornig?« fiel Johannes ihr ins Wort.

»Also, das heißt …,« Catharina musste überlegen, was das Wort bedeutet. »Jähzornig ist, wenn man wütend wird und sich nicht beherrschen kann. Du wirst doch manchmal auch wütend, wenn jemand dein Spielzeug nimmt. Wenn du den anderen dann gleich mit einem Stock verprügelst und damit nicht aufhören kannst, bist du jähzornig!«

Über die Erklärung hatte sie beinahe den Faden verloren. »Also, der

Lehrer war sehr jähzornig, saß häufig in der Kneipe und stellte den Frauen nach, deren Männer auf See waren. Weil man ihm das Schulgeld vorenthielt, schrieb er einen wütenden Brief an den Landdrosten von Pinneberg. Darin stand, wer ihm wieviel Geld schuldete. Name für Name. Einmal hatte eine Mutter versucht, ihm das Anschreibebuch zu stehlen, in dem die Schulgeldzahlungen eingetragen waren. Als der Lehrer sie deswegen zur Rede stellte, beschimpfte sie ihn, schlug ihn und riss ihm die Perücke vom Kopf. Auch das hat er in seinem Brief erwähnt. Einige Schuljungen haben Lehrer Busch einen Streich gespielt, nachdem er sie mal wieder verprügelt hatte: Sie haben den Hühnern des Lehrers Brot zu fressen gegeben, das sie vorher mit Alkohol getränkt hatten. Danach wurde das Federvieh ganz duhn und torkelte über den Schulhof. ›Herr Lehrer, Herr Lehrer‹, haben die Lausejungen gerufen, ›was ist denn bloß mit ihren Hühnern los? Haben sie die etwa auch verprügelt?‹ Da ist Busch mit einem Rohrstock hinter ihnen her gelaufen, um sie für die Missetat zu bestrafen. Doch ein Vater ist dazwischen gegangen und hat seinerseits den Lehrer verprügelt. ›Unerhört, was sie mit meinem Jungen machen. Er hat doch nichts getan!‹ Doch es war nicht nur Lehrer Busch, der nicht zum Lehrer taugte und schlecht bezahlt wurde. Auch sein Blankeneser Kollege Hinrich Bonaventura Westphalen war ungerecht und schlug immer wieder Schüler. Als zu viele Beschwerden über ihn laut wurden, musste der Landdrost ihn entlassen. So suchte man immer wieder neue Lehrer.«

Sie schloss ihre Erzählung und schob Johannes aus der Küche.

»So mein Kleiner, Tante Catharina muss jetzt wieder arbeiten. Aber nun musst du keine Angst vor der Schule haben, denn so böse Lehrer gibt es heut nicht mehr!«

KAP HORN

Ein paar Tage später verließ die COMET den Hafen von Valparaiso und setzte Kurs auf Rio de Janeiro. Von dort würde es Richtung Heimat gehen. Die übernommene Ladung bestand aus Salpeter, getrockneten Häuten, Wolle und Stückgut. Der Wind wehte zuerst mäßig und flaute dann bis zu totaler Windstille ab. Die Dünung aber blieb steil, und die Segel klatschten gegen Stengen und Takelwerk. Von Zeit zu Zeit wurden sie aufgegeit.

Wegen der Schwere der Ladung lag ihre Bark tief im Wasser. Als dann wieder Wind aufkam, schoss die See durch die Speigatten. Das zunächst zaghafte Wehen gedieh zum ausgewachsenen Südwest mit himmelhoher Dünung, die das Deck keine fünf Minuten frei von Wasser ließ. In solchen Situationen lernt man die See kennen, schärft sein Auge dafür, welch heranrollender Kavenzmann an Deck brechen wird. Denn wenn Rasmus mit ein paar hundert Tonnen Wasser und Donnerkrachen über die Reling steigt, heißt es, auf die nächste Nagelbank zu springen und sich mit eisernem Griff daran festzuhalten. Und wehe dem, den die See unvermutet packt. Wie ein Bündel Stroh reißt sie ihn hoch und schmettert ihn zwischen Spieren und Stützen, fetzt ihm die Kleider vom Leib, und er kann von Glück sagen, wenn ihm nicht alle Knochen gebrochen werden. Schlimmer noch: Wenn er über die Reling in die schäumende See gewaschen wird ...

Die COMET musste beidrehen. Nicht weit von ihnen trieb ein Vollschiff. Vom Vortopp flatterte eine dunkle Flagge unter schwarzem Ball: Schiff in Seenot. Doch wie konnten sie dem Vollschiff helfen? Sie mussten froh sein, wenn ihre paar Sturmsegel hielten und ihr Schiff nicht quer zur See geschlagen wurde. Dann hätte der nächstbeste Brecher das Großluk zertrümmert, und das wäre ihr Ende gewesen. Wortlos starrten sie dem Schiff nach, das von der Gewalt des Sturms weit überliegend dahintrieb und langsam hinter den Schleiern der Regenböen verschwand.

Um Mitternacht wurde die Freiwache durch donnerndes Krachen aus dem Schlaf gerissen. Ihre Logistür war von einem schweren Brecher zersplittert worden, und gewaltige Mengen Wasser schossen in ihre Schlafkammer. Kisten und Bänke schwammen wild durcheinander. Die aufgeschreckten Männer hatten Mühe, von den gurgelnden Wassermassen nicht aus ihren Kojen gerissen zu werden. Beim nächsten Überholen des Schiffs gab auch die Lee-Tür nach. Stiefel und Kleider, Tabakspfeifen, Gürtel und Uhren rauschten hinaus in die rabenschwarze Nacht – auf Nimmerwiedersehen. Perdu waren auch die gerade erworbenen Stücke, die sich Viet in Valparaiso geleistet hatte.

Als er zu Mittag Erbsensuppe in einem zerbeulten Blechnapf erhielt, packte ihn eine Welle, riss seine Beine in die Höhe, die heiße Erbsensuppe ergoss sich auf seinen Kopf, und dann fuhr Rasmus mit ihm Schlitten, dass ihm Hören und Sehen verging. Zuletzt knallte er mit seinem Kopf gegen ein Hindernis und verlor die Besinnung.

Als er wieder zu sich kam, merkte er, wie ihn der Steuermann aus dem schäumenden Wasser aufs Halbdeck schleppte. Oestmann hatte ihn unter der Ankerwinsch gefunden; zerschunden, verbrüht und halb ertrunken. Wenig später hockte Viet kleinmütig auf der Bank im Kartenhaus, auf die ihn Oestmann zum Verpusten gesetzt hatte. Dann schaute der Alte herein und musterte ihn nachdenklich:»Na, min Jung, scheun, dat du auf unserer COMET bleven büst! Die paar Schrammen sünd wedder weg, wenn du Käpten büst!«

Um etwas ruhigere See zu finden, ließ Breckwoldt weit nach Westen kreuzen. Doch das Wetter wurde auch dort nicht besser. Bleigraue Wolken fegten über sie hinweg. Zeitweise brauste die COMET mit zwölf Knoten durch die schaumgekrönte See. Wieder einmal mussten zwei Männer alle Kraft aufbringen, das Ruder zu halten. Die Riggen brummten und sangen wie eine Riesenharfe. Die Luft war dick von fliegender Gischt. Mitunter konnte man keine Schiffslänge weit sehen. Viet erschrak nicht schlecht, als er beim Reffen der Marssegel urplötzlich die Takelage einer großen Bark aus dem Dunst aufkommen sah. Sie steuerte auf gleichem Kurs, doch konnte man trotz der kurzen Entfernung keinen Schiffsnamen erkennen. Sie antwortete auch nicht auf die Signale, die Oestmann setzen ließ. Es war wirklich unheimlich: Zwei volle Tage segelten sie stumm nebeneinander nach Süden.

Das Geisterschiff musste ebenfalls schwer beladen sein, denn häufig verschwand sein Rumpf unter schäumenden Seen. So lag wahrscheinlich auch ihr Schiff im Wasser, vermutete Viet, und wunderte sich, dass ein Seemann ja eigentlich nie Gelegenheit hat, sein eigenes Schiff auf See zu beobachten. Und wenn er mal zu einem fremden Kahn hinüberschaute, dem die Gischt bis an die Unterrahen flog, bedauerte er dessen Mannschaft, obwohl er selbst auch bis zum Hals im Wasser stand.

Viele Tage fegten sie vor dem schweren Nord dahin. An gewöhnliche Schiffsarbeiten war nicht zu denken. Die ganze Zeit über hieß es »standby«, so nennt der Seemann das Klarstehen der Mannschaft zum sofortigen Einsatz.

Doch irgendwann ließ der Sturm nach. Die darauffolgende Nacht war mild und sternenklar. Plötzlich ertönte ein unerklärliches Rauschen und Brausen, und die COMET rollte wie in schwerer See. Die Masten zitterten, dass man fürchten musste, sie würden jeden Augenblick zusammenbrechen. Die gesamte Mannschaft war an Deck gestürzt, denn jeder glaubte, sie seien auf ein Riff gelaufen, und der heilige Fiete schrie in höchster Erregung: »Das Jüngste Gericht! Das ist das Jüngste Gericht! Herr, vergib mir armem Sünder meine Schuld.«

Breckwoldt kam aus seiner Kajüte und klärte seine ängstliche Mannschaft auf: »Männer, das ist ein Seebeben. Uns passiert nichts. Jedenfalls nicht, solange ich das Schiff führe.«

Das war eine Information, die überhaupt nicht in Fietes Kopf wollte. Für ihn war es nach wie vor das Jüngste Gericht, und so blieb er auf seinen Knien, betete weiter und bekannte lauthals zahlreiche Sünden. Was da über sein außereheliches Intimleben zur Sprache kam, verblüffte die Mannschaft. Einige stießen sich grinsend an. So viele Weiber, wie er aufzählte, das gab es doch nicht …

Am nächsten Morgen sichteten sie Punta Arenas. Bevor sie das Kap umrundeten, mussten sie hier einlaufen, um die Vorräte zu ergänzen. Im kristallenen Wasser vor der Hafeneinfahrt tauchten Rudel von Seelöwen auf und jagten Makrelenschwärme vor sich her, während Wolken von Möwen die Masten umkreisten und Pelikane in unübersehbaren Scharen nach Fischen tauchten. Wenn das Walter Teegen miterlebt hätte, dachte Viet, der hätte bestimmt viel über die Eigenarten dieser Tiere zu berichten gewusst.

Dann dachte Viet darüber nach, dass er seit langem keinen Brief mehr nach Hause geschrieben hatte; weder an seine eigene Familie, noch im Auftrag von Kollegen. Schickten sie im ersten Jahr noch häufiger Grüße nach Hause, nahm das Schreiben – oder Schreiben lassen – im Laufe der Jahre immer mehr ab. Das galt auch umgekehrt: Im ganzen letzten Reisejahr hatte keiner eine Zeile aus der Heimat erhalten. Nicht einmal der Kapitän. Je länger die COMET auf ihrer jahrelangen Reise unterwegs war, desto schwächer wurde das Band der Mannschaft zur Heimat. Vielleicht war das auf die seelische Hornhaut zurückzuführen, die sie für eine so lange Trennung von ihren Familien benötigten?

Nach zwei Tagen verließen sie Punta Arenas wieder. Das Wetter war günstig, und der Kapitän wollte es nutzen, denn vor ihnen lag Kap Horn. Seine Umrundung war diesmal tatsächlich beinahe eine Spazierfahrt: ruhiges Wetter, ruhige See, keine nennenswerten Vorkommnisse. Die COMET glitt über den Ozean dahin.

Nach einigen Tagen auf ruhigem Nordkurs wies Sören nach Einsetzen der Dunkelheit auf geheimnisvoll tanzende Flammen an den Rah-Nocks hin: Sankt-Elms-Feuer. So etwas hatte Viet noch nie gesehen. Und niemand wusste, worum es sich handelte. Das Phänomen wurde nach dem im 3. Jahrhundert lebenden Bischof und später heilig gesprochenen Erasmus von Antiochia – auf italienisch Elmo – benannt, den viele Seeleute immer dann anriefen, wenn sie sich in Seenot befanden. Aber woher kam dieses Licht? Was einige erfahrene Kameraden an Bord hingegen sehr wohl wussten, war, dass die Feuer schlechtes Wetter ankündigten – und sie sollten Recht behalten.

Viet hatte bis Mitternacht Freiwache, doch bereits zwei Stunden vorher wurden die Männer – und damit auch er – geweckt. Das Logis lag bereits so schräg, dass sie sich beim Anziehen kaum auf den Beinen halten konnten. Draußen rumorte und brummte es mit unheimlich gellendem Pfeifen und dröhnendem Rauschen. Kaum waren sie an Deck, trommelte eisiger Hagel auf ihre Öljacken. Das Wasser wusch in Brusthöhe an der Lee-Reling entlang. Taghelle Blitze zerrissen die Nacht. Mühsam mussten sie sich an Brassen und Nagelbänken durch schäumendes Wasser nach achtern arbeiten. Später setzte Schneetreiben ein; so dicht, dass man kaum die Hand vor Augen sehen konnte. Dazu passierte das Schlimmste, was einer Schiffsmannschaft zustoßen kann: In der grimmigen Kälte vereiste die COMET vom Steven bis zum Heck. Wer so etwas nicht miterlebt hat, weiß nicht, was es bedeutet, ein gefrorenes Segel festzumachen. Man muss die Hände der Leute gesehen haben, die nach stundenlangem Kampf mit den brettsteifen, schlagenden Ungeheuern aus den Wanten steigen: nagellose, zerrissene, über und über mit Blut verkrustete Pranken.

Doch auch in diesem Fall gelang es Kapitän Breckwoldt, den Klauen des mörderischen Sturms zu entkommen. Man schrieb den 23. September 1866, als die COMET im Hafen von Rio de Janeiro festmachen konnte. Es war ein großartiges Gefühl, endlich wieder unterm Zuckerhut zu liegen. Von den zehn Männern, die Hamburg mit der COMET verlassen hatten, waren jetzt allerdings nur noch die Hälfte an Bord. Hier in Rio hatte Paul Roosen vor beinahe drei Jahren 40 geröstete Bananen auf die Dosen in der Jahrmarktbude geworfen. Was wohl aus ihm geworden war?

Ob er überhaupt noch lebte? Maschmann und Walter Teegen waren damals noch quicklebendig, und Sören konnte noch sprechen, als sie die Attacke der Piranhas auf die Frauen und Kinder miterlebten. Während Heinrich, sein armer Vetter Heinrich schon lange tot war.

Dann hörten sie, dass zurzeit 42 Blankeneser Boote im Hafen lagen. »Das ist fast ein Drittel unserer Blankeneser Frachtflotte«, rechnete Steuermann Engel vom Nachbarschiff aus. »Muss man sich mal vorstellen, was unser kleines Dorf mit seinen knapp 3000 Seelen da auf die Beine stellt.«

Viel wichtiger aber waren die Neuigkeiten aus der Heimat – und ein politisches Thema, das die Seemannsgemüter erhitzte: Sie mussten seit

Neuestem die schwarz-weiß-rote Flagge des Norddeutschen Bundes am Mast führen und nicht mehr die rot-weiß-rote Österreichs. Grund war der Ausgang des preußisch-deutschen Krieges vom Juli, den Preußen und Italien gegen Österreich und mehrere deutsche Bundesstaaten gewonnen hatten. Die kurze Herrschaft Österreichs über Holstein war wieder zu Ende, die Herzogtümer Lauenburg, Schleswig und Holstein kamen zu Preußen. Wenn die Blankeneser davon auch nicht begeistert waren, so war es doch besser, als unter der exotischen Flagge der Donau-Monarchie fahren zu müssen.

ANGST

Der Aufenthalt der COMET in Rio war kurz. Das Schiff wurde ent- und wieder beladen, gleichzeitig erfolgte die Übernahme von Proviant und Wasser. Ein Teil des Stückgutes ging für eine miserable »lump sum rate« mit, um die Ladekapazität voll auszulasten.

Der Kapitän und der Steuermann erwarben Rohkaffee auf eigene Rechnung und stauten die Säcke in ihren Kabinen bis unter die Decke, dass ihnen nur noch ein schmaler Durchgang zu ihren Kojen blieb – und eine winzige Ecke am Kartentisch des Kapitäns; er musste im weiteren Verlauf der Reise ja schließlich den Kurs berechnen und die Position bestimmen können.

Solche privaten Geschäfte waren lukrativ, denn der Preis, den sie in Bremen für den frachtfrei transportierten Rohkaffee erzielen konnten, lag weit über dem, den sie hier in Rio dafür bezahlen mussten. Das war ein häufig praktiziertes Export-Import-Geschäft deutscher Schiffsoffiziere.

Beim Ablegen brachte die Mannschaft ein Three-cheers-for-Hamburg aus. Dann starteten sie mit kräftigem Süd-Ost-Passat in Richtung Äquator. Der erste Reisetag war ein Sonntag, und allen an Bord war feierlich zumute. Sie fuhren tatsächlich nach Hause.

Es war nach langer Zeit auch der erste Abend, an dem sie nicht von Mosquitos gepiesackt wurden. Sie genossen es, sich in kühler Seeluft schlafen zu legen. Und sie hatten endlich Gelegenheit, sich von ihren schrecklichen Plagegeistern zu befreien: Kakerlaken und Wanzen sollte es an den Kragen gehen. Um wirklich alles Ungeziefer zu vernichten, räumten sie in den kommenden Tagen Logis, Kombüse und Kajüten bis auf den letzten Nagel aus. Dann gingen sie mit Soda und Teer, Alaun und Schwefel ans Werk. Jede Ritze wurde ausgebeizt und frisch gemalt. Mit gründlich gewaschenen Matratzen und Decken zogen sie danach wieder ein und waren für den Rest der Reise frei von juckenden Stichen und Bissen.

Nachdem die große Kammerjagd vorbei war, schickte der Steuermann sie in die Takelage. Die war durch die anhaltende Hitze ausgedörrt wie Zunder und sog gierig den Teer auf, mit dem das Schiff von oben bis unten gelabsalbt wurde. Dann fingen sie einen riesigen Hai von 18 Fuß Länge. Wie ein Satan hieb er an Deck um sich, bis ihm Sören mit einem mächtigen Beilhieb den Schädel spaltete. Seine Schwanzflosse nagelte er ans vordere Ende des Klüverbaums. Das würde guten Wind bringen, sagte der Steuermann.

Und der gute Wind kam tatsächlich. Der Äquator wurde flott überquert, lange Windpausen blieben aus. Das Kreuz des Südens blieb achteraus über dem Horizont zurück.

Die »Three-cheers« hatten eine anhaltende, starke Sehnsucht nach der Heimat, der Familie, nach Freunden und Nachbarn ausgelöst. Die Männer betrieben jetzt eine sorgfältigere Körperpflege, reparierten ihre Kleidung, Familienväter bastelten Spielzeug für ihre Kinder, und die Junggesellen werkten an Mitbringseln für die Geliebten, Verlobten, Angebeteten daheim. Blankenese kam zurück in die Köpfe und Herzen der wilden Kerle.

Wochen vergingen, nur dann und wann musste Kapitän Breckwoldt seinen Kurs wechseln um einem Schlechtwettergebiet zu entgehen. Der Atlantik zeigte sich von seiner freundlicheren Seite.

Die COMET erreichte Queenstown an der irischen Küste ohne Zwischenfälle. Vorräte an Proviant und Frischwasser sollten ergänzt werden, was eine Reihe von Tagen in Anspruch nehmen würde. Viet wurde beim Kapitän vorstellig und unterbreitete den Vorschlag, gemeinsam zur Polizei zu gehen und die Waffe abzuliefern, mit der Bantin damals den Malaien ermordet hatte. Breckwoldt willigte ein. Viet hatte das Messer und den Blutlappen in einem unbeobachteten Augenblick bereits aus dem Versteck in der Segelkammer geholt und trug es unter seinem Hemd mit sich. Als sie das Schiff verließen, fragte der Alte: »Wir müssen wohl zur Hafenbaracke und die Tatwaffe aus dem Versteck holen. Hoffentlich ist sie noch dort.« »Schon erledigt«, sagte Viet, holte sie unter dem Hemd hervor und verschwieg, dass er damals nicht die Wahrheit über das tatsächliche Versteck gesagt hatte.

Der Chief Constable, dem sie die Waffe und den Lappen übergebenwollten, zeigte sich wenig begeistert. Der Mord war vor beinahe fünf Jahren geschehen. Er erinnerte sich zwar daran, gab aber zu verstehen, der Fall sei abgeschlossen – die Akte habe man nach Barbados geschickt, und dort sei das Urteil gesprochen und vollstreckt worden. Was er jetzt noch mit den Beweisstücken anfangen solle?

Breckwoldt erklärte die veränderte Lage. Das Urteil sei nicht vollstreckt worden. Der Mörder sei geflohen. Der Constable schaute ungläubig, nahm schließlich aber die Beweisstücke an sich und versprach, der Sache auf den Grund zu gehen. Von Tatendrang und Aufklärungswillen bemerkten der Käpten und sein Leichtmatrose allerdings nichts. Sie verließen die Police Station deshalb mit einer gewissen Enttäuschung.

Bevor die COMET Queenstown wieder verlassen wollte, kam Kapitän Lütje-Bohn von einem anderen Blankeneser Schiff an Bord und erzählte, einer seiner Männer behaupte, den früheren Bootsmann der COMET in der Stadt gesehen zu haben – Bantin. Wie das möglich sei? Der Kerl sei doch auf einer Karibikinsel gehenkt worden. Breckwoldt erstarrte. Hatte der Mistkerl es also doch geschafft und wartete jetzt hier in Irland auf ihn? »Gut, dass du mir das sagst«, versuchte er, seine Erregung nicht zu zeigen. »Ich war in dieser Sache bereits bei der Polizei. Wo hat ihn dein Mann denn gesehen? Wo kam er her, und wohin ist er gegangen? Was trug er? Das muss die Polizei ja alles umgehend erfahren.«

Lütje-Bohns Zeuge hatte berichtet, dass Gorilla-Schorsch mit einem Bündel Papiere unterm Arm auf dem Weg zum Hafen war. Vielleicht war er Bote eines Agenten?

Breckwoldt rief Viet zu sich, informierte ihn und teilte rund um die Uhr Wachen ein. Die Männer sollten die Augen offenhalten. Weit offen! Zurück in seiner Kajüte kramte der Käpten seine alte Steinschloss-Pistole hervor, was gar nicht so leicht war, weil er vorher jede Menge Säcke mit Rohkaffee umstapeln musste. Die Waffe hatte er von seinem Vater geerbt, bisher aber nie benutzt, weil er dachte, das alte Ding sei zu nichts mehr zu gebrauchen. Jetzt untersuchte er die Waffe sorgfältig. Konnte er damit überhaupt umgehen? Er probierte zu zielen; ein Auge zukneifen, über Kimme und Korn auf die Glasen-Uhr zielen und – würde er abdrücken, wenn der Mörder vor ihm stand? Funktionierte der antike Schießprügel überhaupt noch? Die Pistole war mindestens 100 Jahre alt. Auf jeden Fall würde es Eindruck machen, wenn er damit drohte.

Beim Essen in der Messe gab es auch für die Mannschaft nur ein Thema: »Also, ich hab Bantin nie kennengelernt. Er hat mir nichts getan und ich ihm nicht. Warum sollte ich Angst vor ihm haben?«, meinte Jan Mertens »Wie ist das nur möglich?!«, regte der Smut sich auf. »Läuft hier frei herum? Als verurteilter Mörder? Der ist doch gemeingefährlich. Da müsste die Polizei sofort eingreifen.« Ernst schlug sich gegen den Kopf und rülpste, bevor er antwortete: »So wie ich Bantin kenne, hat er einen neuen Namen; vielleicht Hermann Meier oder so. Und ein Schild um den Hals hängen, auf dem draufsteht Ich-bin-dem-Henker-von-Barbados-entsprungen, hat er sicher auch nicht. Auf jeden Fall hat er was vor, sonst wäre er nicht genau hier nach Queenstown gekommen. Hier machen nämlich alle Schiffe aus Lateinamerika Station. Alle. Und wenn er sich rächen will, dann hier – falls er das wirklich vorhaben sollte.«

In diesem Moment betrat Viet die Messe. Alle schwiegen, denn niemand wollte ihn mit solchen Spekulationen beunruhigen – außer Fiete. Der stellte Viet doch eine entsprechende Frage: »Was sagst du dazu, dass Bantin hier aufgetaucht sein soll?« Viet sprach von Angst. Sogar Todesangst. Und dass er nicht wisse, was er für seine Sicherheit tun könne. Dann verließ er die Messe wieder, ihm war der Appetit vergangen.

Kaum war er draußen, ergriff Fiete wieder das Wort und begann, von Bantins Vergangenheit zu erzählen. Er kannte ihn nämlich schon sehr lange; sogar aus einer Zeit, in der er noch ein anderer gewesen sein musste als der, den die meisten der Männer hatten kennenlernen müssen: »Er stammt aus Balje in der Nähe von Cuxhaven. Sein Alter hat mal ein ganz großes Ding beim Strandraub gedreht. Der damals erbeutete Schatz liegt noch immer bei ihm zuhause im Schuppen. Bantin will ihn eines Tages verkaufen und sich dann zur Ruhe setzen. Mit dem Geld – hat er mir mal gesagt – sei er ein für alle Mal saniert, fürs ganze Leben.«

Fiete zündete sich seine Pfeife mit einem Streichholz an, das er an seiner Schuhsohle anratschte, und fuhr fort: »Bantins Alter wollte damals, anno '23, erstmal Gras über die Sache wachsen lassen, weil der Fund eine zu heiße Kiste war. Darüber ist er allerdings verstorben. Schorsch ging da gerade auf seine erste Reise, ist 30 Jahre her.«

»Was für ein ominöser Schatz soll das denn sein?«, fragten die Männer. Fiete machte eine Kunstpause, zog an seiner Pfeife, schien nachzudenken, fuhr schließlich fort: »Im März 1822 wurden ägyptische Altertümer von Triest im Norden Italiens nach Hamburg verschifft. Der Kahn, mit dem sie kamen, hieß GOTTFRIED; eine Galeasse. Bei den Altertümern handelte es sich um Götzenfiguren, Vasen und anderen heidnischen Kram. Das meiste aus Stein. Die Sachen sollten in ein Museum nach Berlin kommen. An Bord waren außerdem sechs Holztruhen mit Mumien drin, die angelascht an Deck standen. Vor Freiburg an der Niederelbe geriet die GOTTFRIED in Seenot. Die Truhen wurden von Bord gewaschen und bei Balje angeschwemmt, direkt vor Vater Bantins Füße. Der dachte, dass man mit Holzkisten, in denen Mumien liegen, kein Geld machen könnte, und meldete sie dem Strandvogt.«

»Wie? Was?«, rief der dicke Wilken, der im Verlauf der langen Seereise viele Pfunde verloren hatte und schon längst nicht mehr dick war: »Wat sind denn Mumien?«

»Einbalsamierte Tote aus Ägypten, Könige und sowas. Wo waren wir stehen geblieben? Ach so, Bantins Vater; er dachte, es könnte nicht verkehrt sein, dem Vogt ab und zu mal Strandgut zu melden, zumal der ihn schon lange auf dem Kieker hatte. Der Strandvogt hat die Truhen und die Mumien kurz eingelagert und schon im Herbst versteigern lassen.

Es fand sich aber kein Bieter. Was soll man auch damit. Aber Bantins Vater war viel cleverer, als man denken könnte. Er hatte nur die Truhen mit den Toten beim Vogt gemeldet. Gleichzeitig hatten seine Leute aber die ägyptischen Fundstücke aus Stein heimlich und bei Nacht aus dem Wrack der GOTTFRIED vom Medem-Sand geholt. Mit den billig ersteigerten Truhen war die ganze Ladung jetzt wieder komplett, und auf dem alten Bantin lag kein Verdacht. Das Zeug wartete viele Jahre in Bantins Schuppen darauf, zu Geld gemacht zu werden. Da würde wahrscheinlich ein Riesenbatzen zusammenkommen, wenn man alles komplett verkauft bekäme. Jedenfalls dachte Gorilla das, bis er erfuhr, dass sein Bruder die Mumien in einem kalten Winter im Küchenherd verfeuert hat. Die brannten wie Zunder, weil sie für die Ewigkeit mit Ölen haltbar gemacht waren. Und die Holzsärge hatte er als Bauerntruhen umgehend verkauft. Jetzt sind zwar noch die Sachen aus Stein da. Die sind zwar wertvoll, wiegen aber Tonnen. Man muss 'ne Menge Leute haben, um sie zu transportieren – und das bedeutet viele Mitwisser, die alle Geld haben wollen.«

In der Zwischenzeit war auch der Steuermann in die Messe gekommen und hatte interessiert zugehört: »Das hat dir Georg Bantin persönlich erzählt?«, fragte er, und Fiete bestätigte es.

Steuermann Oestmann fand das höchst interessant, denn er wusste einiges zu den Hintergründen dieser Antiquitäten. Das vermeintliche Strandgut habe der preußische General und Freiherr von Minutoli in Ägypten angekauft; in königlichem Auftrag als Grundstock eines in Berlin neu entstehenden Museums. Die wertvollen Schätze seien zunächst von Alexandria nach Triest gebracht worden, um sie von dort nach Hamburg zu verschiffen.

»Aber das sind ganz alte Kamellen, Leute. Der Untergang der GOTT-FRIED liegt Jahrzehnte zurück«, wechselte Oestmann abrupt das Thema. »Viel wichtiger ist im Augenblick, wie sich Bantin jetzt nennt, wo er arbeitet und was genau er vorhat. An die Freiwachen ergeht daher der dringende Appell, Augen und Ohren in der Stadt offen zu halten und so viel wie möglich in Erfahrung zu bringen.

Viet hatte nicht vor, an Land zu gehen. Auf gar keinen Fall. Seine Angst war viel zu groß. Sören gab ihm jedoch zu verstehen, wie sie gemeinsam den Versuch unternehmen könnten, den Verbrecher zu suchen. Laufen könne Bantin ja wohl nicht mehr, nur schlurfen. Sie würden also allemal fliehen können, wenn es darauf ankäme. Und wenn jeder auf einer Straßenseite ginge, hätten sie eine perfekte Übersicht über die Straßen und Häuserfronten. Mit dieser Methode würden sie ihn vielleicht finden. Doch Viet wollte nicht:

»Ich hab zu viel Schiss«, gab er zu verstehen. »Ganz egal, wie lahm er ist; vor seinem Wurfmesser wird man sich noch immer schwer in Acht nehmen müssen.«

Für die Nacht – die letzte in Queenstown – hatte Kapitän Breckwoldt die Wachen verdoppelt und Anweisung gegeben, jede kleinste Auffälligkeit zu melden. Im Verlauf der Nacht frischte der Wind mächtig auf. Selbst in der schützenden Bucht begannen die ankernden Schiffe zu tanzen, während der Wind auf dem Tauwerk der Schoner und Barken und der anderen Boote im Hafen wilde Melodien spielte.

Viets Wache begann um sechs Uhr in der Früh. Die steife Brise hatte sich zum Sturm entwickelt. Der Kapitän stand an Deck, beobachtete das Grau des Himmels und die rasend dahineilenden Wolken mit Sorge: »Wir werden vorerst nicht auslaufen können. Bei dem Kuhsturm. Wir müssen warten, bis er abflaut.«

Diese Ansage traf Viet wie ein Tiefschlag. Noch einen Tag warten? Weitere Stunden voller Sorge und für Bantin weitere Möglichkeiten, an Bord zu gelangen. Viet hatte zwar keine Ahnung, wie er das anstellen sollte, doch bei Bantin wusste man nie. Er war ein Monster – und vielleicht mit dem Teufel im Bunde. Die Nerven des jungen Mannes aus Blankenese lagen blank.

Am frühen Abend – die Glocken der Christ Church läuteten zur sechsten Abendstunde – gab Kapitän Breckwoldt endlich das Kommando zum Auslaufen. Die Wetterlage war zwar noch immer kritisch, doch der Sturm hatte seine schlimmste Kraft verloren. Die Bark segelte aus der weiten Bucht, und Viet warf einen erleichterten Blick zurück auf das sich schnell entfernende Queenstown: Der unheimliche Hafen lag hinter ihnen, ohne Bantin begegnet zu sein. Endlich konnte er aufatmen. Jetzt ging es nur noch nach Hause!

ALBTRAUM

Nachdem sie Queenstown verlassen hatten und Tage später die Kreidefelsen von Dover passierten, entdeckte der Ausguck Treibgut. Breckwoldt ließ das Boot aussetzen, denn einen neuerlichen Holzschatz wollte er sich nicht entgehen lassen. Der würde ihm auf den letzten Seemeilen ihrer langen Reise noch ein paar zusätzliche Mark Courant einbringen, und die konnte er für den Bau seines Häuschens auf dem Mühlenberger Grundstück gut gebrauchen.

Zwischen Balken, Trümmern und Habseligkeiten des verunglückten niederländischen Fischerbootes – sie erkannten das an einer Flagge beim Wrack – trieb der Leichnam eines jungen Mannes. Zu Bantins Zeiten hätten sie den Toten nicht bergen dürfen. Bootsmann Mattiesen hingegen hielt es für Christenpflicht, dem Verunglückten die letzte Ruhe in heimatlicher Erde zu ermöglichen: »Wir geben ihn dem nächsten Holländer mit, dem wir begegnen«, lautete seine Anweisung.

Bereits kurze Zeit später stießen sie auf einen holländischen Fischewer aus Volendam und übergaben den Leichnam. Der holländische Bootsmann sagte: »Der kommt von Marken.«

»Kennst du ihn?«, fragte Oestmann erstaunt.

»Nicht persönlich. Ich sehe es an seinem Pullover. An der holländischen Küste hat jedes Fischerdorf sein eigenes Strickmuster. So können wir immer erkennen, woher jemand stammt. Wir werden ihn heim nach Marken bringen.«

Nachdem das Fischerboot aus Volendam wieder zu einem kleinen Punkt an der Kimm geworden war, wollte Oestmann mit dem Kapitän den weiteren Verlauf der Reise besprechen – konnte ihn aber nirgends finden. Auch die anderen Besatzungsmitglieder hatten den Käpten seit der Bergung der Wracktrümmer – also seit etwa drei Stunden – nicht gesehen.

»Bei dieser Flaute fällt doch keiner über Bord!«, wunderte sich Oest-mann halblaut. Aber wo war der Käpten dann? Der Steuermann begann, sich Sorgen zu machen.

»Es gibt Krankheiten, da fallen die Leute plötzlich um. Peng. Und dann liegen sie irgendwo, und man findet sie nicht mehr«, sagte Jan Mer-tens, den Oestmann in die Suche eingebunden hatte. »Oder sie fallen bei einem Schlaganfall über Bord; alles schon gehabt.«

Das war grundsätzlich zwar möglich – aber nicht wahrscheinlich, fand Oestmann und ließ weitersuchen – bis in den hintersten Winkel des Schiffes; also auch in dem Raum, wo gemeinhin das Viehzeug gehalten wurde, der jetzt aber, so kurz vor dem Ende der Reise, leer stand. Die Tür zu dieser Kammer ohne Bulleyes war merkwürdigerweise von innen verschlossen. Sie hatte eigentlich nur ein Schloss an der Außentür, doch jemand musste sich daran zu schaffen gemacht haben.

»Sören, hol' den Kuhfuß, ich will sehen, was da drinnen los ist.«

Als Sören gerade beginnen wollte, das Schloss aufzubrechen, ertönte aus dem Inneren eine Stimme: »Lass den Blödsinn, Sörensen!«

Ein eisiger Schrecken durchzuckte alle Anwesenden. Diese Stimme kannten sie.

»Hör gut zu, Oestmann«, sagte die Stimme aus dem Stall. »Mach jetzt keine Dummheiten, sonst passiert dem Käpten was.«

Die Stimme gehörte Bantin!

Dann hörte man Stöhnen und unartikulierte Laute.

»Euer Käpten Breckwoldt fühlt sich augenblicklich nicht sehr wohl«, fuhr Gorilla-Schorsch fort. »Er hat Angst, dass ihr Dinge tut, die ihm schaden könnten. Aber wenn ihr schön brav seid und immer genau das macht, was ich sage, wird ihm nichts geschehen.«

»Bantin, Sie wissen, was auf Meuterei steht«, bellte der Steuermann, obwohl Gorilla-Schorschs Kidnapping keine Meuterei im eigentlichen Sinn war.

»Ist mir scheißegal.«

Dann meldete sich Kapitän Breckwoldt mit gequälter Stimme: »Tun sie, was er sagt, Steuermann.«

»Dass keiner von euch auf dumme Gedanken kommt und andere Schiffe anspricht! Habt ihr verstanden!«, fügte Bantin hinzu.

Es entstand eine Pause. Die Männer vor dem Schapp waren ratlos. Eine gute Gelegenheit für Bantin, das Kommando zu übernehmen: »Oestmann, du hältst den eingeschlagenen Kurs bei. Ich werde das genau kontrollieren. Ihr werdet mir den Kurs anhand der Trackkarte nachweisen – und zwar mehrmals am Tag. Und um eines klarzustellen: Ich hab hier einen Trommelrevolver und ausreichend Munition. Wenn also einer gern ein paar blaue Bohnen kosten möchte, soll er sich bei mir melden. Und Messerwerfen hab ich auch noch nicht verlernt.«

Dann war Ruhe. Oestmann fragte Bantin, was genau er vorhabe und wie es weitergehen solle, doch das Monster im Stall schwieg.

Sören erhielt die Aufgabe, die Tür zu beobachten und im Fall des Falles auf einer Bootsmannspfeife Alarm zu geben. Einmal pfeifen: Es tut sich was. Dreimal pfeifen: höchste Alarmstufe. Dann beorderte der Steuermann Viet und Mattiesen in seine Kajüte, um sich zu beratschlagen.

»Ich hab den Verdacht, dass einer der Männer hier an Bord mit Bantin unter einer Decke steckt. Wie sonst soll dieser halbseitig gelähmte Teufel aufs Schiff gekommen sein? Wir müssen die Mannschaft verhören. Und wir brauchen einen verdammt guten Plan, wie wir den Alten aus Bantins Fängen befreien. Bisher ist mir dazu allerdings nichts wirklich Schlaues eingefallen.«

Er saß auf der harten Kojenkante und schüttelte ratlos den Kopf. Dann wandte er sich an Viet: »Weil Bantin auch dir Rache geschworen hat, solltest du dich lieber zurückhalten. Er darf dich auf keinen Fall auch noch in die Finger kriegen. Vielleicht übernimmst du die Befragung der Mannschaft.«

Viet schaute sich in der Kajüte des Kapitäns die Einteilung der Wachen im Hafen von Queenstown an. Dort war Bantin ja an Bord gekommen – doch das hatte nicht unbemerkt geschehen können. Irgendjemand an Bord musste tatsächlich in die Sache verstrickt sein.

Während Viet die Aufzeichnungen suchte, entdeckte er Breckwoldts alte Steinschlosspistole, ging damit zurück zum Steuermann, übergab sie ihm und fragte: »Wissen Sie, wo der Käpten die beiden Gewehre und die Munition aufbewahrt? Die sind bei seiner Befreiung sicher hilfreich.«

Das war in der Tat eine gute Idee, fand Oestmann und machte sich mit Viet auf den Weg zurück zur Kajüte des Käptens, um die Waffen zu holen. Kurz bevor sie dort ankamen, sahen sie den Matrosen Ernst, der in die Kapitäns-Kajüte huschte. Was hatte er dort zu suchen? Oestmann und Viet folgten ihm und stellten ihn zur Rede, als er sich gerade am Wandschrank zu schaffen machte. »Was hast du hier zu suchen?«, blaffte ihn der Steuermann an. Ernst fuhr zusammen.

»Ich, ich wollte, ich hab …«

»Was du hier zu suchen hast, will ich wissen!«, zischte Oestmann und packte Ernst beim Kragen: »Du wolltest an die Waffen, hab ich recht?

Na, Freundchen, dann erzähl mal: Wann hast du Bantin an Bord gelassen und warum. Das warst du doch!«

Ernst wurde kreidebleich, und seine Knie schlotterten. Erst stritt er alles vehement ab. Doch als Oestmann ihm Schläge androhte, gab er auf: »Ich, ich hab ihn in Queenstown auf der Straße getroffen. Zufällig. Er hat mich gepackt und verlangt, ihn nachts an Bord zu schmuggeln, wenn ich Wache hab. Sonst würde er einen Brief an die Polizei in Elmshorn schicken und behaupten, dass ich Unzucht treibe. Aber das ist natürlich absoluter Quatsch.«

»Und weil es erstunken und erlogen ist, hast du es mit der Angst bekommen und ihm geholfen?«

Ernst antwortete nicht, sah nur stumm vor sich hin. »Weiter!«, schrie Oestmann ihn an. »Ich will alles wissen! Wie ging es weiter?«

»Wenn Bantin den Brief schreibt, bin ich bei uns Zuhause erledigt und muss ins Gefängnis.« Dann schluckte er, sah den Steuermann an und rückte mit Details heraus: »Ich war in der Sturmnacht allein auf Wache. Bantin wurde mit einem Boot gebracht, und ich habe ihn an Bord gelassen.«

»Sag mal, bist du noch ganz richtig? Du hast doch gewusst, dass er dem Käpten und Viet Rache geschworen hat!«, überschlug sich die Stimme des Steuermanns, und er stieß Ernst so heftig gegen die Tür des Wandschranks, dass sie zerbarst und er darin stecken blieb. »Und wie hat er es mit seiner Lähmung überhaupt aufs Schiff geschafft? Wer hat ihm geholfen?«

Wieder schwieg Ernst, so dass der Steuermann noch einmal nachsetzen musste: »Wer war noch beteiligt? Wird's bald? Ich will wissen, wer dem Schwein noch geholfen hat!«

»Aber ich hab doch nichts gemacht, außer unseren alten Bootsmann an Bord zu lassen. Er hat nichts von Rache gesagt; nur dass er mit uns nach Haus will.«

»Wer war noch beteiligt? Wird's bald!«, knurrte der Steuermann und schlug Ernst ins Gesicht.

»Ja …!« »Ja was?« brüllte Oestmann weiter. »Wer noch geholfen hat, will ich wissen!«

»Das war …«

»Ja?«

»Der dicke Wilken! Der hat eigentlich das meiste gemacht.«

Oestmann ließ Wilken zu sich bringen.

»Er hat mich erpresst, Steuermann. Das müssen Sie mir glauben!«, lauteten die ersten Worte seiner Verteidigung. »Ich habe ihn nur unterstützt – weil er mir das Geld versprochen hat, das ich in Südamerika durchgebracht hab.«

»Wer hat das Schloss im Stall umgebaut?«, lautete die nächste Frage an Ernst. »Und wer hat ihm Proviant gebracht? Und wer von euch hat den Käpten gefesselt? Bantin selbst kann es ja wohl nicht gewesen sein?«

»Gefesselt hab ich den Kapitän nicht. Das müssen Sie mir glauben«, jammerte Ernst.

»Also warst du das!«, schrie Oestmann wutentbrannt und gab Wilken einen Boxhieb unter die Kinnlade, dass es krachte. Danach war er ziemlich gesprächsbereit und auskunftswillig.

Bantin war von Barbados unter dem Pseudonym Hermann Bauer geflohen und hatte sich bis Queenstown durchgeschlagen. Zwei Jahre lang hatte er dort auf die COMET gewartet, denn er wusste ja, dass sie dort Station machen musste. Seinen Lebensunterhalt verdiente er sich als Bürobote eines Schifffahrtsagenten. Dadurch hatte er Einblick in die Schiffsankünfte – und war so auf das Einlaufen der COMET bestens vorbereitet.

Als all das zur Sprache gekommen war, befahl der Steuermann, Ernst und Wilken in Eisen zu legen und bei Wasser und Brot in der Bilge schmoren zu lassen.

Am Abend teilte Oestmann zusätzliche Wachen ein und ließ am Stall Laternen aufhängen. Einen guten Plan, wie man den Kapitän aus den Fängen des Verbrechers befreien konnte, hatte er noch immer nicht. Er rief Mattiesen und Viet zu sich, um zu beratschlagen. Sie hatten kaum damit begonnen, als der heilige Fiete meldete, Bantin wolle jetzt auch Viet als Geisel. Viet wurde kreideweiß vor Angst und Schrecken. Oestmann begab sich zum Stall und überlegte fieberhaft, was er antworten solle. Viet diesem Monster auszuliefern kam jedenfalls nicht in Frage – unter gar keinen Umständen. Bantin konnte zwar drohen, aber bis zum Äußersten gehen, das konnte er nicht. Würde er den Käpten töten, wäre das sein sicheres Ende, denn dann würden die Männer augenblicklich den Stall stürmen und Bantin gefangen nehmen.

»Was willst du, Bantin?«, schnauzte er daher möglichst missmutig, als er vor dem Stall angekommen war.

»Du hast es doch gehört; ich will Viet von Appen. Und wenn das nicht ganz plötzlich passiert, gibt es ein Blutbad, verstanden?«

»Das muss ich erst mit meinen Leuten besprechen!«, erwiderte Oestmann.

Bantin antwortete mit einem höhnischen Lachen: »Du bist der Steuermann. Du musst mit niemandem reden, du Waschlappen! Versuch ja nicht, mich zum Narren zu halten. Ich will Viet hier im Stall haben. Sofort!«

Unmittelbar darauf hörte man einen Schuss krachen, dann einen Schrei; Breckwoldts Schrei.

»Das war meine letzte Warnung. Diesmal ging's noch haarscharf vorbei. Aber die nächste Kugel trifft den Käpten ins Herz.« Was sollte Oestmann tun? Viet doch in die Hände dieses Verbrechers geben? Nein, dafür gab es keinen Grund.

»Geht nicht«, sagte er und versuchte dabei so gleichgültig wie möglich zu klingen, »ich brauch Viet in den Segeln. Das weißt du so gut wie ich. Und wozu willst du ihn überhaupt? Du hast uns doch ohnehin alle in der Hand – mit dem Käpten als Geisel.«

»Versuch ja keine Tricks«, antwortete Bantin. »Und bring mir die Gewehre aus Breckwoldts Kajüte – und zwar sofort. Sonst knallt es hier noch mal! Mach schnell.«

Das war ein Sieg für den Steuermann, ohne dass Bantin es ahnte. Oestmann hatte eine Idee. Außerdem hatte er dann immer noch die antike Pistole des Käptens. Von der wusste Bantin ja nichts. Nur deshalb antwortete er: »In Ordnung. Ich besorge sie dir«.

Sogleich befahl Oestmann dem handwerklich geschickten Bootsmann: »Mach die Dinger vor der Übergabe unbrauchbar und zwar so, dass man es nicht sieht.«

Kaum zehn Minuten später hatte Mattiesen die Aufgabe erledigt. Oestmann stellte die Gewehre in die Nähe der Schapptür und ließ Bantin wissen: »Ich stelle die gewünschten Sachen jetzt hier hin!«

Während dieser Aktion zog Sörensen seine Stiefel aus und stieg lautlos und unbemerkt aufs Dach der Stallung, knotete ein starkes Tau um den Mast und knüpfte das andere Ende zu einer Schlinge. Als Bantins Arm aus der Tür tastete, um die Waffen zu greifen, warf Sören die Schlinge geschickt über die Pranke des Gorillas und zog sie mit aller Kraft zu. Bantin riss an dem Seil wie ein von Harpunen getroffener Wal. Durch seinen wilden Kampf sprang die Tür weit auf. Viet warf sich mit aller Kraft dagegen und klemmte den Arm ein. Für einen kurzen Moment ließ der Zug auf das Seil nach. Diesen Moment nutzte Sörensen, um das Seil mit aller Kraft weiter hoch zu ziehen und am Mast um einige Schläge zu verkürzen. Bantins Arm war gefesselt. Oestmann gab Kommando, den Käpten zu befreien: »Arriba Amigos, jetzt hauen wir unseren Alten raus!«

Sie rissen die Tür auf, mehrere Männer warfen sich auf den halbseitig gelähmten Riesen, der die ersten Angreifer noch abwarf wie Jagdhunde, die sich auf einen waidwunden Keiler stürzen. Doch dann sprang ihm Sören unvermittelt von oben ins Genick. Der Riese taumelte und stürzte. Blitzschnell fesselten sie ihm Beine und Hände. Bantin war besiegt.

Der Käpten wurde losgebunden und suchte, nachdem er sein Gefängnis verlassen hatte, Halt an der Schanz. Bantins Schläge hatten ihm stark zugesetzt. Er betrachtete seinen aus mehreren Wunden blutenden Peiniger und befahl: »Baut ein Holzkreuz, Leute, und bindet ihn darauf. Er mag im Augenblick zwar kampfunfähig scheinen, doch wenn er wieder Kräfte gesammelt hat, wird er erneut brandgefährlich werden.«

Als das erledigt und der Käpten wieder halbwegs zu Kräften gekommen war, ließ er wenden und Kurs auf England setzen, Zielhafen Harwich. Dort wurde Bantin erneut den britischen Behörden übergeben.

Dort zeigte man sich allerdings genauso sperrig wie in Queenstown, denn der Fall Bantin war in der Tat kompliziert: Die Straftaten hatte er auf einem dänischen Schiff und im britischen Irland begangen. Verurteilt worden war er in der britischen Karibik-Kolonie Barbados. Die Akten seiner Straftaten lagen dort. Eine seiner Mordwaffen befand sich in der Police Station von Queenstown, und er selbst saß jetzt in Harwich ein. Es dauerte eine Ewigkeit – jedenfalls kam es Viet so vor –, bis Bantin endlich in einer Zelle landete und sie den Anker lichten konnten, um zuerst Bremen und dann endlich Hamburg anzusteuern.

HEIMAT

Lotse Imbeck, der bei der Schaartonne in der Elbmündung an Bord kam, war ein alter Bekannter. Viet nutzte die Gelegenheit, nach tausend Neuigkeiten zu fragen, bemerkte aber schnell, dass ihn etwas ganz anderes viel mehr interessierte: Anna aus Plumsmühlen; er traute sich aber nicht, Imbeck nach ihr zu fragen.

Wie es ihr wohl ergangen war? Ob sie ihn noch mochte? Auf jeden Fall würde er sich umgehend bei ihr melden. Vielleicht konnte er sie zum Tanz auf dem Süllberg einladen. Oder mit ihr zum Strand nach Wittenbergen gehen – oder besser noch: wie früher mit ihr zur Nienstedtener Kirche schlendern. Auf dem Weg gab es viele lauschige Plätze.

Der Lotse stupste ihn an und fragte, wo er mit seinen Gedanken sei. Viet zuckte nur mit den Schultern. Mit keinem einzigen Wort würde er seine Gedanken Preis geben und forderte Imbeck auf, mit seinen Schilderungen fortzufahren, denn es gab in der Tat einiges zu berichten.

Er sei kürzlich in Altona gewesen, sagte der Lotse, und habe die neue Dampfbahn erlebt, die vor gut einem Monat mit großem Fest vom Leiter der Bahngesellschaft eingeweiht worden war. Dieser Mann, Wilhelm Semper, habe auch den Blankeneser Bahnhof entworfen. Weil aber niemand an Bord den Mann kannte, wechselte Imbeck schnell wieder zurück zu sehr viel praktischeren Aspekten: »Mit dem Zug nach Blankenese zu fahren ist gar nicht so teuer, wie ihr vielleicht denkt, Jongkerls. Solltet das unbedingt mal machen. Da jagt man schnell wie ein Rennpferd durch die Feldmark von Bahrenfeld, Flottbek und Nienstedten. Anhalten tut das Ungetüm nur in Klein-Flottbek; es sei denn, ein Rindvieh steht irgendwo auf den Schienen. So eine Eisenbahnfahrt ist ein wirklich aufregendes Erlebnis. Das könnt ihr einem alten Fahrensmann gern glauben.

In den frühen Morgenstunden passierte die COMET Plumsmühlen, Annas Heimat. Viets Herz schlug wie rasend. In welchem der Zimmer mochte sie wohnen? Würde sie etwa noch schlafen? Um besser sehen zu können, war er ein Want empor geklettert und spähte nach ihr. »Mann, was guckst du denn so? Sind da Wale in Sicht? Oder ist das 'ne Deern, nach der du so früh am Morgen Ausschau hältst?«, spottete der Steuermann, als er an Viet vorbei nach achtern ging. Leider tat sich im Haus seiner Angebeteten rein gar nichts. Dafür war es vielleicht doch noch zu früh.

Dann kam Blankenese in Sicht und damit das über den Hang gestreute Dorf, das ihm so vertraut war. Da vorn wohnte Fischer Meyer. Schon zu dieser frühen Tageszeit stand er am Strand und machte sein Boot klar. Wie immer. Gerade trat seine Frau aus der Küche und rief ihm etwas zu. Leider konnte er nichts verstehen. Rotvoss blickte zum Süllberg hinauf. Der lag in alter Frische da, genau wie das Fährhaus.

Und was war bei ihm zu Hause los? Der Schornstein qualmte, das war klar auszumachen, aber vor der Tür oder im Garten war niemand zu sehen. Wie mochte es seiner Familie gehen? Hoffentlich, hoffentlich waren alle wohlauf. Doch das lag in Gottes Hand. Um sich abzulenken zählte er die Ewer und Kutter, die vor Blankenese am Anker lagen. Siebzehn Schiffe schwoiten im auflaufenden Wasser. Auf den meisten war kein Mensch zu entdecken.

Erst als sie Blankenese passiert hatten, bemerkte er, dass er nicht der einzige war, der sehnsüchtige Blicke auf den Heimatort geworfen hatte. Die halbe Mannschaft stand ausgelassen, aber doch ein wenig beklommen an der Reling. Denn jeder hatte Angst vor möglichen schlechten Nachrichten, die ihn zu Hause erwarten könnten.

Als sie ein paar Stunden später von Bord gingen und endlich wieder heimatlichen Boden betraten, suchten Viet und Sören ein Fuhrwerk, das sie von den Kajen in Hamburg nach Altona mitnahm. Während der Fahrt hing Viet seinen Gedanken nach. Vorfreude und Bangen wechselten einander ab. Wie sollte er es anstellen, sich mit Anna zu verabreden? Ihr Vater erlaubte vielleicht nicht, dass Viet seine Tochter zu einem Spaziergang abholte. Vielleicht wohnte sie ja auch gar nicht mehr in Blankenese – wie auch immer; bevor er sich diesem Thema ausführlich widmen würde, ging es ja erst einmal nach Hause.

Wie mochte es Mutter gehen, wie den Geschwistern? Hoffentlich war sein Stiefvater auf See. Und wenn nicht? Wie musste er ihn ansprechen? Mit Onkel oder etwa Vater? Von dem Geld, das er bei sich trug, würde Hannes jedenfalls keinen Mucks erfahren, soviel stand schon mal fest – und damit auch die nächste Aktion, die hier und jetzt erledigt werden musste. Als sie durch die Palmaille fuhren, ließ er das Fuhrwerk beim Altonaer Unterstützungsinstitut von 1797 anhalten. Sie sprangen ab, winkten dem Kutscher zum Dank und betraten das Gebäude. In diesem Institut hatte schon Viets Großvater seine Spargroschen deponiert, und so zahlte jetzt auch er das Geld von Onkel Claus hier ein. Sein Vermögen war in Sicherheit.

»Und jetzt«, sagte er zu Sören, als sie die grüne Lindenallee in der Mitte der Straße entlanggingen und an ihrem Ende den Bahnhof sahen, »lade ich dich zu einer Bahnfahrt nach Blankenese ein.«

Es dauerte eine Weile bis die Bahn abfahrbereit war, denn täglich verkehrten nur vier Zugpaare. Als es endlich losging, nahmen sie im offenen Oberdeck des Dritte-Klasse-Abteils Platz. Das war natürlich längst nicht so aufregend, wie in den Masten eines Seglers, doch sie genossen den schönen Ausblick auf Dörfer, Wiesen und Wäldchen entlang der Strecke. Nach einiger Zeit hatten sie davon allerdings genug, weil die Qualm- und Rußwolken, die aus dem Schornstein der Lokomotive quollen, ihnen mächtig um die Nase wehten. Als sie von diesem Gestank endgültig genug hatten, zogen sie sich in ein geschlossenes Abteil zurück. Mehrmals beobachteten sie Mütter, die ihre Kinder ängstlich an sich rissen, sobald der schnaufende Zug sich näherte. Viet und Sören konnten darüber nur lächeln als weitgereiste Weltenbummler und erfahrene Bahnreisende, die ja bereits in Chile Bahn gefahren waren.

Nach der planmäßigen Unterbrechung in Klein-Flottbek setzte sich das fauchende Ungeheuer abermals in Bewegung. Ein Mitreisender erzählte, die Lok sei mitunter nicht stark genug, um die Steigung vor Blankenese zu meistern – und zwar immer dann, wenn bei schönem Wetter Hunderte von Sonntags-Ausflüglern die neue Attraktion stürmten. Dann werde der Zug geteilt, und man ziehe beide Hälften nacheinander ans Ziel.

In Blankenese angekommen, warf Viet seinen Seesack über die Schulter, klopfte Sören aufmunternd vor die Brust, und sie machten sich auf den letzten Teil des Heimwegs. Zunächst gingen sie den Feldweg entlang, an dem seit Einweihung der Eisenbahn ein Schild mit der handgemalten Aufschrift »Bahnhofstraße« stand.

Einige Passanten musterten sie neugierig. Diese beiden braungebrannten Burschen mit ihren Panamahüten und den geschulterten Seesäcken sahen wirklich abenteuerlich aus. Sören trug zu alledem noch sein Schifferklavier über der anderen Schulter.

»Tag, Tante Greta!«, grüßte Viet eine alte Dame, die ihn zuerst misstrauisch musterte und dann davoneilte, als sei ihr der Leibhaftige erschienen.

Je näher sie seinem Zuhause kamen, desto aufgeregter wurde Viet. Sein Herz schlug schnell. Ob seine Lieben noch alle lebten? Hatte seine Familie ein weiteres Unglück getroffen?

Als sie schließlich durch die Gartenpforte traten, sah Viet, dass die Küchentür offen stand.

»Wer holt mir schnell mal Holz?«, hörte er seine Mutter rufen, die gleich darauf aus der Türe schaute und die beiden Männer anstarrte, die da in ihrem Garten standen. Dann erkannte sie ihren Sohn – und wurde weiß wie eine frisch gekalkte Fischerhauswand.

»Das kann nicht wahr sein! Viet! Bist du es wirklich? Du lebst?!«

»Ja, Mutter«, flüsterte Viet.

Catharina berührte vorsichtig erst seine Schulter, strich dann über seinen Arm, als wollte sie prüfen, ob ihr nicht doch ein Geist gegenüber stand. Dann sank sie schluchzend in seine Arme: »Viet, mein Viet! Dass du lebst …!«

Viet umarmte seine Mutter. Wie dünn sie war. Nur Haut und Knochen.

»Mutter, geht es dir gut?«, fragte er besorgt und bemerkte erst gar nicht, dass auch seine Schwestern aus dem Haus geeilt waren, um ihren Bruder zu begrüßen.

»Kommt ins Haus!«, sagte Catharina, nachdem Viet seinen Freund Sören vorgestellt hatte. Es gab Malz-Kaffee und Scharben. Viet sah, dass Mutters Hände zitterten.

»Und ich dumme Gans hab die ganze Zeit gedacht, dass du tot bist. Wie konnte ich nur? Aber alle haben das geglaubt. Wir haben sogar einen Abdankungsgottesdienst für dich halten lassen, und auf dem Familiengrab in Nienstedten steht ein Erinnerungskreuz für dich: ›Viet von Appen. 1864 in Südamerika am Gelben Fieber gestorben‹. Aber jetzt bist du ja hier. Wie sagt man doch so schön: Totgeglaubte leben länger!«

Nachdem seine Mutter sich wieder beruhigt hatte, folgte Viets Reisebericht mit einer langen Sequenz über Onkel Claus.

»Will er nicht wieder zurück nach Dockenhuden kommen?«, fragte Catharina hoffungsvoll, doch Viet musste sie enttäuschen. Ihr Bruder würde nie wieder ein Schiff betreten, hatte er gesagt, und es hatte geklungen, als würde er das sehr, sehr ernst meinen.

Es wurde ein langer Abend, denn von den mehr als 20 Briefen, die er im Laufe der fünf Jahre nach Hause geschickt hatte, waren nur drei angekommen. Es gab also vieles, was Mutter und Schwestern noch nicht wissen konnte.

Irgendwann – die Mutter werkelte in der Küche – erkundigte sich Viet bei seinen Schwestern nach ihrem Gesundheitszustand: »Einen guten Eindruck macht sie nicht!«, stellte er besorgt fest.

»Sie wird immer dünner«, sagten die Mädchen, »aber klagen tut sie nie. Du kennst sie ja.«

»Was sagt der Arzt?«, fragte Viet.

Er hatte ihr wohl allerlei Medizin verschrieben, doch die Mädchen hatten nie gesehen, dass Catharina sie auch kaufte oder einnahm. Gut möglich, dass sie ihr zu teuer waren.

Schließlich fasste sich Viet ein Herz und fragte seine Schwestern nach Anna: Ihr kennt doch Anna Wilkens aus Plumsmühlen. Wie geht es der eigentlich?« Bei der Frage bekam Viet einen roten Kopf.

»Anna, woher kennst du die denn?«, horchte Herta auf. »Das ist doch die, die vor zwei Jahren geheiratet hat! Ich glaub, die lebt in Wedel und hat einen Sohn!«, entgegnete Lisa und schaute auf ihre gefalteten Hände. »Aber warum fragst du?«, schoss Herta dazwischen und schaute Viet forschend an. »Och, nur so …!«, grummelte er, obwohl ihn die Nachricht wie ein Messerstich traf.

Anna hatte also einen anderen genommen. Und er, er hatte die ganze Zeit auf sie gewartet, sich nach ihr gesehnt, auf sie gehofft …! Aber davon konnte sie ja nichts ahnen. Vielleicht hätte er vor seiner Abreise doch mal mit ihr sprechen sollen? Oder ihr wenigstens einen Brief schreiben? Aber selbst dann hätte sie glauben müssen, er sei am Gelben Fieber gestorben.

Herta hob ihren Zeigefinger: »Na, na, na! War da was zwischen euch?« Doch Lisa fasste sich an die Stirn. »Überleg doch mal! Er ist doch schon mit vierzehn raus auf See!« Sören saß als stummer Beisitzer da und dachte sich sein Teil, während Viet das Gehörte erst einmal verarbeiten musste.

Nachdem die Schwestern und Sören sich zur Ruhe begeben hatten, saßen Catharina und Viet noch allein in der Küche, und seine Mutter kam auf ein heikles Thema zu sprechen. Sie holte einen Brief hervor, der an Hannes von Appen, ihren Ehemann, adressiert war. Absender war eine Taina Piparinen aus Helsinki. Catharina hatte das Schreiben in gutem Glauben geöffnet, da Hannes auf See war und erst in ein bis zwei Monaten zurückerwartet wurde. Vielleicht enthielt der Brief ja eine wichtige geschäftliche Nachricht, die sie beantworten konnte?

Doch dann kam es ganz anders. Taina Piparinen schrieb: »Hannes, uns geht es momentan sehr, sehr schlecht. Bitte, bitte, schick mir Geld. Dringend! Unser Sohn wird dir immer ähnlicher.«

»Er hat mich die ganze Zeit über betrogen«, stellte Catharina niedergeschlagen fest, »und meine Erbschaft hat er auch über den Schnabel genommen, um sich eine stolze Bark zu kaufen. Wer weiß, was er seiner Geliebten von meinem Geld alles geschenkt hat? Und ich durfte mir nicht einmal eine neue Schürze kaufen. Ich hätte ihm nie mein Jawort geben dürfen.«

Nach langen Überlegungen kamen Catharina und Viet überein, dass man im Augenblick nichts tun könne. Sie musste auf Hannes' Rückkehr warten. Vielleicht ergaben sich dann neue Aspekte. Diesen Ratschlag hatte Catharina auch vom Blankeneser Kirchspielvogt erhalten. Er hatte sie belehrt, dass sie leider nur eine Frau sei und damit Untertan ihres Mannes. So stehe es nicht nur im Gesetz, sondern auch in der Heiligen Schrift. Ihre bessere Hälfte könne deshalb allein bestimmen, was mit ihrem Erbteil geschehen solle. Was das uneheliche Kind in Finnland betreffe, da solle sie – so hatte er wörtlich gesagt und dabei den Finger mahnend erhoben – weise handeln und nichts übereilen. Immerhin versorge ihr Mann sie und die Kinder aus ihrer ersten Ehe; das dürfe sie nicht vergessen.

Dann waren Mutter und Sohn so müde, dass auch sie sich zur Ruhe begaben. Viet ging hinauf auf den Dachboden. Vor dem Einschlafen grübelte er: Gab es eine Möglichkeit, Mutter zu helfen? Zum Glück würde er jetzt erst einmal hierbleiben und zur Steuermannsschule gehen. In dieser Zeit konnte er sie unterstützen und sich um ihre Gesundheit kümmern.

Hier oben auf dem Dachboden hatte alles vor fünf Jahren begonnen. Die letzte Nacht seiner Kindheit, so hatte Pastor Thomsen es gesagt, kurz bevor er an Bord der COMET ging. Fünf ganze Jahre war das jetzt her. Viet war jetzt 19 Jahre alt. Die Reihe der schlafenden Kinder war nicht mehr so lang, wie er es erinnerte. Er dachte an Lütt-Anna. Acht Jahre war sie jetzt schon tot. Und er dachte an Caroline. Die in der Nacht gestorben war, bevor er auf die COMET ging. Mutter hatte ihn schonen wollen, und es ihm nicht erzählt. Als sie an Blankenese vorbei gesegelt waren, waren die Lampen gelöscht gewesen. Er hatte gedacht, das sei ein gutes Zeichen. Aber es war das Gegenteil gewesen. Seine Schwester Caroline war da schon tot gewesen.

Viets Gedanken wanderten auch zu Heinrich, mit dem er zusammen auf seine erste Fahrt gegangen war. Auch Heinrich war jetzt tot. Bei den Fischen, wie man unter Seeleuten sagte. Bantin hatte ihn auf dem Gewissen. Mochte dieser verdammte Bantin doch endlich, endlich seine gerechte Strafe bekommen haben! Viet kannte keinen nichtswürdigeren Menschen als das Ungeheuer und Scheusal Georg Bantin. Mochte er endlich hängen. Und die Welt nicht mehr mit seiner Anwesenheit verschmutzen!

Bevor er seine Fahrt mit der COMET begonnen hatte, hätte er solche Gedanken nicht einmal erfinden können. Jetzt war er vollkommen klar in seinem Urteil. Es gab keine Zwischentöne und keine Fragen, was Menschen wie Bantin betraf. Sie mussten bestraft werden!

Viet dachte an Anna. Warum hatte sie nicht auf ihn gewartet?

Mit diesen Gedanken schlief er ein.

Personen der Handlung

Mannschaft auf der COMET
Peter Breckwoldt, Kapitän
Dittmer Oestmann, Steuermann
Georg Banting, Bootsmann, genannt Gorilla-Schorsch
Knud Mattiesen, Bootsmann, stammt aus Marstal/Ærø
Sören Sörensen, Matrose, stammt aus Sonderburg
Paul Roosen, Matrose
»Heiliger« Fiete, Matrose
Ernst, Matrose
Maschmann, Matrose
Walter Teegen, Matrose aus Blankenese, gelernter Tierpräparator
Der »dicke« Wilken, Matrose
Theo Schuldt, Matrose
Smut, Koch und kümmert sich auch um Kranke und Verletzte
Viet von Appen, Schiffsjunge, 1848 geboren
Heinrich Quast, Schiffsjunge, Vetter von Viet

Viets Familie
Catharina von Appen, geb. Behrmann, Viets Mutter
Harm von Appen, Kapitän, Viets Vater, seit 1861 auf See verschollen
Hannes von Appen, Harm von Appens Bruder und Onkel von Viet
Jochim und **Caroline von Appen**, Zwillinge, Geschwister von Viet
Lisa und **Herta von Appen**, weitere Geschwister von Viet
Claus Behrmann, Bruder von Catharina , geht wie Viet mit 14 Jahren zur
    See und ist in Südamerika verschollen
Karl Quast und **Tine Quast**, Heinrichs Eltern

weitere Personen
Klindworth, Sargtischler
Paul Pieper, Steuermann und Viets Patenonkel
Thomsen, Pastor, Kirche Nienstedten
Krakau, Lehrer
Ludwig Georg Meyer, ehemaliger Matrose der COMET
Schiffszimmermann
u.a.m.

Glossar

abwettern	Verhaltensweise um schlechtes Wetter zu durchstehen
aufgeihen	Aufblähen
Belegnagel	Holz-oder Metallstab zum Befestigen von Tauen
Besteck absetzen	Standort ermitteln
Bilge	Kielraum eines Schiffs
Christiana	Hauptstadt Norwegens, heute Oslo
Einschäkelung	Verbinden von Kettengliedern
Faden Tiefe	1 fm = 1,8288 m
Fahrtuch	Wischtuch, Küchentuch
Fußpeerd	Seil unter Rahsegeln, auf dem die Matrosen stehen
Gissung	Bestimmung des geografischen Standortes
Jantje	Seemann, ursprünglich holländisch
Kirchspielvogt	Vorläufer des Notars
Kohlhof	Schrebergarten
Linie	Äquator
Luk schalken	Luk wasserdicht verschließen
lump sum rate	Niedrigrate
Moses	Schiffsjunge
Nagelbank	In ihr stecken die Belegnägel
Partenreederei	Alte Reederei-Geschäftsform
Peilen	Standort messen
Persenning	Abdeckplane
Roof	Dachartiges Oberlicht
Scharben	Getrockneter Plattfisch
Speigatten	Wasserabflussöffnung im Schanzkleid von Schiffen
Spieren	Jede Art von Rundholz auf einem Schiff, wie Rahe, Gaffel, Bugspriet, Klüverbaum
Spill	Drehbare Einrichtung zum Heben schwerer Lasten wie z.B. den Anker
Store Spritlampe, dän.	Große Spritlampe, Säufer
Trackkarte	Seekarte, in die der täglich zurückgelegte Kurs eingetragen wird
Vorpiek	Vorderster Bugraum
Williwaw	Wirbelsturm im Kap Horn-Bereich

Historische Bilder

Nächtliches Blankenese   G. Burmeister, Postkartendruck, Archiv Fischerhaus Blankenese

Haus in Blankenese

Foto, Archiv Fischerhaus Blankenese

Kirche in Nienstedten

Foto, Archiv des Autors

Hafenkneipe   Zeichnung Ch. Förster, Archiv des Autors

Blankeneser Kapitän
Druck nach Zeichnung
von J. Fürst,
Archiv des Autors

Segler im Sturm   Gemälde von Peter Christian Holm, Sammlung Knud Denker

Abbergung von Schiffbrüchigen Foto, Archiv Fischerhaus Blankenese

Schiffbruch Foto, Archiv Fischerhaus Blankenese

Bergung von Schiffbrüchigen   Foto, Archiv Fischerhaus Blankenese

Schiffsuntergang   Foto, Archiv Fischerhaus Blankenese

Nachbemerkung

Bei den Wetter- und Seefahrtsbeschreibungen habe ich mich u.a. am Buch »150 Jahre Blankeneser Schifffahrt 1785–1935« von Jürgen Meyer orientiert, erschienen 1968 im Egon Heinemann-Verlag. Einige Tagebucheintragungen wurden wörtlich übernommen.
Ähnlichkeit mit früher lebenden Personen oder Schiffsschicksalen sind rein zufällig. Vor- und Familiennamen, sowie Ereignisse aus der Blankeneser Geschichte dagegen wurden benutzt, um die Handlung möglichst authentisch sein zu lassen.

Ronald Holst, 8. August 2015

Danksagung

Knud Denker, ein begeisterter Segler, hat mich mit segeltechnischen Ratschlägen unterstützt. Meine Frau Maike begleitete das Buch von der ersten Idee bis zu Abgabe der Druckfahnen und ermunterte mich wieder und wieder zu Optimierungen. Ohne diese Hilfen hätte das Buch in der vorliegenden Form nicht entstehen können. Dafür bin ich sehr dankbar.

BUCHPATEN
*fördern mit verzinsten Darlehen an den KJM Buchverlag
die Herausgabe von Büchern,
wie zum Beispiel für dieses Buch von Ronal Holst.*
Mehr Informationen zu unseren BUCHPATENSCHAFTEN
finden Sie auf www.hamburgparadies.de

KJM Buchverlag

www.hamburg-paradies.de